八十记学

王彦坦◎著

台海出版社

图书在版编目（CIP）数据

八十记学 / 王彦坦著. - 北京：台海出版社，2021.4

ISBN 978-7-5168-2924-0

Ⅰ. ①八… Ⅱ. ①王… Ⅲ. ①教育学-文集 Ⅳ. ①G40-53

中国版本图书馆 CIP 数据核字（2021）第 048034 号

八十记学

著　　者：王彦坦

出 版 人：蔡　旭　　　　责任编辑：俞滟荣
出版统筹：邵　力

出版发行：台海出版社
地　　址：北京市东城区景山东街 20 号　邮政编码：100009
电　　话：010-64041652（发行，邮购）
传　　真：010-84045799（总编室）
网　　址：www.taimeng.org.cn/thcbs/default.htm
E - mail：thcbs@126.com

经　　销：全国各地新华书店
印　　刷：北京九州迅驰传媒文化有限公司
本书如有破损、缺页、装订错误，请与本社联系调换

开　　本：880 毫米×1230 毫米　　1/32
字　　数：322 千字　　印　张：13
版　　次：2021 年 4 月第 1 版　　印　次：2021 年 4 月第 1 次印刷
书　　号：ISBN 978-7-5168-2924-0

定　　价：58.90 元

前言

我在上学、教学、办学的路上，走一程，又一程，有风雨，有甘苦。在大学上班四十年又两个月，初为职员，后做教师，继而名位校长。

我时常想，我是谁，从哪里来，往哪里去；我为什么能上大学，教大学，办大学。但回想无法保存，只有把回想记录下来，才能留下久远记忆。

我根据个人工作笔记和回忆，从个人视角，而没有从正规档案采集资料，记下一些行走在人生路上的足迹，对家族后人而言，或许比保存一撮骨灰更有意义。在教育的百花园里，只宜藏在一片绿叶底下，化雨春风忝作泥。

我没有生花妙笔，写不出美文。《八十记学》是一本用编年体裁记录本人与学相关的流水账，不作泛论，按实而书，类似年谱，不叫年谱。所写所记，纯属一家之言。基本上按年月日次序编排，无日无月可考者系季或上半年、下半年、年，间或也有综述，带有资料长编性，意在留存资料。开年有按事情发生顺序勾画的是年提要，或有助检索。

1960 年 4 月至 1966 年 5 月，我在华东师范大学历史系做教学秘书工作，得以广泛聆听诸师讲课，专家论学，学习教学与研究之道，有幸在刘维寅、吴泽、林举岱、陈希伦（女）、姚舜钦诸师和领导身边工作，面获亲炙，终身受益。把这个时段的活动放在教学记里，总觉不妥，但考虑有时，究难悉当。

在淮北煤炭师范学院院长任内，根据议定，党政联席会议，讨论党群工作由书记主持，讨论行政工作由院长主持，实际也有越界。党政工作都讨论时，我每每都请书记主持。故记录党政联席会议均未标明主持人。

《八十记学》得以整理、出版，得到学校党委书记陈士夫教授、校长姚佐文教授的关心、支持，得到学校党委宣传部部长、学科建设与发展规划处处长高玉兰教授的鼎力相助。特别要感谢的是，学习出版社副编审、校友张吉霞女士，台海出版社副社长邵力女士。她们对书稿高度重视，字斟句酌，一丝不苟，为本书的出版付出了大量心血与劳动。高等教育研究中心主任文胜利教授，在百忙中一遍遍对稿子进行审读、校对，提出诸多宝贵意见。老友新朋的鼓励厚爱，实难忘怀。在此，谨向他们致以衷心的谢忱和敬意。

王彦坦

2021 年 3 月 25 日

目录

代自序

1936 年 1 月 19 日，我出生于安徽省濉溪县王湾一户普通农民家庭。在乡村上小学，临涣读初中，宿城一中高中毕业考到上海，后在华东师范大学读书、工作二十四个年头。上海，海纳百川，开新多样。华东师大，学林一秀，名师荟萃。置身其间，问学有鸿儒，往来多才俊。可以登高望远，博览世界文明进步，开阔视野，扩大见识。上海和华东师范大学对我的影响全面而深远。

中年回到故乡，在淮北煤炭师范学院（现淮北师范大学）从事教学与研究和学校管理，上班二十年两个月，生活迄今三十五年。淮北，人文多姿，民风淳朴。淮北师范大学前身始建不俗，人才集聚。邻相近，人相知，相处如亲朋。可以自由对话，切磋学术，互学相长。淮北和淮北师范大学对我的成长和事业具有奠基和成就意义。

回忆我八十年的人生旅程，环境影响成长，学习促进发展，实干成就事业。

我在办学中的一些想法、说法和做法，来自学习和实践，得益于党的教育，恩师培养，师生帮助，先哲时贤和大学文化潜移默化的影响。

一、学习国家教育法律法规、方针政策、依法治校、科学治校

（一）学会在体制内创造性工作

高校实行党委领导下的校长负责制。这是中共中央决定的，并写入《中华人民共和国高等教育法》。校长必须在法律规定的体制内活动，依法科学治校。党委领导下的校长如何负责，如何创造性工作，我是从以下几个方面努力的：

第一，学会适应这种体制安排。这种体制宣示，党委是学校的领导核心，统一领导学校工作，讨论决定重大事项。校长是学校法人代表，主持学校行政工作，使命光荣，责任重大。要认清自己的权与责，不越权，不缺位，依法行政，勇于担当，全面负责教学、科研、师资、行政管理工作。

第二，学会在权限范围内创造性工作。校长创造性工作的空间很大，治校的理念、主张、办法可以充分反映在一些重大事项上。如学校发展规划，基本管理制度，重要规章制度，教学科研改革措施，重要办学资源配置，师资队伍建设，重大基本建设、校园文化建设、经费管理原则等。实际上，这些事项通常都是校长主持调研论证，提出思想、理念、原则、主张、政策、方略，同书记沟通，提交党委讨论决定，发布实施。

第三，学会处理党政关系。我同书记认同，党政分开不是分家，而是各履其职。为保证关系顺通，我提出在具体工作上分，在指导思想上合；在工作职能上分，在工作目标上合；在工作职责上分，在工作关系上合；在小事上分，在大事上合。宋福祯提出先调研，后判断；先商量，后决定；先试点，后推广；先缓解，后解决；先立法，后办事。这四分四合、五先五

合思想原则成了党政班子成员共识，并得到信守，造成了政通人和、团结奋斗、积极向上的健康局面。

第四，学会担当。牢记校长的使命和责任，用忠诚和热爱管好教学、科研和人才培养，努力营造开放兼容，学术自由，育才至上，传承创新，包容尊重的教育教学环境，促进学术发展，人才辈出，为社会主义现代化建设和人类社会文明进步做出贡献。

第五，学会授权。一是合理分工；二是学会不管；三是舍得放弃；四是少说一些不；五是不越位指挥；六是把机会留给他人。

第六，学会服务。由服务对象变为服务员，是角色的转变。是转一百八十度还是转三百六十度，具体情况具体分析。我在党委副书记任上是转一百八十度，还兼顾历史专业。在院长任内是转三百六十度，放弃了历史专业，从头学习高校管理，把高校管理当专业、事业，做全职服务员。学习做情理结合的人性化服务，因人因群而异的个性化服务，有规有制的制度化服务和以文化人、以德服人的文化服务。

（二）学会做行动的管理者

高校管理，知是前提，行是关键。知而不行，达不到目的，行而不知，无以致远。回顾既往，有以下几项行动：

第一，加强教师队伍和管理队伍建设。教师队伍建设，重在提高整体素质。首先，加强教师职业理想和职业道德教育，坚持传道、授业、解惑的天职，严谨治学，精心育人，红专并进，为人师表，做学生健康成长的指导者和引路人。将师德作为考核、评价、聘任的首要内容，实行一票否决制。其次，定政策，通过引进、读研、培训、学术交流、教学科研实践，改善教师队伍，提高教师的学历和学力水平，造就一支严师、良师、名师队伍。其三，改善教师生活、学习、工作条件。率先供气、供暖，夫妻双助教可住套房，博士、硕士给安家费、科研费和津贴，有突出贡献者给予奖励。其四，综合施策，全面培养，重点扶植，支持冒尖。1993 年，三位青年讲师破格晋升教授，占全省破格的四分之三，创造了历史。

管理队伍建设，重在专业化。为大面积提高管理干部专业化水平，1992 年委托华东师范大学为我校管理人员举办“高等教育学（高校管理方向）专业硕士课程进修班”和“图书情报学专业硕士进修班”，八十多名管理干部在职接受两年研修培训。理实结合，开阔视野，转变和更新教育观念，提高管理水平，并开展工作研究与探索，学校管理逐步位居先进行列。

第二，深化教学改革。推动开展教育思想大讨论，转变和更新教育观念。提出领导教学首先是教学思想领导，教学管理首先是教学思想管理。应树立传授知识、培养能力、陶冶情操、强健体魄、发展个性为一体的教学思想。建立健全教学制度，规范教学秩序，严格教学纪律，依规管理，严格执纪，奖优罚劣，提高教学自觉。着力加强教学基本建设，尽力配置与学生规模相适应的教学仪器设备、图书和师资力量。重点推进基础课程、主干课程、教材、实习基地建设，以及人文教育和学分制、主副修、重修制试点。较早地规定全体学生学习计算机基础、参加外语四级考试、参加职业技能训练（简称三个全员化）。提倡治学严谨，精益求精，教书育人，为人师表的教风；勤奋好思，求是创新，理论联系实际的学风和实事求是、以身作则的工作作风。

第三，推动科学研究。鉴于多数教师科研意识淡薄，20世纪90年代初，出台科学研究工作量制度，遭到广大中老年教师普遍反对。我一个系一个系听取意见，宣传科学研究是知识之源、教学之源理念和教研相长信条，坚持科学研究考核制度不动摇。同时建议煤炭部科教司把文理基础研究和教育教学研究列入科技资助项目获得支持。得到资助的教师越来越多，有效地促进了一批青年教师的专业发展和教学水平的提高。

第四，加快学科建设。注重谋划学科布局，以文理学科为基础，发展应用学科，促进学科交叉和融合，凝练优选专业方向，重点做好应用型、复合型人才培养。明确学科建设目的在集聚、培养名师、名家和拔尖创新人才，出好成果；发展科学技术文化，提升学术水平，为发展我国高等教育和经济社会发展贡献力量；集思广益，从实际出发，设计学科建设路径：以优势学科建设为基础，发挥多学科优势，优选重点学科、特色学科，合力共建，促进相关学科协调发展；培养、引进学科带头人和骨干教师，瞄准目标，整合资源，集中力量，实行重点建设；谋划与兄弟院校合作，支持学科团队成员做兼职导师，参与兄弟院校研究生培养，积累经验，促进学术水平；以申报学位点为抓手，边建设边申报，边申报边建设，在建设与申报过程中实行动态管理，适时调整，促进学科建设上水平，求突破。

第五，开展社会服务。开展继续教育服务。提出函授教育广设站、低收费、扩生源、多层次，有质量保证地扩大规模效益。积极主动地走出去，与地方政府、企业合作，招收委培生、自费生，培养地方和企业急需的紧缺人才、实用人才。鼓励教师转化科技成果，为工农业生产服务。为政府、厂矿企业提供信息服务与咨询服务。支持师生开展志愿服务，传播先进文化，促进社会主义精神文明建设。

第六，优化内部结构。结构优则质量效益优，学校强。在以下几个方面下功夫。

一是优化规模结构。以学生规模为基准，设计与之相适应的校园校舍规模、学科专业规模、教师和管理人员规模、图书和实验室规模，以及经费投入规模等。其中，师生规模应保持在1∶15左右，最多不要超过1∶18，以保证教学质量。

二是优化学科专业结构。提出建设三类专业，即巩固提高基础教育师范类专业，积极发展职业技术教育师范类专业，灵活设置应用性非师范类专业。以文理学科专业为基础，发展应用学科专业，交叉学科专业。师范专业办优办强，非师范专业办活办好。

三是优化人才类型结构。本科大量培养以实践和应用为取向的应用型人才，少量培养以研究和创新为取向的学术型人才及以研究和应用兼备的复合型人才。专科培养能力为主、知识够用的高技能人才。

四是优化层次结构。本科为主体，专科次之，努力争取发展研究生教育，或以本科为主，适度发展研究生教育，不设专科。

五是优化师资结构。经持续努力，教师的学历结构、职称结构、年龄结构、学缘结构，逐年向好，渐趋合理，不断优化。

六是优化时空结构。压缩总学时。减少必修课，增加选修课。给教师和学生多留一些自我发展和自主学习的时空。

七是优化经费投入结构。本着先生活、后建设理念，资金投入向师资培养、引进和教学、科研倾斜。

二、学习先进教育思想，联系学校实际，形成一些想法、观念

（一）科学治校观

鉴于对历史和现实的考察，以为提教授治校不如提科学治校。治校同治学有不一样的理论和实务。教授大都长于治学，不一定都善于治校。有的学术型校长，在治校上与人们的期待相差甚远，非不努力也，乃不科学也。科学治校是按高等教育规律办学，实现教育思想、教育方法和教育技术与管理的现代化。科学治校的主要指向是，不论是教授还是一般师生员工，只要意见建议和思想主张符合高校办学规律，就应该采纳。不符合办学规律的意见建议，即使是教授提的也不盲从。教授当校长一定要投入时间、精力，研究高校管理理论和实务，接纳或提出先进治校理念，做科学有效的管理者。

科学治校和民主管理密不可分。没有管理的民主化就不会有管理的科学化、现代化。充分发扬民主，走群众路线，让大家讲话、讨论、争鸣。让人讲话可以集思广益。在决策上讨论比武断好，争鸣比共鸣好。通过讨论和争鸣，吸收众人智慧，有助于减少失误，实行民主决策，科学决策，提高现代大学管理水平。

（二）全面教学观

教学管理首先是教学思想管理。具体地说我关注以下几条：

一是教育主体的发展价值。教育是培养人的活动，是提高个体和群体的价值。教育的目的是通过培养人、发展人的主体价值以实现社会价值。基于这样的认识，提出树立教学为中心，育人为根本，融传授知识、培养能力、陶冶情操、强健体魄、发展个性为一体的教学思想。

二是坚持全面发展与个性发展相统一。全面发展是个性发展的依托、基础，个性发展是全面发展的核心、方向。全面发展表现为个性的不断扩展、不断丰富，个性发展伴随着全面发展而不断升华、不断完善。全面发展保证发展的持续性、协调性、导向性，个性发展带来发展的独特性、新颖性、创造性。全面发展与个性发展统一于个体成长的全过程，两者是互见、互动、互生、互长的关系，它们和谐地构成了发展的有效性。我们应该在坚持社会主义办学方向和全面发展方针的条件下，尊重和发展学生的个性，培养学生的主体意识、自我责任意识，激发学生主动性和创造性，为具有不同兴趣、爱好与个性的学生创造多样性的成长环境和成才之路。

三是传授知识、培养能力与价值观念的传播、引导相结合。教学除了传授已有的、现存的、相对稳定的知识，还必须传授新技术、新知识、新信息，以及新的研究方法。具有渊博的知识是重要的，而将获取的知识转化为能力更为重要。知识和能力之间不存在严格的一致性，没有正相关关系。我们应注意学生各种能力，特别是学习能力、合作能力的培养。教学还必须注重传播社会主义先进文化关于政治、经济、科学、艺术、道德等方面的价值观念，培养价值观。

全面教学观，可以表述为：传授知识、培养能力、陶冶情操、强健体魄、发展个性，培养宽基础、有专长、高素质，具有敬业、求是、创新精神的应用型、复合型人才。

（三）基础质量观

基础是事物发展的根本或起点。基础知识是相对稳定的最基本、最本质的知识。它是学科之源；是新知识、新理论、新思想之源；是创造性学习、创造性工作的基础；是学习新技术、开拓新业务的基础。基础知识扎实，则适应性强。打好基础是增强适应性的根本之策。

优秀课程造就优秀人才。教好学好基础知识，必须加强基础课程建设。加强基础课程建设，一要注重反映本学科的基本事实、基本规律，及其独特的思想和方法，并体现本学科的最新成就。二要配齐配强教师，安排品学兼优的教师，最好是德高学富的教授给一年级学生讲基础课，以人格魅力影响学生理想、情操和品格；以学识魅力影响学生科学视野、思维方法及治学态度。三要关照教学内容的全面性，即学科知识的基础性、系统性、科学性、探索性、前沿性。四要优化知识结构，注重能力培养，其中学习能力、合作能力、思维能力尤为重要。一个不会学习、不善合作，不敏思维的人很难主动适应社会，开创新事业，开创新未来。五要选用优秀教材。任课教师要把精力花在钻研教材、使用教材、用教材教学生上课而不是编教材上课。高水平的先进教材是在反复钻研教学和浓厚的学术积累的基础上编著的。目前我们在这方面还准备不够。瞄准先进，实行“拿来主义”，比较符合我们现在的实际。

（四）工作研究观

工作研究就是研究工作规律。其根由，一是物之固然。高校的一切工作同人类社会其他事物一样，都有它发生、发展和存在的理由，都有自己的区别于其他事物的性质、特点和规律。大到党的建设、治校方略，小到水、电、食、宿等具体的后勤管理，莫不如此。而事物的本质却隐藏在事物发展、变化的现象之中。只有通过认真调查，科学研究，才能弄清真相，由表及里，透过现象，看到本质，揭示教学、科研、思政、人才、后勤等工作的特点和规律，实现高校管理的科学化、现代化。

二是事之所以然。学校各种工作为什么是这样而不是那样，必定有其原因或道理。弄清这些原因或道理，就要做深入研究。一切工作都要研究。研究是做好一切工作的基础。人人都要做工作研究。既要研究本职或本行工作的性质、特点和规律，又要研究本职或本行工作在学校的地位、作用和从事这种工作的意义，还要研究如何在一定时间、地点、条件下，根据工作的特点，进行创造性工作。例如，教学管理工作中的教学质量管理，如果没有对教学各个环节的具体分析研究，并制定出符合先进教学观念的评价标准，教学过程的质量管理就缺乏坚实的基础。而缺乏理念的管理工作容易陷入盲目性、事务性，流于一般化，很难做出特色，名位先进行列。其他一切工作，无不如此。

三是工作互相关联。学校一切工作包括教学、科研、后勤、教师、学生互相关联，互相依存。教学质量取决于教师质量，源于研究质量，受制于管理质量，体现于学生质量。教师做科学与教学研究的意义不言而喻。其他管理人员做工作研究，不仅揭示本职或本行工作发展变化的规律及其与诸多工作之间的联系，有助于提高学校的整体管理水平，更可成就自己成为高校管理或高等教育学者、专家、教授。我们的高等教育学科创立团队的主要成员就是这样走出来的。

四是问题呼唤。随着学校事业的发展和改革不断深入，大量的新问题层出不穷，需要从理论和实际上深入进行分析、研究，找出问题产生和存在的根本原因，提出解决问题的思路、办法，以提高工作效率。知是行之始，行是知之成。为了更好地知与行，从而改善岗位工作，提高服务质量，成就一番事业，每位工作人员都应将工作与研究结合起来，善于在工作中发现问题，研究问题，探究解决问题之道，做一个富有理论和思想，长于实务和行动，按工作规律办事的有效管理者。

（五）教师培养观

办学大计，教师为本。没有教师不能办学，没有好教师不能办好学，教师实际决定教学方向，决定学校兴衰，教育成败。

办学要先招师，后招生，边招师，边招生。招师，要从东西南北中高校和科研院所招高学历、高职称、高水平、人品好（三高一好）的人做教师，建设一支数量足够，结构（学历、职称、年龄、学缘）合理，素质优良，充满活力的教师队伍。努力培养造就一批德高、学高、功高型名师和学科带头人，通过若干年持续努力，使教师总体质量和水平达到煤炭和省内高校先进水平。

培养教师要勤于言，贵于行，重于用。言，就是要常讲勤说，让师者认知，德是教育的根本。没有德就没有教育的成功。成功的教育必以德施教，立德树人，让德外于行，为世人之范。爱是教育的基础，没有爱就没有真正的教育。真正的教育是让受教育者懂得人是什么，怎样做人，让爱化为魂，美后辈之心灵。

行，就是实干。实干兴校。一则立足现实，着眼未来，制定培养和引进教师的政策和策略；二则因时制宜，统筹安排，先以培养为主，后以培养和引进并重，优化教师队伍结构，提高教师学历和学力水平；三则榜样引领，提高教师思想政治素质和道德水准，做严师、良师，争取成为名师；四则大处着眼，细节入手，营造事业留人、感情留人、待遇留人，制度留人环境。明确规定，服务5年，去留尊便。去，人走茶不凉，友谊长存。留，人在心在，立德、立功、立言。

用，是目的。首先把机会留给青年教师。为青年教师政治进步和专业发展搭台子、引路子、压担子、拔尖子、给位子，鼓励并支持青年教师脱颖而出，超过自己，超过前辈。其次，放手让青年教师在教学、科研、社会服务和学术交流与合作的实践中提高学术水平和实际工作能力。其三，关键是解放教师的思想和灵魂，焕发教师教书育人、为人师表的激情与活力，尊重教师的兴趣和个性，让教师获得自由而充分的发展。其四，公平公正，选贤任能，人事相宜，能岗匹配，为发展学校事业，团结奋斗。

（六）学生培养观

一是树立学生主体观。大学为大学生而设立，因大学生而存续。一定意义上说，大学生就是大学。没有大学生就没有大学教师和教育工作者。大学生是学校的主体。要树立学生主体观。有了这个观念就能处理好自己与学生的关系。说到底，大学里的教职员工一切人等，一切工作，一切努力，都要围绕大学生转，为大学生学习与发展服务。大学生是学习与发展的主体，主要任务是学习知识，认识自己，认识世界，改造主观世界，为参与改造客观世界积蓄力量。大学生在学习与发展中蕴藏着潜力。潜力只有采取合适的教育教学策略，通过教育和自己的努力，才能开发出来，得以实现。通观经验，我们要求：激发兴趣，兴趣是很好的老师；重视问题导向，问题是更好的老师；激励外力，催发心理内力，内外合力是开发潜力的关键；加强社会实践、科研实践等环节，实践是开发潜力的有效途径。总之，作为教的主体的教师，要转变角色，围绕学生主体，发挥主导作用，指导、引导学生自觉学习，自主学习，学会学习。

二是贯彻全面发展观，即个人全面发展。一指人的体力和智力的充分发展。二指人在德、智、体、美、劳各方面和谐发展。人的全面发展是党和国家教育方针的核心内容。为促进人的全面发展，必须实施全面发展教育，坚持育人为本，德育为先，促进德育、智育、体育、美育、劳动教育有机融合，提高学生综合素质，增强学生服务国家、服务人民的使命感和社会责任感，成为担负国家重任的栋梁之材。全面发展是自身目标，也是教育追求的目标。全面发展统一于个体发展的全过程，两者是互见、互动、互生、互长的关系。它们的和谐构成发展的有效性。个性发展是全面发展的题中应有之义。研究发现，凡是有大成就的人，都是具有强烈个性的人。发展个性，培养创造性人才，应该成为大学教育的一个主题。大学应该在达到国家标准的基础上，树立多样化人才观念，尊重个人选择，支持个性发展，不拘一格培养人才。为此，我们推行选修课制、主副修制、学分制、学制分流制，要求开展讨论班学习，实行小班教学，探索弹性管理，建立实践教学基地，开展义务支教服务等。我相信，坚持对的，修正错的，发展新的，积累、沉淀、总结、升华，一定能形成自己的办学个性、特色和品牌。

（七）校园文化观

大学是知识高地，文化之都，其本然属性是文化。大学管理本质上是文化管理。文化管理是最高境界管理。

精神文化是大学文化的核心。它是一个不断创造、积淀、发展的过程，对校园人的理想信念、道德情操、思想意识、行为方式，无时无刻不在产生潜移默化的影响。

建设表现学校个性和魅力，理想和使命，目标和追求的精神文化是我办学的一种理想和追求。我曾在学习借鉴他人智慧的基础上，提出三五词条，如科学治校，民主办学；红专并进，为人师表；开放兼容，传承创新；校荣我荣，校辱我辱，爱生乐教，以校为家；忠诚、使命、责任等。抛砖引玉，诚望共建校园美好文化。

三、向实践学习，从实际出发，走适合校情的发展道路

总体方略。作为国家举办的普通本科高校，煤师院现阶段属于教学应用型类型。办学方略为，全面贯彻执行党的路线方针政策，贯彻执行党的教育方针，坚持社会主义办学方向，坚持依法治校，科学治校，依靠师生员工，通过教学、科研、生产劳动和社会实践，对学生进行学术和技能训练，培养富有独立思考和创新精神的应用型人才，促进学术和人文的发展，追求知识，追求真理；坚持师范为主，本科为本，发展研究生教育；办好基础教育师范类专业、职业技术教育师范类专业和非师范类专业；坚持规模、结构、质量、效益协调发展，向着建成师范大学努力，竭诚为煤炭和地方基础教育服务，为社会主义现代化建设服务，为人类社会文明进步做贡献。

具体路径。建设一个好班子。这是办好学校的组织保证。回顾校史，安徽师范大学淮北分校时期，赵凯、李锦荣主政，艰苦创业，求贤若渴，调集一批教师，为学校发展奠基。煤师院设立初期，赵凯、陈岩主政，开新策，定新规，不问出身、背景和经历，包容并蓄，唯才是举，从全国各地引进大批教师，为学校发展做出历史性贡献。后来一届班子一度成了问题典型班子，煤炭工业部多次派人，两派巡视组，并召见党政主要负责人进京面谈，解决班子问题。几经折腾，人心涣散，教师流失，影响学校发展。建设一个好班子，书记和校长是关键。除了讲党性、讲政治、讲大局、讲事业，书记和校长的友谊、谅解、尊重和默契至为重要。班子调整后，我同三任书记按照“坚定、团结、清廉、实干”规约，自律，自强，倾注心力，勤勉履职，被煤炭部誉为一类好班子，省教育工委和教育厅称全省唯一没有人民来信的班子。1996 年，校党委被授予“全国先进基层党组织”，1997 年，学校被授予“安徽省先进集体”。

培养一支好队伍。一是教师队伍。办大学需要大师。但煤师院现阶段和未来一个时期，不具备产生和引进大师的条件。把大师作为理想追求可以，作为现阶段目标不现实。因此，我任院长之初提出培养严师、良师、名师的目标和要求，把培养教师作为战略任务，培养青年教师作为战略重点，下功夫，花本钱，做好培养造就“三师”的大文章。二是管理队伍。管理是教育活动的重要因素。管理队伍的素质直接影响教育质量和办学效益。办大学，教师队伍和管理队伍都很重要。我坚持教师队伍和管理队伍一起抓，学术带头人和管理带头人一起抓，业务素质和思想政治素质一起抓。在普遍提高，重点培养骨干教师的同时，大面积培养管理干部。

探索一条好路子。坚持师范为本，本科为本，适度发展研究生教育。巩固提高师范类专业，积极发展应用性非师范专业。将职前培养和职后培训有机衔接起来，开展继续教育、终身教育。构建教学·实践·学习一体化的教学与学习模式而非研究型大学教学·研究·学习的教学与学习模式，以培养应用型人才。

创造一种好环境。即尊师爱生、平等民主、教学相长、生动活泼的教学环境。融汇百家、尊重创新、独立思考、自由探求的学术环境。宽厚包容，人尽其才，支持优秀者脱颖而出的发展环境。忠诚教育，团结奋斗，与学校共荣辱，与国家共命运的舆论环境。

坚持一点好精神。一言以蔽之，学术自由，育才至上。

（2016 年 1 月 14 日在淮北师范大学办学思想学术报告会以《做学习者》为题的发言，4 月修改补充。）

学前记

(1936.1—1945.8)

1936 年　一岁

学前提要　无字的启蒙。

1936 年 1 月 19 日　乙亥猪年农历腊月二十五，我出生于安徽省濉溪县王湾一户普通农民家庭。

王湾位于浍河南岸，西距临涣集十二华里，是个小村庄、穷村庄。1950 年，全村二十多户人家都姓王，一百多口人，只有四人略识文字。土改划阶级成分，没有地主，有两户富农，其余是贫农、下中农、中农。我家是中农。1991 年，王湾因采煤而塌陷，同周圩孜、周小庄、肖楼一道向西搬迁，在临（涣）韩（村）路北，合建胜利新村。

我出生的时候，家境一般。七口人，十四五亩地。由于肥料不足，土地贫瘠，辛苦一年，风调雨顺，打的粮食勉强够吃；遇到旱涝灾害，就得过糠菜半年粮的生活。

我爷爷会木工，会烹饪。他时不时地出门做点活，办点事，挣点钱粮补贴家用。我父亲在农闲或雨天不干农活的时候，便挑起渔网沿浍河撒鱼，捕上几条或几斤鱼改善生活，不值当地拿到集上去卖。冬天织卖布，换点买油、买盐的钱。养鸭养不住，浍河一涨水，就顺流游走了。养了几只鸡，下的蛋舍不得吃，总是用它换针头线脑。养猪不叫养猪，叫熬猪，熬上一两年才出栏，也不过七八十斤。家里唯一的积蓄，就是爷爷在宅院前后和祖林地里种的树。省吃俭用，日积月累，到中华人民共和国成立前夕，土地已增加到二十来亩。养了一头不算肥壮的黄牛和一头灰色小毛驴。有一辆木制四轮牛车和一些其他必备的生产农具，如犁、耙、耩等。

我是这个家中的独生子，幼年是在父母手心里捧着，爷爷口里含着生长的。家人从来不让我独自出门玩耍，怕我走失，怕被拐卖。

我幼年的生活孤独、单调、平淡，既不能像别人家的孩子到处疯玩，也没有见过什么玩具、书画，更不知道科学知识为何物，脑海里记住的东西不多，至今唯有三个故事珍藏在心里，怎么也忘不了。

一个故事，父亲教我种地。我父亲名允轩，忠厚、耿直、刚强，不识字。土生土长，亲土爱土，和土地打了一辈子交道。农活，样样能，样样会。干起活来，浑身有使不完的劲。干活成了父亲的生活习惯。一天到晚闲不住，总要拾打点活干。父亲总是爱说："活不干，没揪头。"

我父亲是赶车的能手，种地的好把式。小时候，我喜欢坐父亲的牛车。乡村道路坑坑洼洼，大雨过后，都是泥洼子。别人家的车不敢过，父亲敢过。打眼一看，长鞭一甩，几声吆喝，牛驴发力，车轮滚动，泥浆飞溅，车子就过去了。狭路、陡坡也敢走，也能过，没有出过差错。更多的时候，我是跟着父亲下地。光着头，不怕风吹日晒，尾随身后，看父亲干不同的活，要么就在田间地头玩耍，捉蝈蝈，逮蚂蚱，剜野菜。累了，往地上一躺，仰望天空，看蓝天白云，鸟儿飞翔。亲历亲见，一年四季，万物生长，春播夏熟，秋收冬藏。识农时，辨五谷，开眼界，长见识。一年年，一遍遍，父亲干活的一招一式看在眼里，记在心里。少长，挎着粪箕割草喂牲口，拾粪、背河泥、捞杂草积肥。再大一点，同家人一道下地干农活。上小学、初中时候，暑假没有作业，也没有这个补习班，那个补习班，回家就是干活。当我拿到初中毕业证的时候，也拿到了父亲认可的种地毕业证。我学会了犁地、耙地、锄地，割麦子、割豆子、砍秫秫、摘绿豆、拾棉花、起红芋、打场、扬场，除了没有耩过地，其他都干得像模像样。耙地和扬场是个技巧活，我干得人见人夸。父亲高兴地说：“行，种地的活好学，人家咋做咱咋做。”干粗放的农活，这样说也没啥不对，因为模仿也是一种学习。按照科学种田就不行了，但父亲那辈农民有几个知道科学种地的呢。父亲还对我说：“地是咱的命根子。地养人，人养地。庄稼人种好地是本分。种地要勤快，做人要忠厚。过日子靠自己。出自己的力，种自己的地，吃自己的饭，过安稳日子就是福。”父亲又说：“我种地养活一家人，你读书能养活这个家吗？”对于父亲的种地养家、做人、过日子的训言，我从小就信，一生不疑。而对读书是否能养活一家人的发问，我当时不能给出确定回答。后来，我像父亲笃信种地养家一样，笃信读书改变命运。但不料在我读大学时遇上饥荒年代，父亲不幸离世，没有得我一天的济，使我抱憾终生。

再一个故事，爷爷教我栽树。我爷爷名天正。宽和、友善、通达，不识字。平生务农，仰慕读书，尤爱种树。我家林地里有松树、桃树、李树、杏树、梅树、枣树、泡桐树等，都是爷爷栽的。每到果树花开时节，爷爷都带我去看花、护花。果子熟了的时候，带我去摘果子。一边摘果子，一边语重心长地对我说：“要吃瓜果，自己种、自己买。自己没有、没钱买，也不要白吃、白拿人家的。走在人家瓜地边不要弯腰，路过人家果树下不要伸手。人有脸，树有皮。不要做丢脸的事，让人看不起。”

爷爷对我说：“我们王家上一辈，我这辈，你爹这辈，都是老实人，不贪便宜，不占巧。你从小要学做老实人。老实人吃点亏不怕。吃亏人长在。老话说，种豆得豆，种瓜得瓜。种什么得什么。咱们家林地面积不大，种不了很多树，可是你看树的品种多，有桃、李、杏、梅、枣等，想吃啥有啥。”

爷爷不仅对我讲做人要做什么样的人，还对我说怎么样种树，为什么种树。爷爷说：“种树不像种庄稼，一季就开花结果。种树如同做人。要从小学做人，从小学种树。前人栽树，后人乘凉。从小种树，长大乘凉、吃果、换钱养家。像咱们这样的农民，年年种粮，年年吃光，还常常不够吃的，花钱靠什么？种树就是攒钱。”爷爷虽然不识字，但是他的睿智、见识和眼光，随着时间的演进，我越来越佩服。

爷爷教我种树是耳提面命的，认真的，严肃的。他告诫我：“种树先要选树苗，然后根据树苗大小挖坑，树根放进去要舒展，树身要立正，培土要均匀，要踩结实，然后浇水，盖一层土。经历头场大的风雨后，要去看看，把歪的扶正。树不理不成材。活了以后还要经常松土、浇水、剪枝、防虫害。”照着爷爷说的，我连续几年在宅基地、场边、岸边、地头、地边栽了一些泡桐、刺槐、杏树、枣树、柳树，都活了。每到寒假回家，我都给树松土、剪枝。历十数年风霜，枝繁叶茂，结果成材。

爷爷种的树支撑了我的学业。没有父母伐树卖柴筹钱为我缴伙食费，我就很难坚持读完高中。而我在爷爷教导下栽的树，也在急需用钱的时候补贴过家用。

十年树木，百年树人。树木，树人，既是事业，又是民生。七十多年前，一位不识一丁老者的所言与所行，彰显的不就是这个道理吗？

第三个故事，爷爷劝我上学。爷爷经常对我说：“咱家几代没有读书人。不读书、不识字、没文化，就是睁眼的瞎子。凡是上了书，写了字的，都看不懂。地契不认得，字据不认得，糊里糊涂受人欺。不会记账，不会写信，不会写对联，事事得求人。不知道大事情，做事受限制，事到临头乱阵脚。”

爷爷深知没知识、没有文化的难和苦。他和他的子女没有条件读书，但他仰慕读书，企望通过读书改变家庭命运。爷爷和我父亲重耕轻读观念不同，他向往和追求的是耕读人家，还不是知识之家，书香之家。但是作为一位僻处乡野，世代与文墨无缘的农民来说，这个觉醒是十分可贵的。我感谢我的爷爷下定决心，要我上学，读书、识字、学文化，把我培养成知书达礼，有为有用之人。同样，我也感谢随后觉醒，并苦心支持我上学的我的父母和知我懂我的妻子。

爷爷劝我上学，自自然然，因势利导。他常把听来的读书人的故事讲给我听，多半是文秀才、武举人的那些事儿，偶尔也有现代读书人的故事，某某是教书先生，某某是医生，能给病人开肠破肚等，都是上学学的。以此，激励我立志向学，学知识、学本领，出门谋事做。平时家里有识文断字的客人来，都会把我叫去，立在身旁聆听教诲。春节将至，本家哥哥给村里人写对子，爷爷叫我过去帮助磨墨理纸，培养写字认字兴趣。

爷爷劝学的苦心、用心，我心领神会。但那时的乡村，封闭，落后。我家方圆几十里，没有新学堂，新教育。附近十几个村庄，只有三所私塾。我九岁那年，父亲遵我爷爷之命，送我去设在高皇庙里的一所私塾上学。书桌放在汉高祖和众“神”像前，“神”像有的庄严肃穆，有的凶神恶煞。低头不见，抬头见，有点吓人。第二天，抱住门前一棵树，又哭又闹，喊着怕“神”像，不愿再去。家人无奈。爷爷不打不骂，而是耐心劝导，耐心等待。但塾馆唯一的一位老师崔仲乐先生给我起的学名彦坦，一直叫了下来。字镜平，从未用过，没有人知道。

上学记

(1945.9—1960.4)

小学（1945.9—1951.8）

1945 年　十岁

是年提要　拜吴延瑞先生认字。

光阴荏苒，转瞬又是一年九月。一年来，爷爷开导，等待，劝学再劝学，终于使我觉悟上学不能只是爷爷的夙愿，也应该是我的夙志。我谨记要读书，要争气的庭训，高高兴兴地到大吴楼一所私塾上学。大吴楼和王湾挨得很近，是王湾的西邻，分圩里、圩外两片。圩里多富裕人家，蒙馆设在圩里。学生都是吴姓，像个子弟学校。爷爷同馆主熟，收了我这个唯一外村的人为徒。什么都不收，免费上学。奇怪的是，上学却不读书，而是从吴延瑞先生描红、认字。有时先描红，后认字，有时先认字，后描红。先生到学生面前进行个别指导。教与学都很用心。但不知什么原因，不到两个月，吴先生不辞而别。临时请一位代课先生叫吴敬长，教了没多长时间，学东宣布，学馆停办。学生不明因由，悻悻而去。

1946 年　十一岁

是年提要　师任百福先生读《三字经》。

早春二月，我转到肖楼上蒙馆。肖楼在王湾之南，相距一里多路。蒙馆设在任百福先生家院，由任先生授业。穿过三间牛屋，进到三间学屋，读书环境杂乱。十多名学生来自三个村庄。我真正读书是从这里开始的。书是《三字经》《论语》。程度高的读《论语》，我读《三字经》。每天念书、背书，背不会挨板子。我一位堂兄经常挨打。我虽然没有挨过板子，但天天都很紧张。努力读书的直接动力是不挨板子。

任先生细高个，表情严肃，教书认真。每天上午，准时到教室，板着脸，一坐就是半天。先听学生背书，再给学生点书。点书因人而异。点书就是每天从哪一段念到哪一段，背熟了，再点新的，不会背的重读，不点新的，还得受处罚。可能因为点到哪我能背到哪，慢慢给我增加了点书分量，我背书的压力越来越大。压力变动力，背的书歌子也就多了。我被列入念《论语》行列。

1947 年　十二岁

是年提要　1. 从崔仲乐先生读写《四言杂字》。2. 别私塾，上学堂。

我的家乡一带，处于拉锯状态。一会儿中央军来了，一会儿解放军来了。好像都不是正规军，多半是地方武装。中央军来了不是抓壮丁，就是派粮、派草、砍树，青年男子白天躲在青纱帐里，晚上回家。解放军过来散传单；搞宣传，打游击，不扰民。乡下，明里暗里传着“恨中央，盼解放”的歌谣。我们有时也会拣到一些传单。有一份传单传到我们学屋，大家争相传阅，我记得几句：小白菜，叶儿青，我劝哥哥去当兵，当兵要当解放军，努力消灭蒋匪兵。任先生闻之，有些惶恐不安，先是教书不再那么上心认真，然后一天比一天松懈，传出有停办之意。

肖楼离高皇庙仅一里路程，庙东庙西，鸡犬之声相闻，早就有学生想到高皇庙上学。此时，到高皇庙上学的暗流变成明流，呼声一天高过一天。不知谁做的决定，学生的呼声很快得到回应：肖楼蒙馆停办，秋季并入高皇庙私塾。

九月　我们抬的抬，扛的扛，把课桌椅搬到高皇，在一个新的环境，开始了新的学习。

高皇庙耸立于绿色的田野上，是一座不挨村庄，青砖灰瓦的独立院落，有五间高大宽敞的后大殿，三间稍矮而宽敞的前大殿和开间略小的东厢房西厢房各三间，门前有一口老井，一片广场，林木葱茏，环境幽静。

高皇私塾的坐馆先生崔仲乐是两年前给我起名与字的一日之师。复入高皇塾馆之初，我从崔先生读并抄写《四言杂字》。学长们有的读《论语》，有的读《孟子》，还有的读《大学》，读《纲鉴易知录》。课桌仍放在汉高祖和众“神”像前。怕“神”像已经成为故事。

不久，来了两位年轻先生，一位叫吴建长，一位叫吴铸长，是堂兄弟，毕业于初师。新老师带来了新知识、新思想、新气象，催生这所学馆发生变化变革。很快，两位吴先生向学生宣布：从现在起，同学们分新学、旧学两班上课。上什么班，由同学们和家长商量，自愿决定。对旧学我们略知一二，对新学则茫然不知。按照两位吴先生当年的说法，新学就是上学校，学国语、算术、自然、历史、图画、手工等科学文化技术。到中学、大学，学物理，学化学，学电机，学采矿，学造船，学修铁路，学制造枪炮，富国强兵；旧学就是念私塾，读四书五经，学习中国古代经典文化，学不到近代科学技术……

我的好奇之心，被吴先生描绘的新课程、新知识、新前途深深吸引。我把先生说的讲给爷爷和父亲听。爷爷、父亲对我说，你想念啥就念啥。我独立自主地做出人生第一次选择，别私塾，上学堂，念新学。我的选择得到先生支持，同吴增敏、夏殿杰、吴贯一等十多位同学进入新学班。从此，我进入了一个新的知识世界。教学用民国课本。崔仲乐先生教国语，从人、手、足、刀、尺学起。联系实际，学以致用，越学越有兴趣。对吴建长先生教的历史、自然也特感兴趣。算术是吴铸长先生教的，从加减法学起。由于有识字基础，各科教学进度快，六年的课程四年学完，有速成味道，但还跟得上。唯算术欲速则不达，越到后面困难越大，以致高小只毕业了四人。

旧学班十多位学长念四书改读《古文观止》《论说指南》《尺牍》等，主讲是崔仲乐先生。崔先生要求熟读、精读，而不需当众背书，也未见布置过作文。一所学校，新旧并置，少长皆喜，是很有意思的。新学班逐渐发展，一届一届传续，学生规模不断扩大。旧学班学生陆续离校，后无新生，自行消亡。学校后来定名高皇小学，吴建长先生当校长直到退休。

两位吴先生是大吴楼人，富家子弟，少小离家接受新教育。初师毕业，回到故里，使我等穷乡僻壤的农家子弟较早地成为新教育第一批受益者，并有后来的升学深造。两位先生勇于开新，乐育英才，终生服务桑梓的精神品格，至今令我感念不已。

1948 年　十三岁

是年提要　拥军支前。

1948 年 11 月 6 日，我上小学四年级的时候，淮海战役打响。中原野战军开赴前线，有的路过我们村，有的在我们村停留驻扎。我家腾出两间房子，他们不住，硬是睡在院子外面的草屋里，他们说话和气，不耍态度。自带干粮，自己做饭，主食是稀饭、锅贴，炒豆当菜。

不见不知道，见了真的就和吓唬老百姓，欺压老百姓的国民党军队不一样。这时，我才有了真切实感，进一步领会了两位吴先生对我们说的，人民解放军是爱人民，解放人民的，是路过我们这里上前线打国民党军的，我们要欢迎解放军，支援解放军。在老师的教导下，我们动员家人做军鞋，送军粮，取柴生火，给解放军烧水泡脚。我父亲还应招同村里几位叔伯一起，夜奔符离，掀铁路，阻滞国民党军队支援。

军爱民，民拥军。军民团结，天下无敌。经过六十六天的作战，到 1949 年 1 月 10 日，以人民解放军的胜利和国民党军的失败，宣告淮海大决战的结束。

我们欢呼，我们家乡解放了，我们成了解放区大家庭的一员。我们歌唱，“解放区的天是明朗的天，解放区的人民好喜欢”。我们期盼，期盼新中国诞生。

1949 年　十四岁

是年提要　烛照双影。

上半年　读完初小课程。

7 月 21 日　我同周英鲁结婚。英鲁比我大两岁，是一位不识字的农家姑娘。聪明、贤惠。结婚前，我们谁也没有见过谁，模样、性格、脾气一概不知。我完全是遵祖父之愿，从父母之命，听媒妁之言和英鲁结合的。爷爷心心念念在有生之年看到我结婚生子，父母也希望家里添个帮手，早一天抱孙子。一双少男少女的结合就是这么传统，这么单纯，这么简单。结婚后，我没有依从农村一般习惯下学劳动，守着妻子过日子，而是继续上学、读书。妻子居家，农忙下地干活，农闲纺纱、织布、做针线。七百多个晚上，茅屋寒窗，烛照双影，我在煤油灯下读书，妻子在一旁纳鞋底。生活充满温馨、生趣与期待。

10 月 1 日　中华人民共和国成立，一个新纪元、新时代开始了。

1950 年　十五岁

是年提要　新教育，新气象。

春季，开学第一天，我走进教室，看到在教室的显著位置贴上了两条新标语，一条是：发展民族的、科学的、大众的教育；一条是：爱祖国、爱人民、爱劳动、爱科学、爱护公共财物。

一天，我怀着浓厚的兴趣和好奇心，请问吴建长先生，民族的、科学的、大众的教育内容是什么，应该怎样解释？吴先生说，这是个新问题，大问题，我一下子说不好，让我想一想，再回答你。我赶忙说，先生，对不起，我不该问这个问题，这个问题不是课本上的，你别麻烦了。吴先生和颜悦色地对我说，你问得好，学离不开问，不懂就要问，问不丢人，也不是找老师麻烦。学就要问，问就是学。你问我，我不会，我就要学，我的知识就会得到提高。再教你，你也得到进步。这不是难为老师，是促进老师，是好事，应该表扬你。

我上学五年了。这是第一次向老师问问题，并且是课本外的问题，不仅没有挨训，反而得到教导和鼓励，真是令我崇敬和感动。几十年来，不论在远方上学或工作，只要回乡，我总要看望、拜访我心目中永远的老师，永远的榜样。

没过多久，吴先生在班上对我问的问题做了解释。尤其是对“大众的”解释，给我留下深刻印象。他说，大众就是工农大众，劳苦大众。“大众的教育”，就是为劳苦大众服务的教育。过去的旧教育是小众的，校门是向少数有钱人开的，广大穷苦人民连小学校门也进不了，更别想进中学、大学校门了。新教育是为人民大众服务的，人民大众都有受教育的机会。人民大众包括你们在内，不仅能上小学，还有机会上中学、上大学。关键是你们要勤学好问，好好学习。吴先生的解说像一把钥匙，开启了我的心灵之锁，激发了我对新教育的憧憬和期待。

“五爱”教育，即“爱祖国、爱人民、爱劳动、爱科学、爱护公共财物”的国民公德教育，应该属于新教育了。当时，没有单独开设德育课程，而是寓德育于各科教学、各种课外娱乐活动和社会生活。有几项活动所产生的教育影响是持久而深刻的。

（一）唱新歌。刘济如，新来的年轻女教师，清纯活泼，能歌也能舞，教音乐。那时教音乐，主要是教唱。教师唱一句，学生跟着唱一句，然后几句连起来唱，直至完整地唱完一首歌，并反复练唱，就像现在电视里《跟我唱》一样。刘老师不仅教唱，还讲词。教一首歌曲等于上一堂甚至几堂政治课，而且效果好，在欢唱中培养学生对新中国、对共产党、对劳动人民的思想感情和团结御侮，保家卫国的爱国主义、国际主义精神。她教会了我们唱《义勇军进行曲（代国歌）》《没有共产党就没有新中国》《咱们工人有力量》《团结就是力量》《打败美帝野心狼》（后称《中国人民志愿军战歌》）等。在唱新歌的活动中，有一个人，吴贯一，不能不提。他和我同班，是文艺活动积极分子，优秀分子。同学一首歌，他先会唱，还会指挥。每到周会，五一节，国庆节，指挥唱歌、游行，非他莫属，而且非常有激情，拉歌，呼口号，总能使自己的班级或方队得胜。他晚我一届高中毕业，考进华东水利学院，和水务打一辈子交道，终老于扬州。

（二）演新戏。刘济如老师不仅能教唱歌，还能导演戏。不知道她是从哪里弄来的剧本，在一年多时间里，她导演了《夫妻识字》《兄妹开荒》《小二黑结婚》几出戏。这几出戏反映了抗日战争时期边区人民的学文化、大生产运动和农村实行民主改革，提倡移风易俗，显示了农村社会的巨大进步和发展的美好前景。这几出戏，虽然情节较为简单，人物不多，但比单纯唱歌难多了。困难之一是女演员难找。重男轻女是普遍现象，农村尤甚。高皇小学在那个时候除刘老师是女子，全都是大小男子汉。《夫妻识字》，谁演妻子？《兄妹开荒》，谁演妹子？《小二黑结婚》，谁演小芹，三仙姑？只好男扮女装。困难之二是条件差，没有舞美、灯光、音效、服装、化妆、道具等舞台表演手段，营造不出舞台气氛。只能发动学生满村找。别的都好凑合。舞美、音效凑也凑合不到，干脆不要。服装谁演什么角色谁去找。画胡子用锅灰。女发怎么办呢？真难为了妻子、妹子、小芹和三仙姑。最后根据年龄角色，一律用不同颜色的头巾扎头来解决。困难之三是，担任角色的都没有演过戏，更没有受过训练，有的长相合适，但五音不全，不会唱。可喜的是，在刘老师的辅导和大家伙的鼓励下，都勇敢地登了台，亮了相，收到了不错的效果。其实，当时的观众，我们的父老乡亲，看的是情节，是热闹，听的是戏词、戏理，并不在意唱得准不准。但是作为演出都应该力求精准入微，奉上一台好戏。刘老师的胞弟刘万淳，和我是初中同班，小我两岁，曾在青海工作，是军人。刘老师一直在濉溪县教小学、中学。20 世纪 80 年代，我们在煤师院会面，我说起那时，那事，那人，在高皇小学是空前的，迄今也是没有过的，甚至可以说是绝后的。她笑答："我比你们大不了几岁，初生牛犊不怕虎，觉得新鲜、有趣，就做了。放到现在，说啥也不敢做。"

（三）讲故事。体育老师孟先生，也是新来的，年轻开朗，穿一身灰布袋，赤红面目，不胖不瘦，中等个儿，像个孩子王，除了教学生操练、打球，还变着花样带领学生做游戏，讲故事。有一次，他带我们到篮球场席地而坐，给我们讲了一堂王小二放牛的故事。他时而扮王小二，时而扮八路军，时而扮老百姓，时而扮日本鬼子，把王小二报仇雪恨，掩护老百姓，和日本鬼子兜圈子而英勇牺牲的形象讲得栩栩如生。从此，放牛娃王小二，小英雄王小二一直记在我心间。

初中（1951.9—1954.8）

1951年　十六岁

是年提要　初入临涣中学。

高皇小学首届毕业四人，我和吴增敏、夏殿杰考入临涣初级中学，一人落榜。

临涣，古称铚，秦置铚县，汉为铚城，南临涣水（今浍河），隋为临涣县，元时撤县并入宿州，称临涣集。1919年，临涣设立宿县第二高等小学。临涣中学前身是宿县地区宿西中学，1949年1月迁至临涣文昌宫，成立私立临涣初级中学，1952年转为公办，改称濉溪县第四初级中学，人民政府辟袁宅为校舍。袁宅建于清朝光绪年间，系时任山东巡抚、新疆巡抚袁大化为其父母所建，房屋八十余间，后为其三弟袁大钦（人称袁三）所居。

临涣中学是寄宿制，离家十二华里。与小学相比，一片新气象。同学来自四面八方，方圆几十里、上百里，有男生，有女生。几十位男生先住天主教堂，后住文昌宫，自带被子，睡上下铺。学校有食堂，由于家庭条件所限，吃不起食堂。同吴增敏、夏殿杰商量，自己起伙。所谓起伙，就是在本家王彦博、王彦涛家人帮助下借一间小屋，自备锅碗瓢勺、干柴、杂面、烙馍，凑合一日三餐。早餐，把烙馍撕碎，放进茶缸，加盐，到开水炉用开水冲泡，吃完上课。中晚餐，回到小屋，一人和面擀面条或做稀饭，一人烧锅，一人准备碗筷。图省事，多半是稀饭伴烙馍就酱豆。稀饭、面条共同分享，烙馍各吃各的。吴增敏家境好些，常带好面烙馍，我带杂面烙馍，夏殿杰带杂面烙馍也困难，不得已而退学。翌年，我考上濉溪师范，免费上学。这样的饭我吃了两年多。为应对中考，初三吃了半年食堂。

初中的课程比小学多了很多，有语文、算术、代数、几何、物理、化学、植物、动物、生理卫生、地理、历史、中国革命常识、时事政策、外语、体育、音乐、美术等。每周上十多门，三十多节课。有些学科的教学内容充满时代气息，并密切联系实际。这些新课程、新知识深深地吸引了我。我每天都怀着渴求新知识的激情，上课认真听讲，课后看书自习。整个班级的学习风气都很浓厚，人人都想用科学文化知识武装自己，多掌握一些现代科学的基础知识，以便为参加祖国的建设工作或升学深造打好基础。

课堂内外，我们见到的老师很多都是青年，仪表都很端庄大方，或严肃认真，或和蔼可亲，或风度翩翩，或幽默风趣，老师的风采，令我钦慕不已，肃然起敬。

9 月 21 日　长子俊山出生。

11 月 3 日　祖父逝世，享年八十一岁。

1952 年　十七岁

是年提要　健康第一，学习第二。

到了初中二年级的时候，校方经常对我们说，要注意健康，走向操场，积极参加体育锻炼，直至提出健康第一，学习第二。我等青年学生对参加体育锻炼尚有兴趣，但对健康第一，学习第二之说，一时有些不太理解。

通过教育，我们知道，国家要求中学应对学生实施智育、德育、体育、美育等全面发展的教育，其中一个主要目标，是培养学生体育卫生的智能和习惯，以养成其强健的体格。

健康第一，学习第二，是毛泽东主席的一贯思想和主张。国家的要求，老师的教育，使我们懂得，身体是学习和工作的物质基础。如果没有强健的体格，不光现在不能胜任紧张的学习，将来也不能担负繁重的革命任务和建设工作。

为了贯彻健康第一的方针，学校在做舆论宣传教育的同时，采取了一项具体行动，给我们做简易体检，重点治疗沙眼。

学校有一间医务室，一名医生。快七十年了，这位男性校医姓甚名谁，我已经不记得了。但他给我们精心治疗沙眼的所言所行，我还依稀记得。他说，同学们大都来自农村，也有集镇。不论农村、集镇，卫生条件都差，患沙眼的人多。但很多人不知道沙眼有传染性，不知道造成眼睛失明的一个主要原因是沙眼。通过这次检查，没有沙眼的要预防沙眼，养成良好卫生习惯，注意个人卫生，毛巾、手帕要常洗、常晒。同时，要注意公共卫生，防止沙眼的感染。有沙眼的要治疗，不能不治疗。治疗沙眼是人民政府对青年学生的关怀。人民政府爱人民，我们要感谢政府。我和相当多的同学接受了棉签摩擦治疗，也有个别同学做了手术治疗。感动我的不光是沙眼的治疗，而是一名校医对众多沙眼患者讲的一番暖心的话。且不说他的医术高下，仅作为仁医他就一直矗立在我心目中，令我难以忘怀。

我还能记得起姓记不起名的纵老师教我们体育，也教植物、动物。我不了解纵老师的学术背景，但体育、植物、动物三科相比，我觉得纵老师深谙体育之道。他说，学校体育不是竞技体育，是发展体力，增强体质的体育，重在培养学生的耐久力、适应力、意志力。如果参加军队，能在高寒地域生存作战，也能在高温地方坚持战斗；如果参加建设工作，可以到祖国任何需要的地方去，不论南方、北方、内地、边疆，吃米、吃面、五谷杂粮，都能适应，都能胜任繁忙紧张的工作。

纵老师对体育真谛的科学简说，对体育价值的生动诠释，六十多年过去了，我虽然忘记了先生的名，却记住了先生的言。可见，好的教育对一个人的影响是多么深远。

纵老师说，道理要讲，实行更重要。他要求我们因陋就简，因地制宜，积极参加锻炼身体，增强体质的各种活动。比如，跑步就很简单，也是一项很好的运动，可以在操场上跑，可以在路上跑，也可以在荒郊野外无路的地上跑。俯卧撑随时随地能做。引体向上找个树杈也能做。投掷，可以扔手榴弹，也可以扔石块。每个人的兴趣不一样，可以选择一两项坚持下去。只要自觉、有恒，必能强健体魄。

我跟纵老师上了三年体育，养成了一个习惯，青年时期坚持跑步，做广播体操；中老年时期坚持走路、散步。不唯个人如此，在淮北煤炭师范学院办学期间，我采取具体行政措施，促进开展丰富多彩的体育文化娱乐活动，学生早操出勤率常年保持在95%以上，曾是校园文化的一张名片。

1953年　十八岁

是年提要　加入中国新民主主义青年团。

5月　我快读完初中二年级的时候，被批准加入中国新民主主义青年团。那个时候入团的条件是，只要承认团章，拥护中国共产党的主张，愿为新民主主义事业积极奋斗，愿为劳动人民忠诚服务，就可吸引入团。

我申请入团的时候，对团的认识有几条：第一，个人力量渺小，组织起来力量大。中国新民主主义青年团是中国共产党领导的先进青年的群众组织，是党的助手和后备军。加入团组织可以更好地为建设新中国积极奋斗，明确前进的方向。第二，承认团章是担当，但对团章的丰富内涵尚需认真学习，领会，消化，以指导自己的行动。第三，拥护共产党的主张，我能坚决做到。没有共产党就没有新中国，我已经有了亲身体验。我是新中国教育的受益者；我见证了土改，劳动人民翻身做了主人；我认识到抗美援朝、镇压反革命对于巩固人民政权是多么重要；农民收入增加，生活有所改善，男女老幼喜笑颜开，我看在眼里，记在心里。所有这些都是我衷心拥护共产党主张的理由和根据。第四，愿为新民主主义事业积极奋斗是志向，但对新民主主义理论未作系统学习，学懂弄通尚待努力。第五，愿为劳动人民忠诚服务，我会矢志不渝，终身践行。我出身劳动人民，先辈劝我上学求知，以改变家庭命运。新中国成立之初，受到新民主主义的，即民族的、科学的、大众的教育影响和“五爱”新道德教育，人生观由做一个改变家庭命运的人向做一个对国家、对人民有益的人的转变，并演进为愿为劳动人民忠诚服务。

从愿为劳动人民忠诚服务到实际为劳动人民忠诚服务，其间作为学生应该做的事，是珍惜学习光阴，求知问学，增长见识，提高能力，养成科学的世界观，向着为劳动人民忠诚服务的方向前进成长，做一个对国家和民族有贡献的人，做一个对社会有用的人，做一个对单位和家庭有益的人。而兢兢业业做好自己所承担的工作，便是为国家效力，为人民服务。

高中（1954.9—1957.8）

1954年　十九岁

是年提要　心中有志，脚下有路。

6月8日，初中毕业之际，我和几位同窗好友相约到临涣照相馆合影留念。我提议在照片上写两句话，明志共勉。大家欣然同意。写什么？我说：建设祖国，保卫祖国。大家一致同意，照相馆老板随即记下，并印在了照片上。

我们这些青春年少、意气风发的平民子弟，在党的阳光照耀下，完成了初中学业，怀着各自的理想和志向，走上了不同的爱国卫国之路。有的考军校，愿为抗敌卫国献热血；有的考技校，愿为发展工业、农业做贡献；有的走上生产建设一线，为国家经济建设添砖加瓦。

我，按照家庭背景，考中专或技校，早点出来工作，拿工资，改善家庭生活，比较合适。但我却选择一条求学的漫漫长路：考高中，考大学。

我选择读高中、读大学，不是兴发偶然，而是蓄志已久。上小学的时候我就知道，新中国的教育是大众的教育，小学、中学、大学都要向工农大众打开大门，上大学的机会是有的，关键在自己能不能把握住机会。机会是留给有准备的人的。孩童时期，爷爷劝我上学。萌发了向学之志。读完小学，感到学的知识太少，难以改变家庭命运，于是考入初中，继续读书。读初中，方知学也无涯，需要百尺竿头，更进一步，考高中直至登顶最高学府，学知识，学本领，为家庭谋幸福，为国家做贡献。

三年初中，我把向学之志埋在心底，以“人以十之我百之”的努力，学知识，打基础，弥补没有家学的先天不足，改变上学晚，读书少，知识贫乏的弱点。当我公开我的上学目标时，同窗好友中有担心我能不能考上的，有忧虑家庭有没有条件供我上学的。我对同学们的一片好心非常理解，非常感谢。从分数看，我的成绩算不上优，只是中等。可是我自信，我的每一点知识都是自己刻苦学习获得的，是扎实的，牢固的，不是临时抱佛脚或讨巧得来的。我心里比较踏实。而家里筹钱供我上学确实困难，但如果被困难吓倒，何必当初呢！我有个信条，心中有志，脚下有路，一个在征程上行进的人，不要为前路过分忧虑，只要认真走好今天的路，自然就能看清明天的路。即使没有路，也可以走出一条路，闯出一条路。何况，人民政府已经把学校大门打开，通往校门的路自己不走，还能让人抬进去么！走累了，走不动了，总会有办法，有希望。

这一年，全国初中毕业生六十四万多人，高中招十七万四千人，连师范、中专、中技共招三十万人，不能升学的三十多万人。信心不等于现实。现实是初生毕业生有一半以上不能升学。所以，还得细心考虑考哪所高中。

那时，濉溪县没有高中。宿城一中、宿城二中有高中部。蚌埠、怀远有高中。蚌、怀离家远，来回坐火车，花路费，增加家庭负担，不能考。宿城一中是久负盛名的老校，难考；宿城二中与一中相比，考上的概率大一些，而考上是上上策。进了高中门，学习在个人。于是报考宿城二中被录取。二中前身是1940年意大利人办的私立崇真中学。中华人民共和国成立后，人民政府接管，迁址城南重建。它的东北角有宿县师范学校，西北角有宿县地区医院。二校一院像一个品字，远离街区闹市，镶嵌在绿色的田野上，是一处静谧的读书学园。

1955年　二十岁

是年提要　课堂内外。

夏季，不知什么原因，宿城二中高中部并入宿城一中。一中在城里胜利大街，西近城隍庙。其前身是1906年由留日学生、中国同盟会早期会员王雪渔创办的官立正宜学堂，是皖北地区第一所近代中学，1952年定名安徽省宿城第一中学。

三年的高中旅程走得确实不容易。首先要解决生存问题。虽然政府设有助学金，但以中农家庭评定，享受丁等助学金，每月必须自筹四五块钱才能解决吃饭和洗理问题。这四五块钱的唯一来源就是爷爷那会儿种的果树。不是卖果子，卖果子卖不了多少钱。而是砍伐果树，劈成劈柴，挑到集上卖钱供我上学。高中读完了，果树也卖光了。爹娘用爱和辛劳为我构筑了求学之路，我没齿不忘。一年三百六十天，我不妄花一分钱，不浪费一口饭。生活虽难而不苦，比家人好多了。

宿城二中和一中都是寄宿制学校，有良好的教风、学风和校风，以教学严谨，学习刻苦而著称，老师们言传身教，学生们尊师好学，德智体美并重。开的课程有中国语文、代数、几何、三角、达尔文理论基础、解析几何、物理、化学、地理、历史、社会科学基础知识、共同纲领（到我们已改开宪法）、时事政策、体育、外国语、制图等。每天早上我都按时起床，集体做操、跑步；白天，有课就听课，没有课就自习；晚上，在教室看书、做作业。作业量不大，自由阅读时间较多。从不逃课，很少逛街，专心读书。三年间看过两三场电影，听过一两场戏，城隍庙里的游乐场所从不光顾。

不过，也不是两耳不闻窗外事，一心只读圣贤书。时值国家“一化三改造”高潮期，作为农民的儿子，我热烈拥护党和国家向社会主义过渡的路线、方针和政策，动员家庭积极参加农业生产合作社，拥护粮食统购统销政策，跟着共产党建设社会主义新农村。

同时，积极参加文体活动。当时学校对文体活动普及与提高兼筹并顾。篮球队、田径队、话剧团不仅誉满宿城，在全省也很有名气。至于我，提高入不了流，而普及的课外文体活动则每次必到。在集体活动中，享受乐趣，陶冶性情，健全体格，其乐无穷。活动内容丰富多彩。我喜欢跑步，打球，尤爱跳绳，正手跳，反手跳，单人跳，双人跳，多人跳，花样繁多。单人跳，一次少则上百跳，多则二百跳。也喜欢和同学围成一圈，手拉手跳苏联集体舞。集体唱歌我也参加，杨时启同学教《歌唱祖国》等，我能滥竽充数哼几句得感谢他。

特别值得一提的是学校话剧团。同班同学纪全金是宿县城里人，爱好戏剧，对剧团很了解。他说，一中的话剧是出了名的，带头人是高我们两级的杨在葆，他领头排演了好几部话剧，有《民主青年进行曲》《保尔·柯察金》《龙须沟》《人往高处走》等。他的表演特别突出，有天赋，考到上海戏剧学院学表演。从此，我对杨在葆就有了印象。

1957 年我考入华东师大。1958 年的一天，在华东师大数学系读书的宿城一中同学陈若义告诉我，杨在葆某日要到华东师大拍电影，没有课可以去看看。我去了，在数学馆，电影叫《疾风劲草》，反右的。这是我第一次看到杨在葆。上戏毕业后，他演了很多好电影，成了我国著名电影表演艺术家。20 世纪 60 年代，他演《年青的一代》（后有电影故事片），我到剧院买票观看，他把肖继业演活了，令我震撼。一直以来，我与他只是神交，未曾见面交谈过。直到现在，还是我认识他，他不认识我。

夏启英高我一级，也是宿城一中话剧团的活跃分子，是杨在葆的高中学妹，大学同学，同为上海青年话剧团党员，后成恩爱夫妻。

纪全金，我的同班同学，又一名话剧团的骨干分子，不仅话剧演得好，京剧也演得很好，很有艺术才华。我们很多同学都以为他会效法学兄学姐考戏剧学院。结果他没有学戏剧，而是选择学工。

看来，好的教育促进了学生全面而有个性的发展。教师指明方向，教给方法，循循善诱，给学生留下自主发展空间；学生薪火相传，举一反三，有所创新，有所发展，一步一个脚印地走自己的路。

1956 年　二十一岁

是年提要　感念吾师。

教我们高中课的先生很多，给我影响最大的是陈宇同先生。在宿城二中读高一的时候，陈先生是我的班主任，教历史。随着二中高中部并入宿城一中，陈先生也跟着到了一中，仍做我们的班主任，仍教我们历史，古今中外都教，从高一教到高三，是我上学以来遇到的一位真正的历史老师。

陈宇同先生毕业于文史兼长的山东大学，专攻历史，博学多识。在我的印象中，陈先生是一位严师。他每一节课，都严格按照教学目标，教学大纲要求，认真备课，不论哪一章，哪一节，哪一段，都下功夫钻研，每一节课，重点是什么，要使学生掌握什么知识，都胸有成竹，从来不讲与课程内容无关的话。讲课一板一眼，一句是一句，干净利落，不拖泥带水。虽然不能说句句深刻，但可以说句句是真知，是学问。表面看不幽默，不生动，不活泼，实际上蕴含着真理和智慧。我赞赏陈先生这样的教学风格。不喜欢离题万里，天南地北，手舞足蹈，引得学生满堂笑的课堂教学。这样的课堂教学，过后回味起来，除了噱头、笑料，真知、真学问有多少，想起来的不多。有些真知也被噱头、笑料分散了注意力而所得无几，白白浪费了时间，浪费了生命。

陈先生不仅教学态度严肃，生活态度也十分严肃，十分庄重，风范可鉴。春秋季，先生着藏青色中山装；冬季，穿一件呢子大衣，戴一顶呢子帽。着装得体，衣帽整洁，总是温文尔雅地出现在学生面前。从仪表仪态看，真是“面必净，发必理，衣必整，纽必结。头容正，肩容平，背容直。气象勿傲、勿暴、勿怠。颜色宜和、宜静、宜庄。”先生的衣着容貌告诉我们，什么叫庄重，什么叫师威，什么叫无形的教育力量和影响。

受陈先生影响，生活上，我崇尚简单、自然、卫生，从不追求衣、食、住、行的奢华。一件棉袄，从上海到淮北，穿了二十多年，只换两件罩衣。在淮北煤炭师范学院当院长期间，出差办事，皆与随行人员（包括驾驶员同志）同吃一样的饭，同住一个标准间。衣服没有名牌，为出国访问，在淮北市百货大楼买布，做了两身呢子西服，这是我穿的最高档服装。但不管什面料的衣服，棉也好，的确良也好，呢子也好，我都自己打理得整整齐齐，干干净净，在别人眼里庄重、大方、得体，不损教师和学校形象就好。同时注意养成乐观、沉静、豁达、向上的精神风貌，并时时不忘以良好的形神风貌出现在师生和公众面前。

1957 年，我和我的同窗好友张茂松向陈先生问学，请教填报志愿选择专业问题。我们基于对一些历史现象的记忆想考政法学院，学习法律，做一个公正的执法者，为社会伸张正义，为国家的法治建设添砖加瓦。临近高考的时候，又在学法、学文与学史上犹豫不定。我们想听听先生的意见，请先生给予指导。

陈先生说，学法律，你们的出发点是好的，现实是现在社会普遍不重视法，存在有法不依，以言代法现象，你们出来当律师、做法官，还是做什么，能有多大作为，这个问题你们要考虑。另一方面法学院不多，招生不多，考法学院你们有多大把握，这个问题也要好好考虑。回想1957年夏季形势和我们曾经想报考的华东政法学院于1958年被撤销，以及“文化大革命”中的“无法无天”和长期存在的人比法大现象，先生此番从实际出发的务实答问，表现出一位人类灵魂工程师对学生的爱与责任，真比金贵。

至于学文、学史，陈先生说，你们想学的文，就是汉语言文学专业，包括语言和文学。语言是科学，文学是艺术，两者既有区别又有联系。你们学文，想当作家，这是很多青年的理想，很美好。但是，你们看看，有些伟大的作家并不是中文系培养的。鲁迅、郭沫若都是学医的。生活是培养作家的沃土，是文学创作的源泉。生活包括人民群众各种历史的和现实的活动。历史是过去的现实，现实是当今的历史。历史是一座知识宝库，是一切社会科学的基础。文学创作离不开历史。历史学是一门实学，它的本质是特征真实。以史为镜知兴替。它能帮助人们认识现在从哪里来，未来往哪里走，顺应历史潮流前进；它是一门培养富民兴邦政治家的基础课程，培养各类建设人才的基础学科；它务求真实，不能虚构，不能夸张。文学是艺术，则允许虚构，允许夸张。学了史改从文，基础知识扎实，适应快；学了文再治史，有语言艺术优势，但通古今之变不容易，几乎要从头来。文史法，让我选，我首选史，其次是文，再次是法。

陈先生的一席谈，影响了我和张茂松的专业选择。我们决定考一样的大学，一样的专业，依次填报的志愿为，南京大学历史系历史学专业，华东师范大学历史系历史学专业，以及保底的师范院校历史学专业。张茂松被南京大学录取，我被华东师范大学录取。张茂松毕业后分到北京地安门中学，“一生教初中高中语文历史的时间各半，几乎年年当班主任。从 1983 年 1 月 1 日起，调东城区教育局教研室历史组负责抓全区中学的历史教学工作直至病退为止”。我留在华东师范大学历史系，始做教学秘书工作，继做教学工作，后调至淮北煤炭师范学院任教，并主校政。一生上班四十年又两个月，上海淮北各半。

大学（1957. 9—1960. 4）

1957 年　二十二岁

是年提要　1. 大班听课，小班讨论。2. 名师风范，感召后学。

1957 年全国高等学校招生十万七千人，比 1956 年减少五万六千人。我有幸成为十万七千名高校新学子中之一员，非常高兴。我带着乡土气息，怀着对大学的憧憬，于 9 月 5 日，到坐落于黄浦江畔名都上海的华东师范大学历史学系报到，在一个崭新的生活世界，开始了大学时代学习。

大学教学的基本组织形式，同中小学一样，是班级授课制。历史学系 1957 年级一百二十人，编四个小班，每班三十人。根据学科专业特点和学生具体情况，班级教学有大班、小班和小小班。历史学基础课、专业课是大班授课，小班讨论。一百二十人的大班在文史楼一间大教室听老师讲授系统的基础知识、基本理论和基本技能；三十人的小班开展课堂讨论，每次讨论一个专题。历史学基础课，专业课每学期安排一到两个专题进行讨论。体育课实行小班教学。俄语则分成小小班教学，即根据学生俄语基础将三十人分成快班、慢班，在文史楼一间放有若干扶手椅的小教室上课。

大班课自始至终是老师讲，学生听，没有提问，没有讨论，没有互动。由于老师各有各的教学风格或有浓重的乡音，或说地方官话，以及学生的兴趣和喜好的多样性，对老师教课的感受、印象也多有差异。

大一大二的时候，姚舜钦教授、徐德嶙教授教我们中国古代史。姚舜钦是江苏人，性情温良敦厚，身体微胖，个儿不高，讲苏南口音普通话。从远古教到西汉。没有统一教材，油印活页讲义，上课前发给学生。讲课离不开讲义，比较拘谨，是典型的教科书式的讲述。但先生非常重视课堂讨论。他组织的中国古史分期问题的课堂讨论，受到学生重视和欢迎。中国古史分期是中国古代史上由奴隶制转变为封建制的分期问题。史学界对古史分期问题有不同看法：有以吕振羽、范文澜、翦伯赞为代表的西周封建论；有以郭沫若、杨宽、吴大琨为代表的战国封建论；有以尚钺、何兹全、王仲荦为代表的魏晋封建论。姚先生提前把题目布置下来，同学们准备两周，开展了第一次课堂讨论。讨论会上发言踊跃，气氛热烈。但由于缺少学术积累和研究心得，往往是读了西周封建论的文章，就说西周是封建社会；读了战国封建论的文章，就认为战国是封建社会，却很少有人认同魏晋封建论。对于学习来说，讨论的效果是明显的，超过此前的照本讲述。它促使我们急迫阅读、用笔记、思考、撰写发言提纲，通过发言，听取不同观点，相互启发，相互学习，共同提高。其优点是，能比较充分地调动我们的积极性，有利于培养独立思考能力、口头表达能力，灵活运用知识分析问题、解决问题的能力，并起到活跃思想，扩大学术视野的积极作用。姚先生在做小结时特别提到，“我们中国古代史教研室都是以吴泽先生、束世澂先生为代表的西周封建论，是‘老封建’”。后来由于毛泽东主席赞成郭沫若的战国封建论，教育部颁订的教学大纲便以春秋战国之际作为封建社会的开端。此“纲”一出，中国古史分期问题讨论急速降温，几近无声，进入“文化大革命”则中断了讨论。学术发展史昭示，学术起于疑问，扎根讨论，繁荣于争鸣。大学是学习与探究的场所，其真谛是学术自由，追求真理。离开自由讨论，学术即无生命；独尊一说，便无学术创新，也培养不出拔尖创新人才。在中国古代史整个教学中还开展过农民战争、历史人物评价、资本主义萌芽问题等多次讨论。

徐德嶙教授是湖南湘乡人，儒雅和善，身材修长，讲课声音大、乡音重。从东汉讲到明清。徐先生讲课是粗线条的，重视线索和问题的提示，鼓励学生读书。讲到三国时，一带而过，交代说：我有《三国史话》出版，有兴趣可以从图书馆借来看看。老师写的书，有亲近感，我读了，虽不是专深的学术著作，还是有益的。

世界古代及中世纪史课由李季谷教授、陈祖源教授教。李季谷先生是浙江人，性温和，面清瘦，精神矍铄。先生以日知的《世界古代史》为教材，讲述有详略，能历史地讲历史。讲雅典奴隶主民主政治、希腊文化和罗马法典，既肯定其历史进步性，又指出其历史局限性。讲到高兴的时候，踮起脚，手扶讲台，上身前倾，声音拉长，抑扬顿挫，其姿态、表情都会传达出对历史人物、事件、典章的褒贬的态度。听了先生的课，不能不读希罗多德的《历史》、修斯底德的《伯罗奔尼撒战争史》、李维的《罗马史》，不能不读荷马、伊索、柏拉图……“文化大革命”中，先生被迫害离世。

陈祖源先生教世界中世纪史，说一口苏州话，外省籍的一开始都听不懂。上课常常迟到，慌慌张张到教室，翻开讲义，不知道上节课讲到哪里，往往是前排同学告诉他。但开讲后，不看讲义也能讲上一段又一段。虽然讲得极为认真，教学模式却是死板的，没有生动性和个人见解。先生的脾气很好，不管学生有什么表情传意，都不在意，不生气，嘿嘿一笑，走了。王达天先生为其助教。王先生年轻，温文尔雅。每逢辅导时间都准时到教室或教员休息室为学生答疑，有效弥补了陈先生教学上的不足。

苏渊雷教授教中国历史要籍。中国历史要籍没有统编教材，只有油印的单篇文选，上课前发给学生。苏先生是浙江平阳人，上第一堂课，手不握卷，风姿潇洒地走进教室，登上讲台，目视学生，开始授课。苏先生说：中国历史要籍对学习与研究历史非常重要，既好学又不好学，望各位努力。本学期学《史记》选读。《史记》是我国第一部纪传体通史，西汉司马迁著，由十二本纪、十表、八书、三十世家、七十列传组成。《史记》评人论事，臧否鲜明，是一部开创性的伟大的史学名著。同时也是一部优秀的文学名著，叙事写人，具体可感，生动鲜活，栩栩如生。鲁迅誉《史记》“为史家之绝唱，无韵之离骚”。

接下来，苏先生讲《史记》之《秦始皇本纪》。讲《秦始皇本纪》不看本子，拿起粉笔在黑板上沙沙疾书，“秦始皇者，秦庄襄王之子也……”首先让我震撼的是飘若浮云，矫似舞凤的板书；其次令我折服的是板书与原文一对，一句不漏，一字不差，并且解字析句，简明扼要，评判历史，论赞严谨。不论讲人、讲事，都有条不紊，洒洒可听，非常受欢迎。但没有多长时间，苏先生就不来上课了。后来知道，反右补课时，先生被错划为右派，调到哈尔滨师范学院去了。

1979年年初，我还在华东师大的时候，苏先生从原籍回校复职，仍在历史系教中国古代史。苏先生是通才、大家，出版史学、文学、哲学、文化学论著数十种以及诗词、书画等众多作品，在很多方面填补了中国文化的空白。苏先生独具个性的教学风格和渊博知识，让我懂得什么样的教师是最受学生欢迎的。

苏先生走后，中国历史要籍课的继任教师是姚舜钦先生。姚先生与苏先生相比，在教这门课上显然大有逊色，但临近期末，举行一次课堂讨论，题目是《史记》的特点，还是很有收获的。其中一点是，以往知道文学体裁有诗、散文、小说、戏剧等，对史书体裁知之甚少。通过对《史记》的讨论，知道了史书的体裁也是多样的：有编年体、纪传体、纪事本末体、典制体、学案体、史论体、方志体、文征体、演义体、章节体、图、表等。大凡优秀的史书著作，往往都是同时运用几种体裁，以一种体裁为主，其他体裁为补充，相辅相成，达到更好的效果。传记体《史记》在帝王本纪部分，就采用了编年体，以时间顺序排列史实。而编年体史书《资治通鉴》，也有人物传记，对史事的记述也采用了纪事本末的一些手法。古今史家都重视图、表，体裁不同的史书配上图、表，简明醒目，文、图、表并茂，为史书增添魅力。

心理学属公共课，学一年，是留学美国邵瑞珍（女）先生教的。邵先生是教育系的。第一堂课，邵先生从容优雅地走进教室，端庄稳重，不慌不忙地说，从今天开始，我们学习心理学。将来你们当老师或做其他工作，都要了解和懂得人的心理。心理学就是研究心理现象客观规律的科学，对教学和其他工作都有很大价值。心理学的系统知识我已经记得不多了，但有一堂课我至今没忘。邵先生策划组织了一堂实验课，带领我们走进巴甫洛夫实验室解剖兔子，观察动物生理过程，加深对巴甫洛夫条件反射概念、高级神经活动学说的理解。一门公共课，邵先生如此用心、认真，让学生动脑、动手、动眼、动耳，调动全部身心，在科学实验中学习的科学精神、治学态度，对我产生了永不忘怀的示范影响。

马列主义基础这门课没有留下什么印象，哪位先生教的也不记得了。体育是阎先生、洪先生教的，重在增强体质，身心健康，对运动技术技巧没有过高要求，很受欢迎。

1958 年　二十三岁

是年提要　1. 红专规划。2. 自觉革命。3. 学会适应。4. “大跃进”中的教学。5. 泡图书馆。

1 月 29 日，校党委书记、副校长常溪萍在学生代表大会上做《培养工人阶级知识分子》的报告，号召青年学生树立顶天立地的雄心壮志，加强政治学习，刻苦钻研业务，积极锻炼身体，成长为工人阶级知识分子，为建设伟大的社会主义国家服务。

常溪萍的报告得到青年学生的热烈响应，纷纷表示要做工人阶级知识分子，并制订个人进步规划，后称红专规划。我的规划要点是：

一、认真学习马克思列宁主义、毛泽东主席著作，联系思想实际、学习实际，用工人阶级的思想，批判资产阶级、小资产阶级思想；用马克思列宁主义的立场、观点、方法，克服非马克思列宁主义的立场、观点、方法。提高社会主义思想觉悟，忠于党、忠于人民、忠于祖国、忠于社会主义事业。

二、认真学习党的基本知识，正确认识党的性质、宗旨、指导思想、奋斗纲领和方针政策。主动接受党组织的教育，积极创造条件，争取早日加入中国共产党。在党的领导下全心全意为人民服务，为建设社会主义服务，为党的最高理想——实现共产主义贡献毕生力量。

三、巩固师范教育专业思想。忠诚党的教育事业，加强师德修养，培养从师能力，把自己培养成又红又专、一专多能、全面发展的工人阶级知识分子，服务教育，献身教育。

四、巩固历史专业思想。认真学习中外历史课程和公共课程，系统掌握史学的基本理论和知识。了解与史学有关的学科知识。训练表达能力和初步的研究能力。

五、坚持锻炼身体。讲清洁卫生，不吸烟，不喝酒，不赌博。养成良好的生活习惯。增强体质，完善人格，为祖国健康工作五十年。

4 月 25 日　学校团委传达团上海市委整团文件精神，开始整团。

5 月 12 日　常溪萍在全校师生大会上做《关于进一步开展自觉革命》动员报告，指出个人主义的表现：(1) 追求个人名利的学习目的。(2) 追求享乐，羡慕资产阶级生活方式。(3) 暮气重，无朝气，生平无大志，偷生于世。(4) 打击别人，抬高自己。(5) 个人英雄主义。(6) 弄虚作假。(7) 轻视工农。(8) 只顾自己，不顾集体。(9) 损人利己，假公济私。

常溪萍要求，振作精神，轻松愉快，放下包袱，自觉革命，自己找出自己个人主义的表现、危害和原因，彻底抛弃个人主义，树立集体主义，一切从集体出发，把集体利益摆在个人利益之上。他指出，自觉革命的方针是，自己检查，自我分析，他人帮助，共同提高；方法是：大组（班）讨论和小组、小小组（不超过五人）讨论相结合；自我分析和学习文件相结合；写文章和演讲相结合；典型示范等。

为了加深对个人主义的批判与认识，搞好这次自觉革命，学校组织全校师生在风雨操场听了两场专题报告。

5月13日　周抗做《关于个人主义问题》报告。周抗，浙江诸暨人，哲学家。华东师范大学首任党委书记，时任上海社会科学院哲学研究所所长。周抗的报告从《儒林外史》讲起。他借《儒林外史》揭露封建时代精神空虚和精神堕落的知识分子的灵魂和面貌，对现实中知识分子的个人主义思想进行揭露和批判。他指出个人主义的当前表现：（1）名利思想，专业思想不巩固，不愿当教师。（2）患得患失，当干部想辞职，不当干部闹情绪。（3）生平无大志，得过且过，既不积极，也不落后，入党太难，做学问不光荣，但愿做团员。（4）空虚，以前认为个人主义是动力，现在完了。（5）虚伪，逢人且说三分话，未可全抛一片真。（6）厌世，祖国前途光芒万丈，我的前途暗淡无光。（7）打击别人，抬高自己。

周抗进而对自觉革命中的态度认识问题深入浅出地进行分析，指出：一是彼此彼此。哈哈一笑之人，对个人主义缺乏认识，要不得。二是哭了。有感叹之哭，有激动之哭，有委屈之哭，有高兴之哭，你是哪种哭？三是破易立难。哪个难，哪个易，关键在立场、态度、决心。我劝同志们坚定立场，端正态度，提高信心，把群众观点和集体观点树立起来，把个人主义彻底破掉，彻底搞臭，来个政治上、思想上的大进步。

周抗长达三个小时的报告，语言幽默风趣，娓娓动听；道理深入浅出，明白易懂。六十多年了，其声、其情、其态，如在眼前；其言、其论，亦未曾忘。

5月23日　陈其五做《关于个人主义问题》的报告。陈其五，安徽巢县人，上海高教、宣传部门领导干部。他的长篇报告侧重理性分析，富有逻辑性、思想性，讲了三个问题：

（一）个人主义的特性。他用自私二字概括。具体表现：

(1) 追逐名利，个人利益高于一切。(2) 骄傲自大，目空一切。(3) 娇，脆弱，怕艰苦，经不起挫折和批评。(4) 假，虚伪，不真实。(5) 偏误、片面、成见。(6) 空，看不起群众，脱离群众，轻视实践。

(二) 几种错误观点：(1) 个人主义人皆有之。(2) 个人主义有一定积极作用，是个人前进的一种动力。(3) 永远有个人主义。他从理论和实践上对这几种错误观念，一一进行分析批判，提出彻底抛弃个人主义，树立集体主义。

(三) 世界观的转变是根本转变。他从理论和实际的结合上讲了三条：(1) 开展思想斗争，兴无产阶级思想，灭资产阶级思想。(2) 改变世界观，用辩证唯物主义和历史唯物主义观点，同唯心主义和形而上学的观点进行斗争。(3) 参加实践斗争，同工农打成一片，同脱离实际、脱离群众的思想和行为进行斗争，在实际工作中培养无产阶级世界观。

长达三个多月的自觉革命，起于整团，逐渐扩大到每个人。虽然强调自觉自为，但十一天三场报告，其势之迅猛，还是给人造成不同程度的紧张和不安。其结果，优点是，形成抛弃个人主义，树立集体主义的强大舆论；我为人人、人人为我，集体利益高于个人利益的观念深入人心，成为我们这代人价值观的核心。问题是，没有注意个人主义同个性的不同，忽视集体奋斗与个人奋斗的统一，导致很长一个时期不敢提倡发展个性，不敢讲个人奋斗，给人才培养造成了一定负面影响。

6月　全班同学到嘉定县（今上海市嘉定区）黄渡农业社参加夏收夏种劳动。割稻、挑稻、翻地，你追我赶，干得热火朝天。半个月的劳动，磨破了肩膀，晒黑了皮肤，锻炼了身体，密切了同农民的联系，对江南农村、农民和农业生产有了直接接触和印象。

7月　一年的学习结束了，除了长知识、长见识，就是思想方法和学习方法的收获。确如老师在我们入学之初所说，大学的学习同中学不同。学会适应大学的学习，各有各的心得，我的体会有以下几条：

第一，要学习适应没有统编教材的学习。很多课程没有统一的教材，教师各发各的讲义，各讲各的教案，各有各的讲法，要学会听线索，听思路，记要点，记问题，进行整理、综合，形成自己的判断。没有统编教材看似一个缺点，实际也是个优点，即没有一样，可以多样，老师可以各讲各的见解，教而不同，促进学术创新发展。有了统编教材，就哲学社会科学而言，也不应定于一统，独尊教材，迷信教材，而没有追问、没有补充、没有创新。学术百家比学术一家好，百家争鸣比百家共鸣好。一个声音窒息学术，不同声音才能发展学术。像中国古史分期，多家争鸣，总比多家共鸣或一家独鸣要好，有利于做出科学结论，繁荣哲学社会科学。

第二，要学会适应做时间的主人。大学上课时间少，课余时间多，自主支配的时间多。要学会合理安排时间，使用时间，把时间主要用于学习专业知识，扩大相关知识，关心时事知识，浏览休闲知识上。总之，要把时间用于学业，以学为主，而不是其他活动。班级和年级主要干部把大量时间用于工作，以致影响学习、休息和睡眠；少数同学把时间过多地用于娱乐，影响功课。这样安排时间都是不当的。对于学生来说，时间就是知识，就是财富，浪费时间，就是丧失知识，远离财富。

第三，要学会适应独立自主学习。大学学习的一个重要特点是自学。自学靠自觉，自觉才能主动。主动地自主地学习特别重要。在一般情况下，除了上课，如果不主动向老师问学，老师不会像中学老师那样围着学生转，耳提面命，督促你看书、学习、做作业。在大学要把学习变为自己的需要，积极、主动、自觉地通过自己的活动，获得知识，发展智力和能力，形成一定的思想理论观点和价值观念。

第四，要学会适应读书。有位哲人说：“书籍，当代真正的大学。”上大学，就要读书，读书是最好的学习。大学有三宝：大师、实验室、图书馆。有人形象地说，图书馆是知识水库，知识海洋。图书馆藏书丰富，种类繁多。这么多书，读什么？怎么读？一般说，要读教材上列出的参考书；要读老师开出的参考书；要读与历史学有联系的书，如哲学、考古学、民族学、历史地理学、文学、天文学、地质学、古人类学等。至于怎么读书，老师各有所见，综合起来，至少有以下几点：从学习角度，可以围绕教材和参考书读；围绕疑难问题读；围绕专题读；围绕课堂讨论读；围绕修养读；围绕现实问题读；以及随兴而读，无故乱读等。从方法层面，一般说，要边读，边思、边抄、边做主题索引；要读思结合，读写结合，从而达到读书的最佳效果。读一本书或一篇文章，要泛读与精读结合。泛读，就是一目十行，快速浏览，略知书的篇、章、节、目、主要内容和文章的主题、主要观点。精读，就是慢慢读，细细想，对某一问题做深入思考，深入追问，或对新材料、新观点、新思想做出辨析、判断，做出扬弃、取舍。泛读解决博的问题，当教师，做研究，知识面应广大，博闻多识，触类旁通。精读解决专的问题，在博的基础上，集百家之长，立一家之言，成就高深学问。不专只博，一无着落；不博光专，钻牛角尖，都不可取。什么书应该精读，什么书应该泛读，老师说，要视具体需要而定。一般来说，本学科大师的代表作要精读，“看家书”要精读，主要参考书要择其主要内容精读。同时要读期刊专业论文，获取学科前沿知识，追踪先进水平。人生有涯，时间有限，大量书籍只能泛读。泛与精是相对的，专与博是统一的。上大学，主旨在求专，成为某一领域的专门人才，同时又要有一定范围的博，成为多能人才。一言以蔽之，把自己培养成一专多能人才。

第五，要学会适应记笔记。一要学会记课堂笔记。学生不是速记员，记课堂笔记不应有言必录，把老师的每句话都记下来。而应记要点，即概念、论点、论据等；记提纲，即章节的大小标题，标题下的要点、要例、美词、名言等；记方法，即怎么分析、综合、归纳、演绎、历史和逻辑统一等；记思路，即思考线索、讲课的条理、思想的层次等；记问题，即不懂、不明白的问题，有争论的问题，待研究的问题。二要学会记读书笔记，前已略述，不再赘言。三要学会记流水账。即听报告，听讲座，参加研讨会、座谈会的时间、地点、人物、内容随时记录；参观、访问，所见所闻随时记录；突然产生的灵感、思想火花，也要随时记录，以防一闪而过，从脑海溜走。

第六，要学会适应讨论。讨论是一种教学方法，也是一种学习方法，常以小组、小班为单位进行，也有师生、生生对话讨论。这种讨论大都是以学生为主体，围绕某一专题或问题，查资料、借资料、读资料、抄资料、分析资料、引出观点、撰写提纲、课堂发言、辩驳讨论、老师点评小结，提出问题，引导学生进一步追问思考。适应讨论式教学，关键是要做好掌握资料、撰写提纲、课堂发言三样核心工作。而发言是面对面交流、讨论，并锻炼口头表达能力，最重要。

8 月　全校 1957 年级同学，意气风发，步行至上海江湾某空军基地，参加军事夏令营，过七天军营生活。月底回到学校，立即投入“大跃进”，“放卫星”活动。班级开会，小组开会，层层发动，人人表态。敢想、敢说、敢干。

9 月　开学后生产劳动越来越多。史一几乎天天停课劳动，史三、史四也相当积极，唯我们史二在几位调干生带领下比较沉稳，坚持边上课、边劳动。迫于形势也停课集中劳动十天或半个月。

不过，上课已由课堂教学为主，教材为主，教师讲授为主，变为生产劳动和社会实践为主，现实问题为主，学生自学、辩论、批判为主，名曰教育革命。持续一个多学期的教育革命，是围绕教育与生产劳动相结合、兴无灭资、又红又专等问题开展的。

教劳结合。教育与生产劳动相结合，是现代教育的必然要求，是培养全面发展的人才的基本途径。把生产劳动列入教育教学计划，是符合现代教育发展要求的。在当时，把它当作知识分子进行劳动锻炼与工农相结合的一条必由之路，组织师生走出校门，下乡参加农业劳动，下厂参加工业劳动，并专挑苦活、累活、脏活干，对克服教育脱离生产劳动、脱离实际，对培养劳动观点，克服轻视体力劳动和体力劳动者的观点，对培养工人阶级和贫下中农感情，对锻炼体力有积极意义。从深层看，长期从事脱离所学知识的体力劳动，既不利于发挥知识分子的知识优势，也不利于提高体力劳动者的文化水平，很难使人的全面发展由必要性转变为现实性，从而推动生产劳动向更高阶段发展。反思劳动实践，究竟以什么形式，什么途径实现教育与生产劳动相结合，劳动时间安排多少为好，众说纷纭。但倾向性意见明显，纯粹的重体力劳动不是培养全面发展的人才的最好选择，劳动时间不宜过长。

教育学在高师是一门重要基础课。我们的教育学课是教育系主任朱有献教授教的。原本教得有序，学得有趣。不料，很快受到生产劳动的冲击而乱了套。一位青年女老师接下朱先生的课，在“大跃进”高潮中，应对课程变革。她突出教育与生产劳动相结合，以点代面，讲了大半个学期，开卷考试也是这个内容。教育学的系统知识从略了，甚至不讲了。但教学方法是讲授与讨论相结合，颇受欢迎。

兴无灭资。指兴无产阶级思想，灭资产阶级思想。具体内容和目标是，培养师生的工人阶级的阶级观点（同资产阶级进行斗争）、培养群众观点和集体观点（同个人主义进行斗争）、培养劳动观点即脑力劳动与体力劳动相结合的观点（同轻视体力劳动和体力劳动者、主张劳力与劳心分离的观点进行斗争）、培养辩证唯物主义观点（同唯心主义和形而上学的观点进行斗争）。这次斗争没有具体的人作为批判、斗争对象，而是将一些观点和倾向，如“为学术而学术，为教育而教育”，“两耳不闻窗外事，一心只读圣贤书”，“政治是虚的，知识是实的”等，简单地指为白专道路，加以批判。批判虽然很激烈，很严厉，但是，在我们年级，没有哪一位老师或同学被指为白专对象。不过大家还是纷纷表明态度。通谓插红旗，拔白旗。我的态度是，只专不红的白专道路不能走，只红不专的空头政治家不能做，先专后红、先红后专的思想不能要，要走又红又专、红专并进道路。

史学革命。史学领域的这场革命，是围绕“厚今薄古”展开的。普遍认为，“厚今薄古”是和“厚古薄今”对立的。但对厚什么，薄什么的看法就有不同意见了。有的认为，“厚古薄今”，就是厚帝王将相，薄劳动人民；“厚今薄古”，就是倒过来，厚劳动人民，薄帝王将相。有的认为，“厚古薄今”，是重过去，轻现在；“厚今薄古”，是重视现在，轻视过去。有的认为，“厚古薄今”，是对古代有兴趣，向后看，尊古、崇古；“厚今薄古”，是提倡重视近现代，研究近现代，引导人们向前看。

虽然认识不同，但史学革命指向却相近相似：打破王朝体系，打倒帝王将相，立人民体系，立劳动人民；重视农民起义，重视研究农民战争；重视近现代史，大力开展近现代史研究和亚非史、拉美史研究；压缩古代史教学时间，增加近现代史教学时间。甚至有人提出倒过来学，先学现代史，再学近代史、古代史。

史学革命提出的这些问题，关系到历史观和历史评价问题。正常的教学停摆了，怎么办？为了寻找答案，在劳动和辩论之余，我带着问题，向马、恩、列、斯和毛主席请教，读他们有关历史评价的论述；向专家请教，读郭沫若、翦伯赞、漆侠、嵇文甫、黎澍等史学名家的论著。通过学习马克思主义经典作家对历史评价的论述，进一步加深了对唯物史观的理解；通过学习史学名家著作，进一步了解了他们观察分析历史问题的思想方法。带着问题学习是有效的学习。

10 月　在全民炼钢运动高潮中，我们班没有找旧铁、造土炉、点火炼铁，而是白天看书学习，晚上到长风公园参加义务劳动：挖湖、筑山。湖，冠名银锄湖；山，冠名铁臂山。长风公园的湖光山色浸润着我们的汗水。

是年　当选历史学系团总支委员，向年级党支部提出入党申请。

与王家范一起到黄浦区，深入街道、里弄，访问小店主和居民，了解一般民众在中华人民共和国成立后的生活状况。有调查报告在《解放十年上海人民生活调查》油印刊出。

同时，利用一切空隙泡历史阅览室，泡图书馆。历史阅览室在文史楼二层，三间朝南，四壁有书架，摆满专业书籍。全开架，可随手取书，翻看，切合需要，便找个座位坐下细读。文史楼是中文、历史系上课的教学楼。课前课后一两小时在这里看书非常方便。书只能在阅览室看，不能带出，也不出借。

白天有闵先生（女）专职管理，晚上和星期天有学生志愿者管理。在我们毕业之前撤掉，回归图书馆，同学为之叹息。阅览室东边有历史系资料室，也是三间朝南，专为教师服务。后来空间扩大，一直保留了下来。

图书馆坐落在西丽娃河畔。墙体和楼顶砖瓦呈绛红色。东有杂树簇拥，西有水杉、垂柳掩映，北依密林，南有门前广场，是读书学习的理想场所，也是大学之谓大学的一大根据和标志。只要有时间，我都去图书馆。开馆进，闭馆出。读书不限于专业。历史之外，读文学，读哲学，读马列，读期刊，读报纸。除了历史著作，大都随兴而读，尤其爱读鲁迅的杂文、散文和诗。中学时代，对鲁迅弃医从文、改造国民精神的鸿鹄之志钦敬不已。深读鲁迅，见其始终以文学形式呈现其思想，发思想启蒙之强音，引文化发展之方向，我更喜欢作为思想家的鲁迅。

郭沫若的历史著作，《中国古代社会研究》《甲骨文字研究》等，作为专业参考书，已经读过。初读《女神》全诗，心灵受到巨大震撼。《屈原》《蔡文姬》等历史剧的思想艺术感染力超出想象。讨蒋檄文《试看今日之蒋介石》、史论名文《甲申三百年祭》，则过目难忘。

读茅盾的《子夜》，对旧时上海社会生活和民族资本的命运，有了具体而形象的了解和认识。老舍的戏剧以浓厚的地方色彩和强烈的生活气息，给我留下深刻印象。洪深、田汉、阿英的戏剧，朱自清的散文，闻一多的诗，都有涉猎和美好印象。

外国文学，读过俄罗斯列夫·托尔斯泰的《安娜·卡列尼娜》。苏联高尔基的《母亲》，马雅可夫斯基的《列宁》《好》，奥斯特洛夫斯基的《钢铁是怎样炼成的》。英国莎士比亚的《罗密欧与朱丽叶》《哈姆雷特》，伏尼契的《牛虻》。法国巴尔扎克的《高老头》，小仲马的《茶花女》。德国歌德的《浮士德》等。阅读这些名家名著，如同品尝优质的艺术杂粮，不仅丰富精神生活，增加文化滋养，养成良好气质，进一步打开心灵之窗，而且能够从中汲取智慧，了解人类多样文明，扩大胸襟和视野。

是年　获“鲁迅奖章读书运动”奖章。该项运动由上海市工会联合会、共青团上海市委员会、上海市青年联合会、上海市学生联合会、上海市出版局联合发起，必读书目是《毛泽东论文艺》《列宁论文学》，臧克家讲解、周振甫注释《毛主席诗词十八首讲解》，《鲁迅全集》，中共上海市委宣传部编《上海民歌选》，中国人民解放军三十年征文编辑委员会编《星火燎原》，李仝著《转战南北》，尼古拉·楚可夫斯基著《波罗的海天空》，米·肖洛霍夫著《一个人的遭遇》，艾芜著《百炼成钢》，等等。

1959 年　二十四岁

是年提要　1. 风格各异，取长增益。2. 教学秩序，趋向正常。3. 家国多难，心志不移。

1 月 10 日　母亲逝世，终年六十五岁。考虑到回家路费困难，亲人算好时间节点给我发电报：母亲逝世，即日安葬，安心读书。傍晚接到电报，母亲已入土安息，不禁潸潸，伫立校园，凝望故乡，默默悼念亲爱的母亲。

是月寒假，由于缺少路费，只有留校，以书为友，过春节，度长假。每当思绪不宁，想念远方亲人时，便以革命志士抛妻别子，投身革命，数年不归，慰藉和激励自己，发奋学习。

2 月　开学后，教学秩序向正常回归。课堂教学出现和“史学革命”不同的景象。历史教学依然按照历史的发展过程讲授。朝代还是那些朝代，人物还是那些人物，只是要求更好地运用马克思主义唯物史观，给历史以辩证的历史的评价，该肯定的肯定，该批判的批判。笼统地肯定一切或否定一切，都是不符合马克思主义唯物史观的。改变的是，压缩了古代史教学时间，增加了近现史教学时间。

3月　读郭沫若新作《替曹操翻案》，有石破天惊的感觉。

5月22日　父亲饥病离世，终年六十五岁。是日下午5时45分，噩耗传来，悲痛万分。在同窗好友陈家骥帮助下，回家奔丧。翌日傍晚到家，妻子已请亲邻锯倒林地仅有的三棵松树，赶制棺材，将亡父入殓，等我回家殡葬。丧事简单，连一顿饭也管不起抬棺的亲邻，内心十分愧疚。在缺吃少喝，物质生活极度匮乏的苦难岁月，妻子倾其所有，为父亲打制上好棺材，尽其所能，操办父亲丧事。其一片孝心，我衷心感佩，没齿难忘。

5月28日　回到学校，除上课外，抓住一切时间，继续准备中国资本主义萌芽问题的课堂讨论。

国内史学界，对鸦片战争以前，中国封建社会内部已经出现了资本主义的萌芽，有基本的共识，但对萌芽最早出现在什么时间，存在不同意见。根据我读到的研究成果，有的史学家认为，唐宋朝个别地方似乎已经出现了最初资本主义萌芽形式，或稀疏出现资本主义萌芽；有的史学家认为，宋末元初隐约出现资本主义萌芽；许多史学家持元末明初资本主义萌芽说，并认为资本主义萌芽是一个过程。明朝嘉靖、万历年间，即16世纪中叶至17世纪初叶，资本主义萌芽在手工业、农业和商业等方面都明显地可以看到。但也有史学家提出不同意见，认为清朝社会经济发展比明朝明显，主张清朝资本主义萌芽说。作为本科学生，在学习期间，收集和占有资料有限，分析资料能力有限，相关理论准备有限，还不具备把这个问题讨论好的条件。只能读多家之言，从一家之言，而不能成一家之言。讨论促使我思考：面对同样的历史资料，例如徐一夔的

《织工对》、张瀚的《松窗梦语》等所记载的历史现象，不同的史学家、经济学家得出了不同的结论，是什么原因呢？我想，主要原因恐怕同对资本主义缺乏深入研究有关，同对资本主义萌芽的含义和特征的理解不同有关，同研究资本主义萌芽问题的方法论不同有关。看来，研究这一问题需要史学家和经济学家共同努力，进行深入探讨。

暑假　没能回家，待在学校，沉在图书馆读书。首先系统阅读吕振羽著《简明中国通史》、吕思勉著《中国通史》、梁启超著《中国历史研究法》以及普列汉诺夫《论一元论历史观之发展》和《论个人在历史上的作用》等，以弥补两年来通史教学的薄弱与不足。读文学，想读什么就读什么，没有明确的目标和目的。读的多半是欧洲国家文学名著，以及印度泰戈尔的作品。读书几乎是暑假生活的全部，精神食粮丰富而又多样，美不可言。

9月　进入大三，有三门课程学得有滋有味。一是政治经济学。教我们政治经济学的是陈彪如教授。陈先生是湖北孝感县（今孝感市）人。1946年获美国哈佛大学硕士学位，回国后历任暨南大学、复旦大学、东吴大学、震旦大学教授。1952年院系调整，任华东师范大学教授，在政教系讲授政治经济学。陈先生身材修长，衣着整洁，举止儒雅，一派学者风度。陈先生讲课，慢条斯理，深入浅出，融知识和真理于一炉，引起我对政治经济学的兴趣。

二是夏东元先生教的中国近代史。夏先生时任讲师，三十八岁，江苏靖江人。身材不高，两眼炯炯有神，身上充满活力。长期从事政治理论的教学工作。1956年从政教系转入历史系，专作中国近代史的教学与研究，尤侧重洋务运动的研究。夏先生讲中国近代史，有教材不唯教材，而是按自己的见解讲，既重史实，又重意义，常与学生分享他的研究成果。在课堂上有时还发生一些花絮，有人不以为然，却给我留下不错的印象。比如，夏先生曾自问自答："什么是教育？我在讲台上一站，我的衣着、仪表、举止，就是教育。"又比如，夏先生说："我在某年某月某日某一报刊，发表一篇文章，探讨今天讲得这个问题，有一定研究之我见和价值，你们可以看看。我的这件上衣就是那篇文章的稿费买的。这不叫名利思想，这叫劳动创造价值。"夏先生坚持己见的教学风格和如是说，在当时的讲坛上是独一无二的。学术发展的真谛在于自由争鸣。没有听说有人把先生的话向上举报，即使有人举报上面也没有把它当作一回事，给予训诫，使先生一改其敢于表现个人见解的教学风格。我们喜欢教师各抒己见而不是照本宣科。

世界近代史是冯纪宪（女）先生教的。冯先生是老上海，时值青壮年，举止优雅，性情孤高，未婚。冯先生用普通话讲课。讲课主要是讲教材。讲的非常系统，非常有条理，对掌握基本知识非常有帮助。但大学的教学不能停留在教科书式的讲法上，不能停留在平铺直叙的介绍上，而应该有所发展，有所丰富，补充新知，加强评析，使学生既了解历史的真相，又受到分析的启发。我们曾对冯先生提过这样的建议，只听先生说好，未见教学发生变化。历史系的三年级学生，已经不满足于仅仅知道历史事实，而有更高的要求，希望在老师的启发和指点下，从历史事实中引出意义，让过去的经验的事实变为现在的实践的借鉴，发挥历史学的现实意义。我是循着这个路子学习历史并从事历史教学和研究的。虽然无成，却是这样努力的。

10 月 5 日　八岁长子不幸夭亡。

11 月 12 日　下午五点半，接到妻弟电报，惊悉"子死妻病"不虞之患，未假思索，立即决定回家探望。遂向班长报告，并向系里请假。13 日晚离沪，14 日晨到宿县，下了火车步行赶路。“行人自是心如火，兔走鸟飞不觉长。”日头偏西，快到家了。此时的心情恰是“近乡情更怯，不敢问来人”。我带着沉重，带着不安，走到家门口，只见大门紧闭，院里无人。天哪！家里究竟发生了什么？我不敢相信，也不敢想象。邻居彦平兄过来，对我说：“回来了，她娘俩在周圩孜，快去看看吧！”我没敢细问，转身就走，赶到岳父家，见妻子躺在地铺上，骨瘦如柴，弱不胜衣；爱女立在一旁，面黄肌瘦。心里一酸，潸然泪下。边对妻子细语问候，边听岳父母、妻兄弟说情况。我明白了，本来已经缺吃缺喝，身体虚弱，加上失子惊吓，又怕我伤心难过，影响上学，把失子的不幸对我瞒着，精神负担太重。心境抑郁，时间一长，身心交病，卧床不起，生命岌岌可危。但头脑清醒，语言清楚，我看到了希望。挽救爱妻生命的良药：第一，维持生命最低需要的食物。目前只能靠岳父母、妻兄弟从救命粮里挤点救命粮，解决维持生命的口粮。第二，精神安慰。我责无旁贷，必须让她感到我对她的体贴、温暖、不离不弃。一周时间，我在妻子身边，不断安慰、宽慰，用真心、爱心唤醒了妻子，唤醒了生命。

11 月 22 日　回到学校。历史系党总支副书记吴咏如师约我谈话，给予鼓励，并亲手送给我四元特殊困难补助费。吴师是安徽含山县人，一家老小都在农村，深知安徽困难情况。组织的教育和照顾，师友的关爱，给予我无穷力量。我对吴师说：“在我上学的路上，困难如影随形，成了我的伴侣和人生教科书。今天家庭有困难和不幸，国家也有困难，组织这么关心我，我会积极乐观地面对困难，克服困难，向着既定的理想和目标坚持前行，完成学业，服从分配，积极工作，为改变国家‘一穷二白’面貌和家庭命运做出贡献。”后来，吴咏如师调到学校总务处任党总支书记。

教学记

(1960.4—1983.7)

华东师范大学（1960.4—1980.4，其间，1972.5—1980.6称上海师范大学）

1960年，二十五岁

是年提要　1. 聆听与记录。2. 专家论学与治系。

4月25日　抽调历史学系办公室做教学秘书工作。历史学系始建于1951年。本科学制四年，设有历史学专业。历史学是研究中外各国历史发展的具体过程及其规律的科学。当时，主要培养中等学校骨干教师及部分高校教师和科研人员。学科专业以中国古代史见长，聚有吕思勉、李平心、吴泽、束世澂、戴家祥、苏渊雷等大家名家。历史学系的传统是重视教学、科研和思想政治教育工作。系主任是“红色教授”吴泽先生，分管教学与科研的副主任是世界近代史专家林举岱教授，分管总务的副主任为姚舜钦教授，主管常务和人事的副主任是出身浙江大学地下党员的陈希伦（女）同志。学校党委副书记刘维寅同志兼任历史学系党总支书记，吴咏如同志为党总支副书记。系办公室负责人周国菱（女），成员有史月娥（女）、沈芳（女）、熊昌前（工人）。我到办公室不几天史先生调出。后朱秉廉调进，沈芳调出。

我报到当日，陈希伦先生同我谈话，希望我安心于这项工作，做好这项工作，并尽快熟悉和投入工作。同时嘱咐我要研究一门专业，这不仅是工作需要，也有益于自身发展。应该做到，可以做到工作、学术互相促进，都有提高，都能做得很好。我说：“我一定按照先生的希望、要求去努力，尊敬师友，虚心学习；正派做人，认真做事；干一行，爱一行，钻一行。”

工作从系主任办公会议记录做起。每个星期一是系主任开会时间，有事没事，除吴泽主任，其他几位副主任都会到办公室来，有事就议事，没事见个面后就各做各的事。有重要事，则事先通知，吴泽主任一般都会出席并主持会议。如果因故不能出席，就明示，这项工作请陈希伦同志主持研究，某项工作请林先生主持研究，定下来由陈希伦同志向他报告就行了。吴先生充分信任并授权予副职，腾出主要精力和时间专注于学术。

系主任办公会议经常讨论的议题是教学、科研和师资培养。关于教学，我印象深刻的是，根据人才培养目标，紧扣基本理论、基础知识、基本方法和技能组织教学。教学内容要少而精，贵在精。少未必精，精必然少。要在精上下功夫，用气力，务求精益求精。教学方法要注重启发式，组织好课堂讨论，开展学术争鸣、学术批评，阐述自己的学术见解。教学质量源于师生质量，一定要安排高水平教师上基础课、专业课；一定要允许教师在学科领域发挥自己的学术专长，阐释自己的学术见解；一定要启发学生积极参与课堂讨论，发表不同意见；一定要指导学生课堂认真听讲，课外认真读书，把基础打牢，把底子铺宽。

关于科研，吴泽先生反复强调，要掌握马克思主义基本理论和历史科学的基础理论，用以指导史学研究；人人都应根据个人专长和兴趣，，一边教学，一边选择若干题目，一个题目一个题目进行深入研究，丰富教学内容，提高学术水平；要根据国家需要，组织力量，完成国家交给的科学研究任务，为提高国家整体史学水平做出应有贡献；可以一学期举行一次科学报告会，不定期出版历史科学论文集，进行学术交流；要请进来，做学术报告，走出去，参加学术会议，开阔学术视野。

关于师资培养，要在教学过程、教学实践中培养。老教师要上教学第一线，青年教师要在老教师指导下，听课、辅导、备课、试讲，逐步独立走上教学第一线；要以老带青，在科学研究中，给青年定目标，定任务，让青年静下来，沉下去，读书，研究，引导青年登堂入室，师承创造，成为后起之秀；要发现典型、培养典型，使青年学有榜样，赶有目标，培养和造就青年马克思主义史学家；要给青年机会，让其报告或出版研究成果，增强自觉自信，争取做出更大成绩。

我是系主任办公会议的聆听者、记录者，也是教研组组长会议的聆听者、记录者。教研组组长会议，不只传达文件、布置工作，更是听高见、集众智的好形式。教研组组长都是德高学富的长者，副组长都是青年才俊。聆听他们同系主任的交流对话，真是长知识、长见识、长能力。回忆起来，他们的交流讨论，可以概括为以下两个方面：

关于治史。有几条原则性的意见。一是掌握和运用马克思主义的史论，精髓是唯物史观和方法论；二是实事求是、秉笔直书的史德；三是由今知古、察古观今的史能；四是从历史实事引出意义的史用。

关于治系。常讲三句话，做好三件事。一是政治路线确定之后，干部就是决定性的因素，必须把培养干部的事情做好；二是决定教育成败和实际教学方向的是教师，必须把培养教师的事情做好；三是具有长远影响力的是学风，必须把培养良好学风的事情做好。

9 月　新学年开学后，通过听课、交谈，了解新生情况：第一，生活上，来自农村的学生说，比在家好多了。来自城市的学生说，没意见。第二，学习上，普遍反映，同中学大不相同，要慢慢适应。但孙道天先生的世界古代史教学受到学生普遍欢迎。首先，孙先生细高个，长脸面，浓眉大眼，高鼻梁，两鬓密黑，彬彬有礼，落落大方，给学生留下的第一印象是美好。其次，孙先生是黑龙江省北安人，语言表达清晰，声音高低适度，逻辑性强，深受学生欢迎；衣着整洁，举止儒雅，语言风趣，态度亲和，使学生产生仰慕和崇敬之情；孙先生的教学方法、方式、风格都让学生耳目一新，产生了积极的教学效果。第三，思想上，积极向上，对国家遭遇的困难避而不谈。建议对新生，生活上关心，学习上指导，思想上帮助。

10月3日　到上海中国图书发行公司排队买《毛泽东选集》第四卷，很快通读一遍。

10月6日　响应校团委号召，全系青年教师在校园种“十边”地，共克时艰。

10月16日　讨论知识分子劳动化，工农群众知识化。讨论到如何理解化，化到什么程度，怎样才能实现化时，认为：所谓化，就知识分子来讲，就是立场要彻底劳动人民化，感情要彻底劳动人民化，做脑力劳动和体力劳动结合的劳动者，做有文化的劳动者。教育与生产劳动相结合是实现化的根本途径。

10月18日　在学习会上发言说：马克思讲，“一切节省，归根到底是时间的节省。”在“一天等于二十年”的今天，时间就是钢，时间就是粮，时间就是力量。我们应当像珍惜生命一样珍惜时间，和时间赛跑。

10月23日　观摩公开教学后，下到各年级了解情况。四年级反映：（1）干部开会时间太多，班主席每周有四小时用于开会。（2）一般同学时间也比较紧，有时洗澡、洗衣服都抽不出时间。（3）俄文课每周三学时，老师上四学时，复习一周要用十二小时，甚至更多。（4）学哲学信心不足，一是对老师失去信心，二是没有教材。（5）最后一年，有的同学心里有空虚感，有的打算苦一年，多学点东西，多买点书。

11 月 7 日　中国现代史是本系比较薄弱的学科，根据系领导意图，决定致力中国现代史教学与研究。

11 月 20 日　按照系里安排，审查中国近代史讲义。审读过程中，深感史料、理论的重要和不足，只能边干边学，干中学。

11 月 26 日　工作整整七个月了，大部分时间是坐在办公室，忙于事务。应当像刘维寅同志所批评的那样：应当下去，深入到同学和课堂里去。不仅应当了解情况、反映情况，而且要分析情况，提出工作建议。

11 月 29 日　与五十八位一年级同学一起，赴杨树浦发电厂开始为期两周的劳动。任务是把多年沉积在地上的煤灰扒起来，用于发电，节约原煤，支援炼钢。

是年　任历史系教工团支部委员，先后负责宣传、组织工作。

是年　临时住在刘文英师处。刘师是辽宁人。1953 年东北师范大学毕业，同孙道天、艾周昌、陈善学（1958 年支援安徽大学）一道分到华东师范大学历史学系任教。时为单身，分有一个单间住房，属特殊待遇。刘师容我入住，我非常感激刘师的宽待与厚爱。刘师懂日语，教世界现代史，侧重日本史研究，是一位优秀青年学者，历史学系重点培养对象。刘师为人低调，不苟言笑。不注意衣着仪容，一件的确良衬衫，晚上洗，白天穿。胡子长了，自己用小剪刀剪剪，齐不齐不在乎。精力用在读书、教学和研究上。案头摆满了书。讲稿写得认真、工整，并装订成册，一本一本地码放在书箱里，不时地取出翻看、修改。刘师上课，讲稿放在讲台上，基本不看，稍稍仰望，有条不紊地讲述具体的历史事实，引出历史意义，阐释自己的观点，深入浅出，逻辑严谨，重点、难点、问题交代得非常清楚，深受学生欢迎。受刘师影响，后来，我教学，每课必写讲稿，并且讲一遍改一遍，甚至重写。

1960年到1970年，华东师大青年教工和单身教工的居住条件较差，一般都是三人住一间。“文化大革命”期间时常搬家，我曾三易居室。待到室友结婚，我才在学生宿舍，有了一间一人居室，并有幸同刘文英师做了多年邻居，亦师亦友，相处融洽。“文化大革命”后期，刘师调往辽宁大学，圆夫妻团圆之梦。1995年6月，我到沈阳师范学院出席东北、华东、西南地区部分师范学院院长协作会议期间，同张国宪、杨烨一道登门探访刘师，听刘师谈史论事，忆往话今。刘师还设家宴招待我们，倍感亲切，心喜洋洋。

1961年　二十六岁

是年提要　1. 吴泽教诲。2. 陈旭麓垂问。3. 冯契谈读书。4. 刘佛年讲教学。

1月17日　四十多位青年同志一起，到上海青年宫参观“延安时代革命生活展览”。观后写下几句顺口溜：小小一盏麻油灯，它的功劳说不盈。二十年前延安府，一盏一盏它最红。一盏一盏它最红，主席用过这盏灯。它虽点在延安府，千村万落红通通。千村万落红通通，照亮人心闹革命。千军万马奔向前，打败鬼子蒋匪兵。打败鬼子蒋匪兵，迎来光明与和平。社会主义建设好，永远不忘这盏灯。

4月28日　举行为纪念五四运动四十二周年历史科学报告会，晚7时拜访吴泽先生，向吴先生取科学报告会论文文稿。吴先生说：“坐，坐。稿子恐赶不上付印了。”接着，话题转到做行政工作与治学问题。讲了四十多分钟，受益匪浅。记忆的要点有：

繁杂的、零碎的工作，也有其规律性。这规律，要你自己从中悟出，从实践中总结。

行政工作，具体讲秘书工作，不是做了一天就完事，不是就那么做做几件事，处理处理几件工作。这里每一件工作的处理、安排，都有严肃的原则性和高度的灵活性，是锻炼思想方法的最好场所。对问题抓得准、看得清，需要有高度的政治敏锐性。

做行政工作要有高度的组织性，要走组织路线，按级办事。该教研组主任看，就得要他看；该系主任看，就得要系主任看。这里还包括责任问题。

要在实际工作中积累经验，丰富知识。比如参加一个会议，做一种记录，就能听到各种不同的人发言。若当时即刻就辨别出谁对、谁不对，谁是自由主义的发言，谁是原则性的发言，并且在最后能马上做出比较正确的总结性的发言，指出会议的收获与问题，这绝不是一个简单的问题。

在工作中要掌握政策和策略，对不同的人采取不同的工作方法。要讲究效果，充分发挥每一个人的积极性。比如，夏东元急于发表《梁启超的后期思想仍是资产阶级改良主义思想》，他为什么这样急于发表？而我们对他又采取什么态度？在科学报告会上，让他报告还是不让他报告？显然，应当让他报告，充分发挥他的积极性。而思想问题是慢慢来的，报告后还可以解决。

要排工作表，一号该做什么，二号该做什么，三号该做什么，轻重缓急，有条不紊。做一条划去一条，做一条考虑一条，做得对还是做得不对。假如做十条，就应当考虑对了几条，错了几条，为什么对，为什么错，找出原因。在每一件事未做之前，首先考虑提出意见供领导参考，然后，在实践中判断自己的意见正确与否。

一定要放得下，抓得起。工作时间就全心全意工作，在工作中间虚心学习，接受锻炼。工作之余，就要妥善安排生活，积极地、认真地进修。工作、学习，学习、工作，再工作、再学习。这样一年就比你单单关在屋子里看呀读呀的两年、三年进步还要快。同时毕业两个学生，一个毕业就做行政工作，一个毕业就专门进修业务，看起来前者要比后者看书的时间少，也可能前两年没有后者看的书多，但三年、四年、七年、八年，只要努力，肯定前者能赶上并超过后者，而且此后便会一直走在后者前面。决不要忽视生活经历对史学工作者专业发展的影响。

吴泽，江苏常州人。马克思主义史学家，“红色教授”，诲人不倦的导师，学高行美的教育家。我得吴师耳提面命，不时受教，终身受益，终身铭感。

晚 8 时，拜访陈旭麓先生。陈师从沙发上起来，让座，泡茶。问到历史科学报告会稿子，先生说：“实在太忙，没有写出来。平时写点东西，全靠晚上 10 点到 12 点，早上 6 点到 8 点时间，白天全忙于行政工作。”陈先生时任学校副教务长，中国近代史研究生导师。一边忙教务，一边忙教学与研究。陈先生关心地问：“业余时间怎么安排？”我对陈先生说：“主要是读书，读中国近现代史方面的书，侧重于现代史。”陈先生说：“从 1840 年到 1949 年应该打通读，研究可以有所侧重。不弄通 1840 年到 1919 年的历史，就很难弄明白 1919 年到 1949 年的历史。方向定了，就要坚持，坚持就有收获。”

陈旭麓先生是湖南双峰人，著名中国近代史专家。陈先生的中国近代史研究以思辨见长。史论统一，分析精当，语言精练，文笔生动。长文、短文、史论、史编都具有知识性、思想性、可读性。读陈先生的史学论著是一种享受。

李道齐先生是安徽肥东人，教务处文科教学科科长，在陈先生直接领导下工作，教过历史学系中国历史文选与写作课，我们常有交流。他曾对我说，他写史论文章是跟陈先生学的。陈先生对他说，史论，论什么，怎么论，选题很重要。题目从哪里来？一是从教学中来。二是从阅读史籍中来。三是从现实中来。四是从见闻中来。史论，史在前头，论在后头；史实第一，立论第二；史是历史事实，论是对历史事实的思辨。思辨不是臆说，而是建立在历史事实基础上的分析。分析得当与不当，有无意义和价值，就看你的马克思主义理论水平和对历史与现实的洞察力了。李道齐先生英年早逝，陈旭麓先生驾鹤西行。但李先生转述陈先生的史论之道却深深地铭记我心。

6 月 21 日　教工团支部讨论红专问题。我以为，处理好红专关系，不应当只停留在一般的议论上，要厘清几个经常碰到的、无法回避的具体问题。

读书问题。读书不一定出问题，不一定影响红，也不意味着不想红。不读书也不一定不出问题，不读书怎么专。读书不一定不红，不读书肯定不能专。还得读书，关键是读什么书，怎样读书，为什么读书。

写文章问题。写文章不一定就是白专。文章从一个方面反映专，是专的一种体现。问题是为何而写，写什么文章。文章现在不是写得太多，而是写得太少了。像搞中国现代史的，一般都是不愿意写，不敢写，写了很难发表。红不妨碍写文章，专必须写文章。

生活问题。生活上的问题不能同政治思想问题混同起来。

生活上有些拖拉、随便，有些小毛病不等于政治思想一定有问题。而专于业务的人却往往不在意生活琐事。但可以说，生活不严肃的人，政治上的要求一定不会高。应该追求高尚的生活，做一个生活、情操、理想高尚的人。

11 月 1 日　冯契先生在大礼堂给青年教师做《怎样学习马列主义经典著作》报告，往听，记录要点有：

一、进行持久的系统的劳动。第一，不要急躁，要锲而不舍，循序渐进。要了解历史背景，解决文字上的困难，借助其他读物。第二，要把握中心思想。第三，要把握某一方面理论的系统性和体系。第四，要运用理论搞科学研究。

二、熟读精思。读书要像猛将用兵、苛吏治狱。做学问要有几部看家书，反复读，年年读，大部分会背。我赞成朗读背诵。另外要博些。要善于提问，师友切磋。头脑里要有百家争鸣。要读点反面资料。

三、勤作札记，分析综合。可在本子上做札记，可在书上做眉批，可做卡片。做札记的基本方法是分析综合。如读到某一段很有体会，就把它分析一下，扩展一两千字，或把一两千字的一段，综合概括为二三百字，并自己命题，即主题。

四、融会贯通，联系实际。要有系统的理论，也要有系统的资料，还要从实际出发，理论联系实际。

冯契，浙江诸暨人。哲学大家。沉静淡泊，平易近人。20 世纪 50 年代，毛泽东主席向青年推荐冯著通俗哲学读物《怎样认识世界》，有《冯契文集》十卷出版。

11 月 3 日　开始学习《教育部直属高等学校暂行工作条例（草案）》，通称“高教六十条”。认为，条例在总结成功经验和失误教训的基础上，为了巩固成绩，改正缺点，促进高校健康发展而制定的具体办法，具有法规意义。让人头脑清醒，眼睛明亮，知道应该做什么，不应该做什么，应该怎样做，不应该怎样做，怎样做才是正确贯彻党的教育方针。做教学秘书工作，应该学习条例、掌握条例、执行条例，把条例作为工作的准绳。

11 月 23 日　听朱有献先生传达全国师范教育工作会议精神，主要是高师教育计划编写原则和周扬的说明。对教学秘书工作具有非常实际、非常具体的意义，要好好学习和把握。

11 月　吴泽先生率二十人代表团访问江苏师范学院，同该校历史系主任柴德赓教授为首的学者交流治学经验。我有幸随行，得以观摩学习。

12 月 5 日　参加学习“高教六十条”会议，讨论如何稳步提高教学质量及贯彻劳逸结合，如何搞好基础课，怎样才算搞好基础课，自己部门的工作任务是什么，如何做好它，如何为教学和科研服务。其中加强基础课教学的讨论，对我后来在淮北煤炭师范学院治校产生了意想不到的积极影响。

12 月 21 日　参加上海市历史学会学术组会议，讨论年会工作。

12 月 26 日　陪同林举岱副主任参加学校提高教学质量贯彻劳逸结合经验交流会议。政教系政治经济学教研组、中文系写作教研组，历史系林举岱副主任做大会发言。林先生发言题目是《提高教学质量贯彻劳逸结合的几点意见》。《意见》由我执笔，大体是把基础课教师配强，提高基础课教学水平。开设专门组课，旨在专深与提高。加强科研，对历史问题进行重点深入研究，提高专业课、专门化课水平。严格贯彻四十八小时工作制等。

林举岱先生，海南文昌人。党外人士。望之俨然，即之也温。见其人，神情威严，庄重沉稳，不苟言笑，使人感到敬畏。但先生为人，相安相重，不亢不卑，不即不离，君子之交，以礼相待。先生做事，依岗履职，既坚持原则，认真负责，一丝不苟，又方法灵活，不拘一格，从善如流，以把事情做好为重。工作关系，我频登林门，向先生请示汇报教学工作。先生与我民主平等交谈，或当面指导，或留下文稿，阅毕或修改后送到办公室，从不喊我去取。1962 年，先生有《两个十二年》美文见报，回顾中华人民共和国成立前与成立后工作和生活的感受，讴歌共产党，讴歌新中国。先生治世界近代史，有《世界近代史讲义》被广泛采用。

政教、中文、历史三个系发言后，陈旭麓副教务长就贯彻劳逸结合提高教学质量做了布置。刘佛年副校长在会上讲话强调：一定要贯彻一周四十八小时工作制，注意师生健康。一定要抓好教学工作。首先要抓好基础课，把基础课教师稳定几年，来个三年不变。三年内要狠狠地去抓才能抓好，并且要一个个具体地去抓。三年内能把基础课搞好，也算不错。专门化课在目前还不是重点，准备一下大纲、教材，把课开起来就行了。教学部要狠狠抓一下写作课和外语课。一定要抓科研工作。今年发表六十多篇文章，历史系占一半以上。搞科研首先要把方向定下来，不要急躁，一步步来，把学术活动经常化，资料介绍、读书报告，都可以，不要要求过高。师资培养是最根本的问题。一定要培养教师科学研究的能力，否则教学质量就提不高。要一般培养与重点培养相结合，给教师时间，给他严格的要求、严格的检查，让他进红专学院，进修两三年，一定要搞出成绩来。

华东师范大学首任校长孟宪承，是江苏武进人。公费留美，一级教授，学贯中西的教育家。在任十四年，引领学校发展，在学术上期与综合大学匹敌，使华东师大被定为全国重点高校。

刘佛年，湖南醴陵人。留学剑桥大学，巴黎大学。华东师大创建人之一。1951年任教务长，1956年任副校长，长期辅佐孟宪承校长治校。后任校长，秉承传统，重教学、重科研、重师资，致力师范性与学术性的统一，使华东师大稳居全国重点高校行列。

是月　从学习角度，对一年级教学检查进行梳理：（1）预习效果。多数学生不预习，少数学生预习，基本上停留在中学水平，不知道大学预习的要点是发现问题，以便带着问题听课，提高学习效率。（2）听课效果。教师口授知识的重点、难点能掌握，而授课的思路往往被忽视。普遍重知识轻方法。（3）辅导效果。辅导课出席率低，原因是不能发现问题、提出问题，向老师求解。（4）阅读效果。读经典著作，缺乏背景知识，缺乏分析和综合能力，能寻章摘句，而不会运用。（5）课堂讨论效果。能充实知识，加深理解，启发思考，引起钻研问题的兴趣。但课堂讨论时间只两节课，太少。问题刚刚展开就下课了，准备多天的问题而没有机会发言，有遗憾。（6）三点建议：加强向老师学习方法指导；加强读书方法指导；增加课堂讨论时间，规定每人发言时间，给每人发言机会。

1962年　二十七岁

是年提要　1. 听俞铭璜讲学术。2. 处理好青老关系。3. 听翦伯赞论历史上的阶级关系。4. 为完成新学年任务助力。

1月4日　到上海科学会堂听作家吴强做《访问阿尔巴尼亚》报告，对阿尔巴尼亚社会现状多了一点具体了解。

1月6日　到上海天蟾舞台听中共中央华东局宣传部副部长俞铭璜做《关于学术工作》的报告。他指出：我们要革命性和科学性相结合的学风。真正的革命性一定要建立在科学的基础上。一定要先学习再批判，学都没有学你怎么批判呢！只讲唯物史观，不去研究具体的历史，不是唯物主义者。我们要具体研究历史现象，从现象得出规律，而不是给古人做鉴定。有人主张打破王朝体系，说封建社会不是皇帝当家，而是人民当家。如果是这样，那就不是封建社会了，搞土改也不必要了。有人把农民战争、农民起义写成同人民解放军差不多。反过来，人民解放军同农民起义军一样。政治挂帅要体现在业务里去。我们要听党的话，党也要听我们的话，这是群众路线。从现在看，我们要突破一下，如运动会一样，要打破纪录。说错了也没关系。说错了是外科病，容易治；放在心里是内科病，让它漫延，危害性更大。要善与人同，善与人异。培养青年人很重要，培养中年人也很重要，中年人是青老之间的桥梁。

1 月 11 日　对全系四个年级的生产劳动课做出统筹安排。

3 月 9 日　校党委副书记刘维寅传达全国第二次师范教育工作会议精神。听过传达，进一步明确了高等师范教育的重要性、主要任务及修订教学计划、办好高师教育的主要问题。尤其是明确了五年制师范大学的主要任务，是培养中学师资，在一定时间，有一部分学生做大学教师。从通例和规格上讲，合格助教的学历应是研究生班或研究生院毕业。国家需要，任务在肩，办好五年制师范大学，是每一个师大人的义务和责任。

3 月 28 日　在教工团支部讨论如何处理青老关系时认为，干部与群众的关系，主要是干部负责；青年与老年的关系，主要责任是青年。对老年，第一条，我们之所求，是求批评与意见；第二条，我们之所求，是求知识与方法。

4 月初　刘维寅教导说："自己要有团的观念。首先带好团员，每周要有一定时间考虑这个工作。要多联系群众，根本的是同青年打成一片，建立人的关系。光有工作关系不行，必须加入人的关系，即朋友关系。要会出点子，善于出题目，做文章。点子是从群众中来的，没有团的观念，也出不来点子。要引导团员青年搞好进修，首先从青年角度考虑如何搞好青老关系。这是青老关系，也是能否学好的问题，知识分子政策问题。同时要处理好进修与工作、政治与业务、个人与集体的关系，处理好个人生活问题，即经济生活、恋爱生活、家庭生活问题。要引导大家思想活跃，划清学术与政治的关系，开展学术争鸣，促进学术发展。”

5 月初　协助吴泽主任组织安排翦伯赞学术报告会。吴泽先生同翦伯赞先生交往甚密。应吴先生邀请，来师大做学术报告，学界、报界十分重视，听众很多。报告会在大礼堂举行。台两侧挂着我拟、刘寅生先生书的两条标语：百花齐放推动文化艺术繁荣，百家争鸣促进历史科学发展。翦伯赞报告的题目是《怎样处理历史上的阶级关系》，集中讲了四个问题：（一）主要矛盾和基本矛盾；（二）矛盾的两个方面；（三）农民战争反对什么；（四）农民政权的性质。提出农民“三反三不反”的著名论断：农民反对地主，但没有，也不可能把地主当作一个阶级来反对；农民反对封建压迫、剥削，但没有，也不可能把封建当作一种制度来反对；农民反对封建皇帝，但没有，也不可能意识到压迫他们的不是个别皇帝，而是一种皇权主义。阶级和阶级斗争，是自有阶级就存在的，封建制度是自有封建就存在的，皇权主义是自有君主制度就存在的，但存在的事实，不一定就都能被认识。一直到马克思才揭示出阶级和阶级斗争的事实；才指出封建制度是一种社会形态；而皇权主义这个名词一直到斯大林才明确地提出来。人们往往以自己的认识水平强加于古人，以为我们今天能够认识的事物，在几千年以前的古人也能认识。实际上，现在小学生能够认识的东西，古代的圣人也不认识。

5月24日　听俞铭璜《纪念〈在延安文艺座谈会上的讲话〉发表二十周年》演讲。他说："评价历史人物、事件、制度，概念不能绝对化，必须结合当时具体历史条件，给予历史唯物主义的评判。例如，奴隶制曾是进步的，剥削曾是进步的，资本主义的剥削是最进步的剥削制度，于是才创造了最进步的生产方式。"他还说："在党的政治路线下发挥创造性，这是党性的最好表现。一个人要是变成谨小慎微的君子，就是忘掉了自己的任务，只想自己。什么是创造？一个是不同于前人，一个是不同于生活，一个是不同于别人。"

7月10日　参加林举岱、陈希伦副主任碰头会，研究历史文选与习作开课和选留毕业研究生的问题。

7月11日　上午，陈希伦主持会议，与会讨论毕业生评语问题。下午，参加陈希伦主持的教研组组长会议，汇报并研究青年教师进修检查，修订教学大纲，教学任务安排，校庆科学报告会等。

7月19日至24日　在陈希伦主持下，研究并修改学习评语。评语同学生见面，从基本理论、基本知识、基本技能，到搜集资料能力、综合概括能力、分析解决问题能力、教育教学能力，写得基本恰如其人，得到学生认可。写评语是一件实事求是的科学工作，评人评学，做好不容易，需要一颗诚心、公心。

9月1日　参加开学典礼，明确新学年的任务，一是进一步稳定教学秩序，修订教学计划；二是加强基础课教学；三是贯彻"双百"方针，开展科学研究；四是加强生活管理，为教学科研服务；五是在党委领导下，发挥各级行政部门作用。

10 月　在调研、分析、比较、总结的基础上，讨论、修改历史专业教学方案。方案包括培养目标、专业教学、生产劳动、科学研究、教育实习，寒暑假时间分配和课程设置与时间分配等。

11 月 5 日　着手准备骨干教师选拔、青老教师挂钩、资料员培养和教师考核制度等工作。

11 月 8 日　参加学校教务行政工作会议。会议提出进一步贯彻高教六十条，加强教务工作，加强学生的学习指导。指出系的中心工作是教学和科研。与此密切相关的是加强对学生的学习指导和师资培养。我以为，会议的亮点是强调加强对学生学习的指导，作为基层教学组织，应拿出具体措施，认真落实。具体说，是否可以设学习辅导员或班主任辅导学生学会学习。

12 月 14 日　参加学校秘书会议。校党委书记、副校长常溪萍出席会议，在开幕式做主题报告，闭幕式做总结讲话，阐述秘书工作的性质、地位和职责，希望大家安心这个工作，做好这个工作。他指出这个工作对丰富工作经验，锻炼工作能力，提高水平，有很大好处。秘书见得多，经得广，了解情况，掌握情况，仅次于总支书记、系主任、党委书记和校长，甚至比书记、主任、校长了解和掌握得更具体、更全面。会议提高了我对规章制度和秘书工作重要性的认识，以及做秘书工作的自觉性和自信心。

12 月 21 日　上午，随同林举岱副主任参加学校 1963 年研究生招生工作会议。林先生汇报历史系招生计划，命题由吴泽负责，阅卷由林举岱负责。会议还传达了中央教育部和上海市高教局关于修订教学方案的意见。历史系修订教学方案的具体工作交由我做。下午，听中共上海市委宣传部副部长陈其五

《关于阶级斗争问题》报告。

1963 年　二十八岁

是年提要　1. 红专学院进修。2. 雷锋精神永远不会过时。3. 做中学，学中思，思而行。4. 跟随领导下寝室。

2 月 21 日　根据系里安排，到学校红专学院马列主义理论班师张月明先生学习马列著作，修业一年，成绩 5 分。

3 月 3 日　到文化广场参加共青团上海市委举办“雷锋英雄事迹报告会”。深深感到，雷锋平凡而又伟大，是社会主义建设时期的英雄榜样，是精神原子弹。其永远做一颗不生锈的螺丝钉，全心全意为人民服务的精神，不仅具有普遍现实意义，而且具有深远历史意义，永远不会过时。

4 月 9 日　整理师资培养资料，统计五年十年后不能工作的教师，考虑培养一批五年十年后能赶上和超过老教师水平的中青年骨干教师，切实保证教学质量和科学水平。

4 月 10 日　参加陈希伦主持召开的小范围会议，分析现有教师状况。通过教学能力、科研能力、专业基础、理论基础、外文水平分析，水平高的学术带头人，人少年纪大；水平较高的人更少；水平一般的人多。有人形象地概括为：头大，腰细，尾巴长。所以，尽快培养一批中年中坚力量接替老一辈的工作，是极为迫切、极为重要、不容迟疑、不能动摇的工作，必须坚决抓、狠狠抓、抓到底，不能半途而废。培养教师，应该采取淘汰的办法，好的、称职的、有发展前途的，留下来、提上去。差的、不称职的、无发展前途的，下放或转行，分配力所能及、可以胜任的工作。

4 月 18 日　陈希伦主持召开教研室主任会议，参与研究加强团结，密切关系；提高教学质量；管教管学；对青年教师传帮带问题。

4 月 20 日　晚上，整理朋友书信。这些书信谈学习、谈工作、谈生活、谈看法、发议论，记录了我们的友谊，是心的交往。短则三五百字，长则千言万语。是个人叙事、交流，也是时代留痕。可惜，这些书信都在“文化大革命”中丢失。

4 月 22 日　晚上，整理历史系团总支书记柯金泰先进事迹。柯金泰，福建人，1959 届历史系毕业留校。做团的工作倾注心力，态度亲和；谦虚实干，善于引导；亦师亦友，青年榜样。

4 月 29 日　给毕业研究生写评语。通观之，原来不太突出的，现在先进了；原来基础不错的，现在落伍了。真的是，骄傲使人落后，谦虚使人进步。

5 月 13 日　参加系主任会议，研究留助教和录取研究生工作。会后纪言：选拔人才、使用人才，首先要从培养人才抓起。怎样培养人才？在目标、规格确定后，重要的就是培养方法和措施。就目前历史系的本科生教学看，基础课、工具课，如历史文选、外语等应采取精讲、熟读、多练的教学策略，专业课应精讲多读、理实结合、学思结合，一题多解，万象归本(本质、规律)。

5 月 16 日　参加学校干部大会，听校党委书记常溪萍做反对贪污盗窃、反对投机倒把、反对铺张浪费、反对分散主义、反对官僚主义报告，动员开展“五反”运动。

5 月 30 日　参加系主任、总支书记联席会议，讨论课程设置问题。会议决定：停开美国史，商周史改为中国土地制度史，增开近代西欧思想史，增加中国史学史（近代部分）学时。会议提出，所开课程必须保证教学质量，反映历史系最高学术水平。

6月12日　参加“五反”学习小结会议。刘维寅讲话，强调要大讲阶级斗争；要正确估价自己；要增强事业心、原则性，划清公私界限，从一页纸、一只信封、一根订书钉做起；要珍惜幸福生活来之不易，千万不要忘记过去。

6月27日　在研究考试命题和阅卷工作会议上发表了一点意见：阅卷不能像点名，看是否全答到。必须看知识的内在联系，看思维逻辑，看是不是理解，是不是有见解。面面俱到，但杂乱无章，不应给满分。

7月2日至6日　本周要做好几项服务工作：（一）本科生温课考试；（二）四年级学年论文检查；（三）一二年级研究生考试，三年级研究生论文答辩；（四）请吴泽先生给本科毕业班讲集中科学研究问题。

9月3日　参加全校系主任和科研秘书会议。李锐夫副校长就科学研究工作讲话。指出，要在保证完成教学任务的前提下，积极开展科学研究活动。要组织队伍，打破迷信，解放思想，克服畏难情绪。要制订计划，确定方向，坚持下去，不要轻易变动。没有方向的，或者尚难确定方向的，就确定一个大幅度的方向，在大幅度的方向中，抓小题目。只有行动起来，做起来，才能不断提高，不断进步。

9月4日　拜访束世澂先生，了解应届毕业研究生情况和1963级研究生培养方案。请各教研室填写教师名册，拟定本科四年级学年论文选题，并询问了解校庆学术活动准备情况。

9月10日　上午，系主任会议，讨论本学期工作计划（草案）。下午，系务会议，审议本学期工作计划（草案）。参加两会，做记录，并修订工作计划。

9月12日　星期四下午，干部劳动日。常校长（校党委书记兼副校长，人们习惯称常校长）带领历史系陈希伦、姚舜钦副主任帮助四年级女同学打扫布置寝室，我随行。常校长和颜悦色地说："你们的寝室管理得还不错，还可以搞得更好些。希望你们给全校做个榜样。寝室是生活、学习、交往的场所，是集体之家。建设好这个家，养成良好行为习惯、生活秩序，将来对管好你们自己的家，做好你们的工作有好处。"

常溪萍，山东莱阳人。任华东师大党委书记兼副校长长达十年五个月。他不仅引领学校沿着正确的办学方向前进，而且关心教工，爱生如子，是一位亲民、爱民、与民打成一片的平民书记、校长，赢得了学生发自肺腑的赞誉："爹亲娘亲，不如常溪萍亲。"在"文化大革命"中惨遭迫害身亡。1980 年春，校党委秘书送纪念常溪萍同志文稿让我修改，其高风亮节，世人同仰。

9 月 17 日　上午，参加系主任会议并做记录。会议决定：(一) 周六，吴泽向全系师生做《历史科学当前阶级斗争形势》报告；(二) 同意一名学生转系；(三) 中国古代史教研室为科学研究试点单位；(四) 加强师资培养工作。下午，再发关于搞好清洁卫生工作的通知，并安排兰州大学一位教师进修事宜。

9 月 25 日　刘维寅同教研室主任、部门工会干部、团支部委员谈调整工资问题，提出不要争。是的，不争，是应当做到、能够做到、保证做到的。

10 月 5 日　参加学校《1963 年校庆学术讨论会》开幕式。刘佛年副校长讲话，号召鼓起更大干劲，积极参加科学研究。要求各系、各教研室订出规划，加强督促，时常将军，逼教师拿出东西。强调加强教育科学研究，加强理论和现状研究。

10 月 10 日　参加全系教师大会，林举岱副主任布置教学工作，要求贯彻少而精和理论联系实际原则。

10 月 16 日　调研全国高校和科学院招收历史专业研究生情况（导师、专业、参考书目、招生名额），为 1964 年历史专业研究生招生做准备。

10 月 18 日　陪林举岱副主任召开五年级部分优秀学生座谈会，动员报考研究生。

11 月 29 日　参加全系教师干部会议，听《中共中央关于农村工作中的若干问题》传达。文件提出的问题尖锐、严重，让人有惊心动魄的感觉。

1964 年　二十九岁

是年提要　1. 撰写整改方案。2. 严格解剖自己。3. 报告姚舜钦先生先进事迹。4. 历史系开展社会主义教育运动。

1 月 19 日至 31 日　撰写历史系工作整改方案，内容包括：思想政治工作，教学工作，科研工作，生产劳动，师资培养，行政管理，干部作风等。基本框架是，肯定成绩，指出问题，提出办法。

2 月 19 日至 22 日　学习有关农村社会主义教育运动的文件，参加关于下乡、反修、大庆油田会战经验的报告会。

2 月 27 日　赴松江城东公社英明大队参加为期一个半月农村面上社会主义教育运动。

4 月 12 日　历史系召开农村社教总结交流会。会上，严格解剖自己：缺乏鲜明的阶级立场和强烈的阶级感情，没能正确对待农民小资产阶级家庭（中农）旧思想、旧意识、旧习惯影响，尚没有树立全心全意为人民服务的思想，缺乏革命精神，满足于上班下班，一般化。认为，一个人的锻炼和修养，不能离开人民群众的实践，不能离开理论学习，必须在理论学习和实践中，建立无产阶级世界观，建立无产阶级的坚定的阶级立场、顽强的战斗精神、火热的阶级感情和严格的科学态度。

6月16日　撰写姚舜钦先生先进事迹材料。认为，事迹是干出来的，经验是从事迹、实践中概括出来的事物发展的规律性东西。不调查事实，不研究材料，是写不出来的。

6月24日　有两点感言：作为教师，只会照本宣科，没有自己的看法或倾向，学生不会欢迎；作为管理者，只知照搬成规，不发挥主观能动性和创造性，工作不会有大作为。

6月26日，在全校文科教师经验交流会上报告姚舜钦副主任先进事迹。姚先生是党外人士。自从当了副主任，就视自己为服务员，将分管的行政事务看作事业，坚持事业为上，以身作则，事无巨细必躬亲，必做好。师生的生活福利、卫生健康，时刻挂在心上。困难时期，他常对办公室同志说："民以食为天，布票、粮票关系人的衣食温饱，做好票证管理发放是天大的事，不能有丝毫差错。日常杂务也要做好，不能因为事小而不为。"姚先生重言教，更重身教。地上有纸屑，他弯腰拾起；墙角有蜘蛛网，他将鸡毛掸子绑在竹竿上，随时清除；系办公室房屋老旧，他带领青年教师于劳动时间，自己动手，粉刷如新；他经常到学生宿舍、教学楼检查寝室、教室卫生、教学卫生，使得系卫生管理区，路面干净，绿地如茵，窗明几净，环境宜人。他说："有机会在这个岗位上为大家做点实事，心里高兴。做这些事，就是做社会主义建设的事，就是造成一种良好的育人环境和风气，培养有社会主义觉悟的有文化的劳动者。"先生的只言片语，风范可鉴。点滴所为，精神感人。

9月某日　上级领导决定，华东师范大学历史系、生物系开展社会主义教育运动。以上海市高教局处长余立为组长的工作组进驻历史系。与很多同志一样，我抱着积极而又审慎的态度投入运动。但个人没有留下运动过程的记录。

11 月 28 日　参加学习会，在讨论社会主义革命任务时认为，我国的社会主义革命是在推翻剥削阶级统治，建立无产阶级政权，完成新民主主义革命任务以后开始的，其主要任务是变革生产关系和上层建筑中不适应生产力发展的落后制度、落后思想，巩固无产阶级专政，防止资本主义复辟，进行社会主义建设，发展社会生产力，为过渡到共产主义准备条件。

1965 年　三十岁

是年提要　1. 自我鉴定。2. 研究工作规律。3. 关于学生活动量的调查。4. 学会辩证地看问题。5. 勿因事小而不为。

4 月 3 日　至此，历史系社会主义教育运动经历了学术讨论、教育革命讨论和自觉革命三个阶段。学术讨论，实为批判所谓资产阶级学术观点，虽不点名，但实有所指。教育革命讨论，也未点名，但亦有所指。自觉革命，人人有份，都要洗手洗澡。是日，在自觉革命交流会上，突出讲了革个人主义、自由主义的命。认为动摇的两面态度，无原则的调和态度，骄傲自满、故步自封的态度，明哲保身、但求无过的态度，在思想和行为上都有所反映，不符合党和时代对青年的要求，必须吸取经验，认真改正。

5 月 23 日　做社会主义教育运动自我鉴定。关于进步，写道："一般能够坚持原则，对不良现象展开斗争"；"能够响应党的号召，积极参加各项运动"；"工作比较认真，勤勤恳恳，不讨价还价，不拣轻怕重，能认真完成组织交给的工作任务"；"要求进步比较迫切，学习比较努力，有自我改造的愿望和一定的自我批评精神”；“能认真参加体力劳动，不怕脏、累、苦，在思想上和劳动人民有一种朴素的天然联系。”

关于缺点，写道：“立场方面，带有农民小资产阶级的摇摆性，对‘三自一包’认识比较模糊，曾经觉得在一定时候、一定地区，有一定作用”，“阶级和阶级斗争观念淡薄”；“工作上，虽然组织上服从分配，但思想上有所保留”；“思想上，骄傲自满，缺乏认真的自我批评精神”；“工作作风上，缺乏深入群众，深入实际，调查研究，没有很好地起到系领导的助手和参谋作用”。

5月31日　在历史系社会主义教育运动总结大会上发言，讲怎样对待和做好办公室工作，实现思想革命化，工作革命化。余立做关于知识分子自我改造问题总结报告。

6月7日　听杨西光（上海市委书记处候补书记）给历史系师生做形势报告。

6月18日　陪同历史系党政领导到上海师范学院历史系学习教学改革经验。

6月20日　撰写历史系教学改革总结。

7月8日至10日　出席共青团第五次全校代表大会。大会选举杨德广为校团委书记。

8月8日至14日　审定毕业生鉴定。逐字逐句推敲修改后同个人见面，最后大家满意。这是一项难度很大的工作，让人口服心服不易。

8月17日至24日　做毕业生派遣工作。

8月21日至23日　与孙炳辉交替到上海机械学院参加高校团干训练班，重点学习毛主席关于教育改革和青年使命的指示。

8月26日　根据系领导决定，做1965年级新生入学口试主考工作。

9月1日　做办公室工作就是做事务工作。做事务工作，不搞事务主义，探究事务工作规律。做好事务工作，不碌碌无为，虚度年华，应该成为工作的一种追求。

9月19日　办公室工作的规律是什么？需要处理好哪些矛盾和关系？经常遇到的矛盾和关系有：经常工作与中心工作，事务工作与思想工作，行政工作与学术工作，人与人，人与物，工作的原则性与方法的灵活性，应付门面与深入实际等。

10月9日　自9月26日至今，协助系主任跟班调查学生的活动量。与学生一起听课，一起讨论，一起参加课外活动，并通过访问、座谈、观察、查考档案，尽可能详细地掌握第一手资料，撰写《关于学生活动量的调查报告》。

10月11日　学校召开系办公室主任会议。会上在《关于学生活动量的调查和办公室工作打算》的发言中提出，活动量，尤其学习量过大，不利于学生生动活泼地、主动地学习与发展。发言引起积极反响。

10月13日　青年教师都有自己的特长和特短。发挥特长，避免特短，在教学和科研上，闯出自己的路子，创造自己的风格，是完全可能的。有人已经做出了榜样。

10月15日　做办公室工作，尤其是做文字工作，比如写计划，写总结，写讲话稿，必须吃透两头。上头是党的教育方针、政策，下头是师生以及社会的实际需要和希望。上头是天，下头是地。顶天立地，才能站得高、站得稳。

10月17日　做工作，看问题，要知其一，更要知其二。只知其一，不知其二，是片面；光见结果，不明原因，也是片面。过去，往往犯这种毛病。今后，要吸取教训，学会辩证地看问题。

10月25日　做办公室工作，事无巨细，皆须做好。不能因事小而不为。小事为大事服务，有大意义。何况学校无小事，事事皆育人。

11月　在讨论姚文元《评新编历史剧〈海瑞罢官〉》时，历史系绝大部分教师都从学术层面发表意见。

12月　批判《海瑞罢官》的政治色彩愈加明显。

1966年　三十一岁

是年提要　1. 论办公室工作革命化。2. 怀念李平心先生。3. 感念陈希伦同志。4. 恐怖的夜晚。5. 因“三论”遭训斥。

年初　写作《办公室工作必须革命化——学习毛主席著作体会》，载《华东师范大学学报》（哲学社会科学版），1966年第2期。

2月　读《人民日报》通讯《县委书记的好榜样——焦裕禄》，深受感动和教育。以为焦裕禄不仅是县委书记的好榜样，也是一切干部的好榜样，足以为世人之范。

5月　学习毛主席“五七指示”，讨论大学如何贯彻，以学为主，兼学工、学农、学军、办工厂、批判资产阶级。白天上班，晚上传阅《燕山夜话》《三家村札记》。

6月3日　在先锋路口看到一张质问学校党委书记姚力的大字报，公开地把斗争矛头指向党委，感到形势要起变化。

6月5日　下午，李平心先生来到系里，坐在系主任室等待开会。一些学生闻讯赶来，拥挤在办公室走廊，争相一睹昔为青年导师，今为文教战线冲锋陷阵却遭到无情批判的李先生。我见李先生垂头不语，面有怒色，遂请示陈希伦，请李先生回家。

李平心，江西南昌人，著名学者、教授。兴趣广泛、知识渊博。虽不苟言笑，却有生花妙笔。能写政论、杂文、论著、文学作品、通俗讲话。内容涉及政治、经济、历史、哲学、逻辑、文学和青年修养等。人称青年导师、社会科学全才，为广大青年学子所仰慕。

多年来，李先生得到系领导包容、尊重，潜心学术，很少外出，很少应酬，也很少到系里来，多半待在寓所读书、研究、写作。很少有什么世俗的事情能够干扰他的学术理想和创造热情。先生惜时如金。有人访问，须事先约定。有不速之客，用纱布缠头，称身体不适，访客见其状，聊上几句，也就离开。先生藏书丰富，一生都把时间用来读书、写作。先生治学有自己的特点：读书间得，随手笔记，放在书架上的小纸盒内，到一定时候，整理分类，供写作采用。后来清理先生藏书，每翻一本，不管论著或辞书的扉面和正文，无不留有先生读书的痕迹，或索引，或做记号，或用红铅笔画的粗细不等的圈圈杠杠。

李先生的寓所在上海市淮海路妇女商店楼上，离学校远，平时很少到系里来。20 世纪 60 年代初，系里决定请李先生为高年级学生开社会主义思想史，李先生欣然答应。第一堂课我去听了。很多仰慕先生的学生老早就进了课堂，静候先生。先生走进教室，学生以热烈掌声欢迎先生讲课。先生落座，开始讲课。讲课声音不大，语速不快，既不像一般教师那样，一二三四，正正规规，也不像有的教师那样，滔滔不竭，如下阪走丸，而是不拘一格，侃侃而谈，却逻辑严密，条理分明，深入浅出，把学生带进一片新天地。遗憾的是，由于健康原因，不久先生中断了讲课，最终，把讲义发给学生的承诺也未能兑现。后来，这门课程改为西欧近代思想史，由王养冲先生上。

王先生是世界近代史学大家，1941 年获法国巴黎大学文科博士学位。长期从事世界近代史和西欧近代思想史的教学和研究，对法国大革命和西欧近代早期思想研究造诣尤深。王先生上课不带讲稿，只带像香烟盒大的一个纸片，写上几个关键词，娓娓道来，一讲就是两节课，非常受学生欢迎。

李平心先生虽然多年不教课，不带研究生，但追求真理、心怀国家的激情，一点不减当年。20 世纪 20 年代，在白色恐怖时期，以知识为利器，深入研究国情，召唤农民和工人阶级结成联盟，进行土地革命；20 世纪 30 年代，在日寇入侵，民族危亡之际，化愤怒为行动，凝智慧于笔端，宣传抗日救亡；20 世纪 50 年代和 60 年代初，面对以“大跃进”为主要标志的“左”倾错误，心忧天下，追求真理，潜心研究政治经济学，发表《论生产力性质》《再论生产力性质》《三论生产力性质》，直至《十论生产力性质》等十数篇关于生产力的文章，从理论上匡正时弊；1965 年 11 月 10 日，《文汇报》发表姚文元《评新编历史剧〈海瑞罢官〉》。一向崇尚事实，坚持真理的李先生，读罢此文，无比激愤。1966 年 1 月至 3 月，奋笔疾书，连发三篇文章批判姚文元。

随后，姚文元们在《文汇报》接连发表文章，对李平心先生进行围攻，气势汹汹，恶语相加，诬指先生“反党反社会主义反毛泽东思想”。李先生士也，士可杀而不可辱。6 月 15 日，李先生宁折不弯，决然以生命殉学术，时年五十九岁。李先生的死是真理追求者和捍卫者的悲剧。这一悲剧烛照特殊年代学术与政治生活的残酷，也昭示一位学人对于学术与真理的忠诚。

陈希伦（女），浙江温岭人，在浙江大学读书时加入中共地下党组织。华东师范大学建立后，调至历史系工作。时任历史系副主任，管常务，是我的顶头上司，我在其领导下工作六年多。先生对我的教导和爱护，是述说不尽的。

首先，在陈先生领导下工作，是安全的、幸福的。先生诚实、宽和、善良，有仁爱之心。我有一位同事要调到学校机关工作，先生命我为她写份材料。学校审核时发现一个字有问题，问先生是怎么回事。先生审查后说："从上下文看，肯定是笔误，不会是有意的。"事后先生对我说："你写的那份材料，出现一个笔误，应为主动，你写成反动，虽然是一字之误，性质就变了，以后可要注意。好了，事情过去了，不要有思想包袱。"我在想，这事，在当时说大就大，说小就小，说没事就没事。陈先生处理就没事，换个人处理可能就有事，甚至是大事。陈先生和学校主管这件工作的领导人，理性地处理了这个事，我的同事没有因为我的一字之误影响任用，我也没有因此而受到不利影响。但此事对我的震动和教育很大。搞文字是一件严肃严谨的工作，来不得半点马虎和粗心大意，稍有不慎就会出差错，甚至惹大祸。陈先生处理此事的理性精神、求实态度、宽大胸怀，对我产生的教育影响深刻而久远。

陈先生不仅从来不整人，而且还特别尊重人。我写计划、写报告、写总结、写讲话稿，先生阅后都以平等的态度，讨论的方式，商量的口气，同我交换想法和意见，或者说可以，就这么定了。决无居高临下或板起面孔训人之架势。先生还常常带我访问德高学富的老先生，征求他们对教学、科研和青年教师培养意见，商量工作，安排学术活动等。有时嘱咐我，把某先生请来，商量个事，而不是说找来或叫来。凡涉及系里教学、科研、人事问题，大都亲自向吴泽主任报告。对年老教师，不管出身、背景、经历，一律尊称先生。即使历史上有过节，受过处分，或错划成右派，也一体在人格上尊重，在私下和公开场合均称先生。对年轻教师则一律称同志。

陈先生对人的关爱，还表现在培养和使用上。她对培养青年教师十分用心，一次次同相关专业负责人商量，给青年教师定方向、定目标、定任务、定导师，使青年早一天安下心来，学有专攻，快点成长；请导师开列专业书目，逼青年坐下来、沉下去，面壁读书，打好基础，并在青年中拔尖子、立典型，发挥榜样作用。尤其注重在使用中培养锻炼青年教师。其做法是，第一，给机会。人人都有试身手、显才能的机会，给机会而不能脱颖而出，即使被淘汰，也心服口服。第二，给舞台。安排青年教师上课、进修、做研究，在教学和科研实践中增长才干，提高学术水平。回忆往昔，我对陈先生的记忆和感念是终生不忘的。

1967 年　三十二岁

是年提要　1. 看守办公室。2. 中小学学制问题调查。

1 月 6 日　上海“造反派”组织夺取上海市党政大权。随即，夺权之风刮到学校，造成校系党政机构瘫痪。一天，系里造反派一位头头告知，系的行政印章你还管着。于是，就成了系行政的看守者。系革委会成立后，一如既往，每天到系里上班。一做日常的事，二参加政治学习。学习毛主席、党中央的指示和部署。学习会上一般都要发言，讲体会，表示拥护、紧跟之类的态度。

4 月 5 日　幼女俊青出生。

10 月　党中央发出“复课闹革命”通知。心中暗喜，并准备做复课的常规工作。

11 月 10 日至 12 月 31 日　根据学校布置，历史系成立以唐仁清为组长，王彦坦、万长钰（学生）、朱斌（学生）为成员的教育革命探索小分队，赴江西对中小学教育问题进行调研。

1968 年 三十三岁

是年提要 1. “复课” 流产，“闹革命” 继续。2. 外调。

上半年 “复课” 流产，“闹革命” 继续。中小学教育问题调查，无人问津，不了了之。

9 月，回家探亲，帮助家人秋收。

10 月至 11 月 与程纯（山东济南人，中共党员，大学同届同学，留校治世界古代及中世纪史。人耿直、公道、正派）一起赴北京、山东、安徽搞外调。外调的“问题”，由清理阶级队伍专案组提出，经工宣队交给指定的非专案组人员“外调”。“外调”回来，材料交给工宣队，而不交给专案组。专案组成员一般不参与“外调”。工宣队这一做法的出发点，是想避免派性干扰，客观地、实事求是地调查和处理人的历史问题。历史系清理阶级队伍中“外调”工作，大都是按照这个路子做的。这是我首次参与“外调”工作。我和程纯带着工宣队交给的“问题”调查。经查，或无问题，或不是问题，或是学术问题而不是政治问题，或是老问题。

1969 年 三十四岁

是年提要 1. 外调。2. 中国现代史教研室的新兵。3. 参加整党建党学习。4. 疏散到农村。

2 月至 3 月 与郑大海（原名郑秀全，湖南辰溪人，学生，团员，人淳朴，诚实）赴湖南，查专案组提出的几位湘籍教师的“历史问题”。从长沙到衡阳，遇雨雪，天寒、路滑、道阻，大海发高烧三十九度多。过了春节，大海烧退。到邵阳调查数日，经隆回、洞口到溆浦、吉首、大庸、长沙，一路查过来，没有查出什么新的问题。大海说："辛辛苦苦，一点收获没有。"我说："没有查出问题就是收获。我们重证据，重事实，没有就是没有，没有也是一种交代，可以做出没有历史问题的结论。"

4月　与郑大海赴四川外调。坐三天三夜火车，到重庆，出火车站，在公共汽车上被扒二百元。在重庆查档、访问，后到成都、广元、南充、岳池、广安等地，查无实据而归。其间，会晤几位校友，有历史系也有其他系的。不管过去是否相识，见面都很亲热，叙谈间流露出"他乡遇故知"的浓浓深情。

5月　根据学校布置，教师学习党的九大政治报告。我参加中国现代史教研组学习，从此离开系办公室，正式成为中国现代史教研组成员。

夏季　在持续很长时间的整党建党中参加学习，主要内容是"吐故纳新"。自己是非党群众，不是"吐"的对象。思想保守，没有造反精神，不能在阶级斗争中冲锋陷阵，自然也不是"纳"的对象。在整党建党过程中，接受的是特殊历史条件下党的建设的教育。

冬季　在林彪的"一号令"下，历史系教师被疏散到上海嘉定县（今嘉定区）农村。住在农民家，十几个人住一间屋。睡地铺，人挨人，脚对脚。夜间方便得十分小心，否则不是绊倒，就是踩着他人。冬天，农活不多。有活干活，没活或开会，或闲聊，或晒太阳，不可读书。吃饭，集体起伙，虽然肉食不多，但是有新收的大米，新鲜的蔬菜，吃起来很香，饭量也很大，米饭起码两碗。大约翌年春天回校。

1970年　三十五岁

是年提要　1. “一打三反”。2. 光荣退团。3. 为工农兵学员上课。

1月至2月　党中央接连发文，要求在全国范围开展“一打三反”（即打击反革命破坏活动，反对贪污盗窃，反对投机倒把，反对铺张浪费）运动。当时的形势是，上面一声令，下面立即动。

3月5日　光荣退团。

6月20日　次子俊川出生。

6月27日　党中央决定，在部分高校招收工农兵学员。消息传来，喜忧交并。喜的是，大学还是要办的，即将成为现实；忧的是，教什么，怎么教。

秋季　首届工农兵学员入学。学员被赋予的使命是上大学、管大学、用毛泽东思想改造大学。教师是边改造，边使用，边提高。教学强调以阶级斗争为主课，打破过去基础课和专业课截然分开的界限，突出重点，急用先学，边干边学，改变以课本为中心、教师为中心的教学方法。具体到历史专业，先学现代史，再学近代史、古代史。中国现代史，主要讲党史，党史以两条路线斗争为主线组织教学。这一套做法完全违背了教学规律，打乱了教学秩序，教学质量可想而知。尽管如此，我们教党史的和其他教师一起，还是恪尽职守，认真备课、教课，并全力以赴辅导学员读书学习，以弥补课堂教学之不足。

历史学系首届工农兵学员三十人。三年来，同在第一宿舍住，同在第一食堂吃，朝夕相处，关系十分融洽。即使不再教他们课，依然十分友好。学生有天然的向师性，勤学好问，学而不厌。教师有本能的爱生情，有问必答，诲人不倦。经过师生共同努力，都成了合格人才。其中优秀者不少。这些学生中，后来有大学教授，有省报理论部主任，有省直机关领导，有建设、管理、教学一线骨干。

1971 年　三十六岁

是年提要　1. 教党史。2. 答学员问。

上半年　继续为 1970 年级学员上中共党史课。其间，有几件事记录于此。

其一，4 月 8 日，历史系成立大批判写作组，教大批判写作课，我是成员之一。其二，4 月 9 日，参加《解放日报》座谈会，讨论学习马列和“批修”问题。其中提到一个问题，前一段注重政治路线教育，现在要抓思想路线教育，抓学习与批判。学习就是读马列和毛主席著作；批判主要是“批修”，批唯心主义的先验论、历史观等。其三，4 月 12 日，答学员问：怎样处理批判英雄史观和学习英雄人物的关系？英雄史观宣扬英雄造时势的历史观，把英雄人物当作救世主，当作随心所欲、无所不能的神灵，把人民群众当作群氓，当作一串零，颠倒了个人和群众在历史中的地位和作用，是一种非科学、反科学的历史观。英雄人物是在人类社会发展的历史进程中，为国家、为民族、为人民群众的利益英勇斗争，起过显著作用、令人钦敬的人。批判英雄史观是批判只承认英雄而否定其他人的历史地位和作用的唯心史观；学习英雄人物是肯定英雄个人在历史中的地位和作用，是唯物主义历史观的表现。批判英雄史观不是否定英雄人物，学习英雄人物也不是肯定英雄史观。处理好这一问题的关键是准确理解和把握马克思主义的辩证唯物主义和历史唯物主义。

秋冬季　同林炯如、曹伯言、钱洪、黄丽镛一起带学生到上棉二十二厂（原申新九厂）进行中共党史实践教学。林炯如专职教学，王彦坦兼顾厂史写作与教学，曹伯言、钱洪、黄丽镛和三位青年工人专职厂史写作。

1972 年　三十七岁

是年提要　1. 学习与批判。2. 什么书都要读。3. 宣讲恩格斯《论权威》。

2 月 5 日　在历史系师生大会上做题为《学会应用马克思主义的立场、观点和方法》的发言，交流学习马列著作体会，批判林彪的所谓学习方针。

4 月　《上棉二十二厂厂史》内部油印。这是一本适应阶级斗争，打上时代烙印的稿子，无甚价值。

6 月 14 日至 27 日　与中国现代史教研组同事一起，带学员到江苏大丰“五七”干校参加劳动。

6 月 28 日　到江阴。在江阴要塞现场讲渡江战役。

6 月 29 日　到无锡。在无锡国棉一厂（原申新三厂），请老工人讲厂史、座谈。通过解剖麻雀，加深对民族资产阶级及资本主义工商业改造的感性认识。

7 月 14 日　给学员讲学习恩格斯《反杜林论》，批判唯心主义先验论。

8 月　先后在全系和全校“批林整风”会上发言，批判林彪的“政变成风”论。

9 月 12 日　于《解放日报》发表《用马克思主义阶级分析方法看待政变问题》。

11 月　给学员讲学习《反杜林论》，批判形而上学和唯心史观。

12月5日　同学员座谈学会看形势：（一）看本质，看主流；（二）看全面，看发展；（三）看变化，看趋势。

12月11日　召开1970年级普通班学员座谈会，回顾入学以来的教与学。普通班学员基础差一些，重在补习文化科学基础知识，通过刻苦学习，进步明显。

12月20日　召开1970年级培训班学员座谈会，了解学习情况。培训班学员基础好一些，要求高一些，系统地读了一些专业书。中国现代史有李新等主编的《中国新民主主义革命时期通史》、何干之主编的《中国现代革命史》、胡华主编的《中国革命史讲义》等；中国近代史有范文澜的《中国近代史》、胡绳的《帝国主义与中国政治》等；中国古代史有范文澜、郭沫若、吕振羽等人的著作；世界近代史有林举岱的《世界近代史讲义》及周谷城、周一良的历史著作。总之，读了一些书。我对学员说，学历史，什么书都要读，当然首先要读马克思主义史学著作，也要读资产阶级史学家、封建主义史学家著作；研究历史，什么史料都要看，正面的要看，反面的也要看，占有的史料越多越好。我们对历史的认识离不开史料，对历史的研究离不开史料。不要怕接触封资修的东西，不接触、不了解，怎么研究，怎么批判？

秋季　应邀到工厂向工人、干部宣讲《学习恩格斯〈论权威〉》。指出：学习这篇文章，第一，要正确认识权威存在的必然性和必要性；第二，要正确认识和看待权威与自由的辩证关系；第三，要防止和反对无政府主义，服从和维护革命和生产权威，保障社会主义革命和建设顺利进行。

冬季　同学生到上钢三厂劳动，在翻砂车间做翻砂工。翻砂是一种苦、累、脏的活。边看、边学、边做，很快就能制造出可用的砂型。半个月时间，实干多于说教，收获的不仅是劳动成果，还有人生体验和记忆。

1973 年　三十八岁

是年提要　1. 文科以社会为工厂。2. 结合厂史调查教学。3. 加入中国共产党。

1 月 10 日　参加由复旦大学、华东师范大学（时名上海师范大学）、上海外国语学院共同举办的文科以社会为工厂专题讨论会。准备的发言提要是：文科以社会为工厂的涵义、目的、任务，可以理解为，以社会为课堂，联系生产斗争、阶级斗争、科学实验三大革命斗争实际，学习马克思主义理论，学习文化科学知识，培养有社会主义觉悟的有文化的劳动者。途径是教育与生产劳动相结合。可以根据专业性质确定内容、选择方式。例如，组织学生参加生产劳动，培养学生的劳动观点、劳动习惯和热爱劳动、热爱劳动人民的思想品德；例如，学习马克思主义唯物史观和历史科学的基础理论，批判唯心主义的天才史观、英雄史观；结合纪念巴黎公社一百周年，学习马克思主义关于无产阶级革命和无产阶级专政的学说；结合革命大批判，训练学生观察、分析、判断问题的能力，提高思维能力和写作水平；坚持理论和实际相结合，与实践相统一组织教学。在学校着重学理论，因为“感觉只解决现象问题，理论才解决本质问题”，不能忽视理论学习。“马克思主义看重理论，正是，也仅仅是，因为它能指导行动。”然而，“真正的理论在世界上只有一种，就是从客观实际抽象出来又在客观实际中得到了证明的理论，没有任何别的东西可以称得起我们所讲的理论”。

3 月 18 日　于《解放日报》发表文章，批判林彪的“理想国”。

4月8日　幼子亚川出生。

4月23日至5月31日　带领1972级学员到上棉二十一厂进行中共党史实践教学。内容是一边劳动，一边调查，每位学员写一篇调查报告。其间，我给学员讲了两个专题：《怎样做调查研究》《怎样写调查报告》，并给全厂班组以上干部做《鼓足干劲，加快社会主义建设步伐》的报告，强调学文化、学技术、抓业务、抓生产的重要性和紧迫性。

5月31日　在讨论教学小结时说，结合厂史调查教学是实践教学的一种形式，顾名思义，是在实践中教，在实践中学，联系实际教，联系实际学，用实践检验理论，用理论指导实践。实践教学，以教学为主，尤应突出学，围绕实践活动，学基础知识、基本理论、基本技能和方法。这次实践教学是围绕社会调查开展的，是一次知识的应用、检验、加深和丰富，既学了调查研究的基本知识、理论和方法，又接受了一次劳动观点、阶级观点教育和社会主义教育，促进知识与实践结合，促进知识转化为观点、信念、理想和能力，收获是满意的。

12月26日　由傅绍昌、仲坚介绍加入中国共产党，实现多年志愿，感奋不已。组织入党解决了，思想和行动入党当终身努力，不可一日懈怠。

是年　主要为历史系学员讲授中共党史。

1974年　三十九岁

是年提要　1.“文科教育革命座谈会”。2. 听取批评。3. 合作研究李贽。

3月6日至7日　在复旦大学参加上海高校文科教育革命座谈会。中心议题是，批林批孔，深入开展文科教育革命。与会者三百多人，发言者三十二人，朱永嘉多次插话并讲话。散会时，会议主持人说了一句：不要一散，就过去了。

4月9日　历史系党总支召开扩大会议，讨论对工宣队、工人讲师、新干部态度问题，修正主义教育路线回潮问题(具体反映在近期出台的历史系发展规划上，没有真心实意同工宣队商量，不依靠工农兵学员，突出教学中心、知识质量等)。本人参与规划制订，应邀参加会议，听取意见和批评。

5月2日　《解放日报》两位同志来历史系找几位同志谈大批判问题，曰：儒法斗争总得要搞一点。

后同曹伯言先生合作研究李贽。曹先生主笔有《论李贽的历史观》等文章，已发表。

曹伯言，安徽望江人。历史系毕业，送到政教系上哲学研究生班，1962年毕业回到历史系任教。我们共事多年，心意相合。别后二十八年，曹先生寄言，深情回忆我们的友谊："风雪残年多忆旧，远方老友入梦间。神州大乱无宁日，上海谋反步步先。冲锋陷阵非吾辈，摇旗呐喊亦悲慊。乱世常有小群落，守望相助胜家园。最是生平遗憾事，卓吾研究未终篇。""文化大革命"后，曹先生任历史系教授、华东师大出版社编审、副总编辑。有史学论著、合著出版。合著《认识与自由》获上海市哲学社会科学著作奖。合著《胡适年谱》、整理《胡适日记全编》。

同时，边教中共党史，边与朱贻庭先生共同指导一组学生研读董仲舒《春秋繁露》。有董仲舒言论批注在《解放日报》发表。

1975年　四十岁

是年提要　1. 编写。2. 研究。3. 教学。

围绕教学做了以下几件事：

（一）修改《毛主席著作介绍》，林炯如先生执笔编写《中国共产党历史教学大纲》。缘起是，学校统一印发的《中国共产党历史讲义》突出党内两条路线斗争史，在使用过程中感到内容偏窄、单薄，没有反映党的历史的基本面目。经过冷静思考，中国现代史教研室同事商定，现在虽然不具备修改讲义的环境条件，但可以根据我们的认识和知识，编一份能够反映党的历史基本面目，适合历史系教学需要的《中国共产党历史教学大纲》作为组织教学、口讲党史的依据。毛主席著作是学习党史的必读之书。《毛主席著作介绍》是辅导读物，修改重在力求准确介绍历史背景和基本内容、基本观点。

（二）研究。讲了几年中共党史，先是按照要求重点讲党内两条路线斗争史，后来讲的内容逐渐有所拓展，但与党的历史的丰富性相比，相差甚远，在政治性和科学性上依然有不少欠缺。按照历史唯物主义观点，讲历史要实事求是地讲出历史的本然和所以然。在课堂上讲党史不可能面面俱到，但所涉内容，从史德出发也要符合党史的真实性。基于这样的观点和认识，把重新学习和研究党史的重点放在考察各个时期历史条件和党的路线、方针、政策上来。努力下来，对于一些问题有了深层了解和认识。同时，继续研究历史人物。有《论李贽》文稿，《论班超》在《新疆历史论文集》发表。年底终止李贽研究，专于中国现代史的学习与研究，为教学储备知识。

（三）教学。为历史系 1975 年级学员讲授党史。迄今已为六届学员上课。开始没有稳定的教学计划，教学常常随时而变，因势而异。后来逐渐由无序到比较有序，慢慢向正常教学秩序回归。现在，我和我的同事讲党史，力求讲出一个比较系统、比较真实的党史，从党史的经验教训中，汲取智慧和力量，发挥党史的资政育人作用。但是，由于个人党史学养浅薄，根底不深，加上政治环境使然，不仅教学的局限性依然很大，错误也在所难免。即使如此，学员从不逃课，总是满堂坐，认真听；教师也不缺课，总是认真讲，乐于教。真的是，学而不厌，诲人不倦，师生在学与问、疑与解中教学相长。

1976 年　四十一岁

是年提要　1. 赴安徽函授教学。2. 宣讲粉碎“四人帮”。

年初　系里决定，由林炯如、陶寿明、袁英光、王彦坦组成函授教学小组，赴安徽为上海知青上函授课。教学小组由林炯如负责。

2 月　寒假一过，函授教学小组开会，研究教学计划，决定以专题讲座形式，为学员讲中共党史。会后分头准备，编写讲稿。

4 月至 5 月　教学小组一行六人（增加两名学员，即李蓓蓓、陈代经）赴安徽滁县。经与当地有关部门商量。为保证生产、学习两不误，采取集中上课、分散辅导方式开展教学。大课在县城礼堂上。先到明光，知青渴求知识，学习积极性特别高。礼堂内座无虚席，秩序井然。台上激情洋溢地讲，台下聚精会神地听。有一天晚上在明光大礼堂上课，突然停电，礼堂内一片漆黑，但人却不乱不散，众口一词，要求继续讲课。我被感动了，于是走近学员，提高声音，一鼓作气，把课讲完。学员的热烈掌声和安全有序走出课堂的情景，在我的脑海中留下了难以忘怀的记忆。其间，我们曾到皖苏边淮河之滨大柳巷访史，忆陈毅当年“春郊试马”、“长淮步月”的儒将风度和中国必胜的“抗战新声”。

9 月至 10 月　再赴安徽，到定远为知青上课。定远函授教学点设在集镇，不在县城。教室在一块高地上，草房，四面透风。尽管教学条件较差，教师还是认真讲，学员还是认真听。回到县城，住招待所。招待所卫生条件极差，被罩头油黑油黑，不洗也不给换。课余无事，月下散步，常与林炯如、陶寿明议论周恩来、朱德、毛泽东相继逝世后的国家形势，无不为党和国家前途与命运忧心忡忡。

10 月 14 日　在定远，听到中共中央公布粉碎江青反革命集团的消息，人心大快，异口同声地说："太好了！太好了！"遂决定，立即返校，调整教学内容。

11 月　三赴安徽，向滁县地区各函授点巡回宣讲粉碎"四人帮"反革命集团的胜利。所到之处，每次宣讲，无不受到学员和听众的热烈欢迎和好评。

1977 年　四十二岁

是年提要　1. 参加《毛泽东选集》第五卷学习班。2. 合编《中国现代史资料选辑》。

3 月 16 日至 4 月 22 日　在上海建国饭店参加上海市《毛泽东选集》第五卷学习班，编入第十五组，共十五人。目的是早学一点，学好一点，当好宣传员、辅导员，为建设一支宏大的政治理论队伍而奋斗。具体要求是：深刻认识《毛泽东选集》第五卷出版的意义；努力把握《毛泽东选集》第五卷的基本内容、基本观点；坚持理论联系实际的基本学习原则；采用读原著为主、自学为主、专题研究为主的基本学习方法。安排六场大组学习交流会，蒋学模（著名经济学家、马克思主义理论家、复旦大学教授）等四十四人发言，围绕要不要坚持党的基本路线，要不要坚持党的领导，要不要全心全意依靠工人阶级，要不要搞好生产，要不要规章制度，要不要社会主义积累，要不要实行各尽所能，按劳分配原则，要不要无产阶级自己的专家，要不要引进技术，要不要搞计划经济等，开展讨论。其间，我为师大历史系师生介绍《毛泽东选集》第五卷的基本观点（阶级观点，辩证观点，政策和策略观点，生产观点），交流学习体会。5 月，给上海市普陀区中小学教师进修班讲学习《毛泽东选集》第五卷的体会，题目是《社会主义革命和建设的强大思想武器》，这一思想集中体现在《为建设一个伟大的社会主义国家而奋斗》《论十大关系》《关于正确处理人民内部矛盾的问题》等著作中。

下半年　合编《中国现代史资料选辑》，共四册，十一辑，二百多万字，校内出版，以应教学和研究需要。

历史系新的教学方案规定，1977 级新生停开中共党史，恢复中国现代史，在四年级开设。中国现代史教研室三年内没有教学任务，教师可专于中国现代史研究。

1978 年　四十三岁

是年提要　1. 访问五省。2. 合编《中国现代史讲义》。3. 业务考核体会。4. 周五读书会。5. 晋升讲师。

上半年　主要任务依然是收集资料。资料是历史研究的出发点。为解决中国现代史研究资料匮乏，3 月 13 日至 5 月 19 日，林炯如、郭绪印、傅绍昌、王关兴、蒋景源、李蓓蓓、郑春燕、王彦坦一行，先后到江西、广东、广西、贵州、湖南，调查访问中国现代重要历史人物活动、重要历史事件发生的旧址、挖掘资料。泡在纪念馆、博物馆，查阅、抄录资料。到高校、社科研究机构，与同行座谈交流，了解信息。两个半月的紧张劳动，收集了一摞摞有待整理以备教学和研究之用的文献资料。同时，对一些历史人物和事件有了直接感知，有助于升华为理性认识。

下半年　合编《中国现代史讲义》。其间，11 月 15 日，填《教师业务考核登记表》，在“通过学习马列、毛主席著作和教育革命实践，尤其第十一次路线斗争的实践，在改造世界观、树立全心全意为人民服务、忠诚党的教育事业方面，有哪些体会”一栏，写道：

一、要尊重实践。实践是检验真理的唯一标准。实践的发展推动真理的发展。追求真理就要实事求是，倾听实践的呼声。作为历史教育工作者，应该尊重千百万人民群众的实践，尊重历史事实，从实际出发，用马克思主义的立场、观点和方法进行分析研究，总结经验教训，正确贯彻毛主席提出的教育方针，努力对历史做出合乎实际的理解和评价，为无产阶级革命事业服务。

二、要又红又专。红与专是统一的。只专不红，只红不专，都是不对的。红，不但应该表现在思想政治方面，而且应该表现在教学和学习的实际行动中。我们一定要下苦功学习政治、学习业务，沿着又红又专的方向前进，为提高中华民族的科学文化水平，胜利完成建设社会主义现代化强国的伟大历史使命而奋斗。

三、要踏实工作。我们工作的权力是人民给的，应当兢兢业业、踏踏实实地为人民工作。不应当光说空话，不干实事；光看形式，不重实效。搞社会主义事业是有分工的，为人民服务不是抽象的。作为教师，踏实苦干，认真负责，搞好教学，为无产阶级培养人才，就是忠诚党的教育事业，全心全意为人民服务的具体表现。这就是我对于工作的认识和态度。

11 月 17 日至 12 月 22 日　遵命带领 1976 级一个班二十七名学生到曹阳中学教育实习。时间紧，任务重，立即订计划，做安排。一是指导学生备课。二是听每位学生试讲并进行点评。三是向全体学生交代讲课要注意的共同问题，即上好一堂四十五分钟的课，要把握好五个教学环节：（一）组织教学。第一节课，教师步入教室，学生起立。老师说，同学们早，同学回答，老师早。以后各节课，起立，同学们好，老师好。老师目视全体学生。（二）复习旧课（五分钟）。可教师问学生答，可教师讲，可师生共同讲。学生答后要做点评。（三）讲新课（三十分钟左右）。明确目的，紧扣教材，突出重点，当课消化；灵活、适时使用直观教具；边讲边板书，板书章、节、目应同课本基本一样，目下书重点；板书应显示出知识的系统性、科学性和重点。（四）巩固新课（五分钟）。教师概括新课内容，强调重点。（五）布置作业（五分钟）。题量适中，回家十五分钟可以做完。四是发现问题，及时指点。

实习时间过半，做一次阶段性小结，肯定学生实习态度认真，工作积极，进步显著。提出下个阶段要求：进一步钻研教材，紧扣教材，突出重点，当堂消化。紧扣教材，不等于念教材，教教材，而是娓娓道来讲教材，用教材教学生，给学生以历史的文化浸染和智慧。要注意融入感情，做学生的好朋友，增强亲和力、感染力，调动学生的积极性，提高教学效果；从现在起，将重心转向班主任工作，加强与学生平等友好地交往，注意发现新事物、新气象，促进学生健康向上。

实习结束，学生自我总结，进行交流。他们普遍认为，通过实习，初步学会了分析教材，编写教案，掌握教学环节，熟悉上课路子和要义。有的学生说：人说教学是艺术，我说教学比艺术还艺术，我们的每一堂课都浸透着指导老师的心血。当一个好教师不容易，但是只要用心做就一定能做好。

12 月 22 日　晚 8 时，几位学生来见。问：党的十一届三中全会公报发布了，听了广播后你怎么看，我们想听听老师的意见。我说，我同你们一样，刚听过广播，还来不及细想。我的第一个感觉是，这是在党和国家面临向何处去的重要历史关头举行的一次重要会议，具有划时代的重大意义。第二，我的突出感觉是，拨乱反正，决定全党工作的中心从 1979 年转移到社会主义现代化建设上来。这是国家发展战略的根本转变，回答了国家向何处去、向哪里转，是全会最突出、最根本的贡献。听过就记住，印象深刻。第三个感觉是，继承创新。在总结经验教训的基础上，采取新的办法发展经济。耳听能详的有几条：一是采取措施，对经济体制着手认真的改革。二是发展同世界各国平等互利的经济合作。要特别注意“世界各国”四个字。“世界”是广大的，“各国”当然包括资本主义国家。三是采用世界先进技术、先进设备。四是加强科学和教育工作。这些都是怎么转的问题。总之，党的十一届三中全会标志着转折。转折是个严肃的字眼。转折和历史连在一起，则是历史性转折。历史性转折是划时代的、伟大的、影响历史发展的。公报内容很丰富，需要认真学习，深入理解。

是月　评为华东师范大学（时称上海师范大学）先进工作者。

是月　晋升讲师。

是年　向刘惠吾先生叩问中国现代史教学与研究。刘惠吾先生是山东人，中国现代史专家，有丰富的实践经验和深厚的专业功夫，时任历史系中国现代史教研室主任。刘先生对我说，我们已经有许多年没有静下心来读书了。温习旧知识，研究新知识，刻不容缓。办法就是读书、讨论、积累资料。读书（包括书籍、论文、史料）充实我们的头脑，解决知识贫乏问题。读书发现的问题，提出来讨论。讨论，各抒己见，求真理，去谬误，提高专业水平。积累资料，为做深入研究准备条件。中国现代史资料有些还不能公开，随时随地注意从报纸、期刊上发现、搜集资料尤为重要。经先生点拨，心里更有数了。我曾见王承礼师有一沓沓记在白光纸上的资料，可能就是得刘先生之教而做的笔记。王师师从刘先生已久，深得刘先生器重。

是年　刘惠吾先生推出教研室读书交流会。每星期一次，我称之为周五读书会。读书，主要读报刊有关中国现代史的各类文章、资料。谁读什么，有明确分工。怎么做卡片，有统一要求。包括论文题目、作者、发表报刊、年、月、日、内容摘要等。卡片由教研室统一保管。读书会上主要交流论文提出的新问题、新材料、新观点。读书交流会的主要目的，一是促进读书。读书是治学之本，不读书无以治学。二是促进交流与讨论，开阔学术视野，推动学术进步。三是积累资料，为深入研究做参考。四是出论文摘编和目录索引，为研究提供工具。

1979 年　四十四岁

是年提要　1. 访问淮北煤炭师范学院商调工作。2. 五四运动研究。3. 怎样看待毛泽东主席。

1 月　寒假回家与妻儿团聚，共度春节。

2 月　春节一过，访淮北煤炭师范学院，寻问工作调动事宜。回校后，向系里提出工作调动请求。同时，按计划，着手对五四运动史进行研究。内容涉及先进的中国人向西方学习（包括开眼看世界的先驱、洋务运动、戊戌变法），辛亥革命，新文化运动，五四运动，马克思主义在中国的传播，中国共产党的诞生等。重点研究新文化运动、五四运动、马克思主义在中国的传播和中国共产党的诞生。

5 月 4 日　在历史系纪念五四运动六十周年科学报告会上宣读论文：《从五四运动看人民群众的历史主动性》。

6 月　在研究与备课过程中，越来越感觉到，中国现代史教学必须回答一个现实问题，就是怎样看待毛泽东主席。我的思考是：第一，要历史地看。毛主席在新民主主义革命和社会主义革命与建设时期的历史地位和主导作用，历史已经给出了正确结论。第二，要全面地看。毛主席在不同历史时期，领导经济、政治、军事、文化、外交等方面谋略和功绩远远大于失误和错误，不应以偏概全，片面看待，应看各个方面的总和。第三，要客观地看。毛主席的领袖地位以及人们对他的崇敬是历史发展的结果，同林彪一伙搞大树特树，制造个人崇拜、个人迷信是根本不同的。毛主席在中华人民共和国成立后提出的一系列思想和决策，实践证明，有许多是正确的，有些是错误的。毛主席是人，是人就会有缺点和错误。即使有严重错误，也不能同他领导中国人民建立新中国、建立社会主义制度、进行社会主义革命和建设的历史功绩相比。第四，要具体地看。就是具体问题具体分析，找出这样那样错误的社会原因和个人原因，正确总结经验教训，避免再犯类似错误，而不应大张挞伐，对人进行攻击。

暑假　回家探亲。再访淮北煤炭师范学院，具体商谈工作调动事宜。其间，拜访吴志葵先生，受到热情接待，诚邀我到马列主义教研室工作。我对吴先生的第一印象，诚朴、敦厚、可靠，进一步坚定了我来此工作的决心。

秋冬季　一边催问工作调动，一边学习、研究。

1980 年　四十五岁

是年提要　1. 怀念郭圣铭先生。2. 别上海，回故乡。

3 月　获准调往淮北煤炭师范学院工作。一些师友知道后，纷纷来陋室看望、叙谈，或约请到家小聚，或游园留影纪念，或月下倾吐真情，言谆谆，情依依，高谊比云隆。在我即将离校之际，一位老先生缓缓走来，同我道别。他就是我一向景仰的郭圣铭先生。

郭圣铭先生是江苏镇江人，曾在中华民国政府驻美国新奥尔良领事馆任副领事。回国后，先后在广西大学、湖南师范学院、华东师范大学执教。长于世界古代及中世纪史，是全国为数不多的世界史学者，怀着满腔热情，开展教学与研究。1955年出版了有初创特点的《世界古代史简编》。20世纪60年代初，先生开写《西方史学史概要》新篇。西方史学史是一门新课，没有教材，资料稀缺。先生英语好，广泛收集资料，边译、边写、边印、边教，把这门新课顺利地开了起来。先生写的《西方史学史概要》讲义，大都经我的手在课前印发给学生。我是先生讲义的第一读者，也是我读到的国人写的第一部比较系统地研究西方史学史的著作。先生对资料的选择取舍，史家史著的介绍评析，以及讲义结构的严谨连贯，语言的简明扼要，文笔的通顺晓畅，都极见功底和水平。

郭先生讲课有个特点，就是紧扣讲义，紧扣基本知识、基本理论，并且语速较慢。学生一边听讲，一边看讲义，觉得先生讲的讲义上都有。与其听先生念讲义，不如自己看讲义，对先生教学有意见。意见传到郭先生那里，郭先生不以为然。先生说，我不是念讲义，而是讲讲义。念讲义和讲讲义不一样。念讲义不分重点难点，平铺直叙，照本宣科。讲讲义有详有略，有述有评，突出重点，提出问题，启发思考，有助于理解、消化、巩固基本知识、基本理论，提高分析和解决问题的能力。听教师讲一遍同自己念一遍效果大不相同。讲义是我写的，知识精华都在上面，如果离开讲义另讲一套，岂不是舍本逐末，偏离这门课的基本内容。学生应该学会听课，把握教师对基本知识的解释、说明、论述，在理解和掌握教师讲的知识基础上，进行质疑和追问。我把先生的意见告诉学生后，课堂出现了认真听讲的好气氛。

郭先生有三慢：走路慢。说话慢。写文章慢，一天写三百来字。三百字，非绝对。意指先生治学严谨，写文章求质量，不求数量。某天，有位师兄对先生说，以先生的学养，一天写三百字，太慢了。先生说，不慢。一天三百字，一月上万字，一年下来，相当可观。史学论著不宜急就，不能有不实之词。不实和失实是史学工作者的大忌。写史必须实事求是，辨伪存真，从真实的历史过程出发，从可靠的历史资料出发，深思熟虑，沉稳落笔。我离开华师大，到了煤师院，本拟静心治史，却由于历史的误会，放弃了历史研究，倾力学校管理。每念及先生谆谆之言，既惭且愧，而又感佩不已。

作为文质彬彬、仪态儒雅的学者，郭先生关心公共活动的热情不亚于青年。1966 年之前，历史系有一块黑板报，我编过一段时间。每当我向先生约稿，先生都笑盈盈地点头答应，很快将诗作交给我。先生给黑板报写过多首七言诗。诗多吟物咏事，以淡朴之语，抒浓挚之情，彰纯美之心，读之令人心旷神怡。常为黑板报写稿的还有束世澂先生。记得有一次束先生见报载中国人民解放军击落侵犯我国领空的美国 U-2 高空侦察机，遂作一首七律送给我，其中有“笑捕由儿作草虫”佳句，我至今不忘。

郭先生视教学为天职，对上好课、教好学怀有很强的使命感、责任感。凡开新课，先生都自己设计知识体系，编写教材，于课前而不是课后发给学生，表现出师者之德、师者之学、师者之责。先生不仅自己践行教学天职，还谆谆告诫晚辈要搞好教学。在我即将离开师大的时候，先生来看我，语重心长地对我说：“彦坦，我们同事二十年，你要离开了，我说句话，到新学校，首先要站好讲台，搞好教学，做教师，没有什么比这更重要了！”先生的肺腑之言，让我震撼，让我感动，我从心底感到亲切、温暖。言行一致，行胜于言，是先生做人、做事的一贯风格。先生爱生如子，诲人不倦。我到了煤师院以后，先生的殷殷嘱咐和期望，常常在我耳边回响，成为勤勉工作的一种鞭策，让我时刻不忘以站好讲台为天职，做好教书育人工作。

4月10日　下午，张培华，我的昔日学生，今日同事，请王承礼师作陪，把我接到她家，忆往事，叙心曲，为我饯行。餐毕，道别。我涌入人流，走进上海北站，乘上火车，开窗临风，月色溶溶，列车穿过万家灯火，越过田野，越过江河，驶向一座迥异于上海的内地小城淮北市。

淮北煤炭师范学院（1980. 4—1983. 7）

1980年　四十五岁

是年提要　1. 简陋与不俗。2. 教研与教学。

4月11日　上午，火车抵达淮北站。马列主义教研室马建、李孙强、戴志理老师带车接站。吴志葵、刘振义先生在学校等候。他们热情、友好，考虑周详。行李搬到马列主义教研室存放，专人陪同办理报到手续，安排校外暂住，而后让我回乡下老家休息。

5月4日　我到学校上班。与杨吋极、朱守明、赵新玉同住一间平房。初到煤师院，做的第一件事，参加学校党委举办的

《关于党内政治生活的若干准则》学习班，做秘书。学习方式方法为，党委动员，分散自学，小组讨论，大会交流，党委总结。为时一个多月。在这一个多月时间里，既看到办学条件的艰苦与简陋，又看到人际关系的和谐与融洽。谈起教学与研究，人多以葛旭初教授、吴孟复教授引为骄傲和自豪。回望历史，淮北煤炭师范学院初创不俗，就是因为聚集了以葛旭初、吴孟复为代表的一批德才兼备、热爱教育、乐育英才的教师。

葛旭初，安徽蒙城人。1944 年毕业于中山大学电机系。中华人民共和国成立后，历任湖南师范学院、湖北大学教授、物理系主任，淮北煤炭师范学院教授、党委委员、副院长，长沙水利电力师范学院教授，湖南省物理学会第一、三、四届理事长。专于物理、自然辩证法。有《电磁对称与相对论》《陌生的时空理论和运动定律》《粒子宇宙探索》《物理学的教学研究和教学改革》《粒子宇宙对称论》著作出版，发表论文百多篇。1978 年被评为安徽省先进教育工作者，1982 年被评为全国煤炭战线劳动模范，1990 年获湖南省教学成果一等奖和国家教委“从事高教科技 40 年，成绩显著”荣誉证书，1993 年享受国务院政府特殊津贴。师德、师学、师能堪为世范。

吴孟复，名常焘，号山萝，以字行。安徽庐江人，著名学者。1937 年毕业于无锡国学专修学校，曾任上海政法学院教授、暨南大学副教授。中华人民共和国成立后，回皖任教于滁县中学、合肥师范学院、安徽师范大学淮北分校。淮北煤炭师范学院建立后，历任教授、图书馆副馆长、中文系主任、古籍研究室主任。深谙国学。语言文学兼通，长于考据，尤擅辞章，并治诗学。有《训诂通论》《古籍读校法》《唐宋古文八家概述》《屈原九章新笺》《古籍整理研究通论》《刘大櫆文选注》等著作出版，发表论文多篇。1984 年被评为安徽省劳动模范。1987年调安徽教育学院，主持安徽古籍整理工作，任《安徽古籍丛书》编审委员会主任委员，有著作多部。在煤师院，我们同住一栋楼，在一个单元，我住一层，吴先生住二层，我们是好邻居。在省教院，我曾登门看望，到医院慰问。吴先生逝世后，我对班子负责人和纪健生先生说，要整理出版吴先生著作，传承创新，弘扬中华优秀传统文化。

7月16日至8月2日　在大连参加教育部一九八〇年全国高等院校马列主义课教师暑期讲习会。大报告有：廖盖隆关于党史方面的报告；王惠德关于高等学校马列主义理论教学方面的报告；薛葆鼎关于我国四个现代化方面的报告；刘克明关于国际共产主义运动方面的报告；曾德林的传达和讲话；李正文的总结。另外还有分学科方面的报告。党史方面有李新、缪楚黄、沙健孙、胡华、张静如的报告。其间，安排一天到旅顺口参观考察近现代历史遗迹。

8月　移住临时招待所，八人一室，上下铺。在嘈杂纷乱的环境中，为1980年级学生备中共党史课。中共党史是中国共产党领导中国各族人民进行革命、建设、改革的既往的发展过程，是一种客观的存在。学习和研究党史要从既往的历史事实出发，总结汲取历史经验，揭示把握历史规律，获得对于党史的较为深刻的认识，以利于正确认识中国共产党是领导中国革命、建设、改革事业走向胜利的核心力量，坚定地跟着共产党为建设伟大的社会主义现代化国家努力奋斗。循着这样的认识和思路，我研究教材，设计教案，认真备课，力求避免把教学变成照本宣科或现成结论的简单展示，而使中共党史失去震撼世界、直抵人心的魅力。根据公共理论课要求和大一学生具有一定历史基本知识的特点，决定变逐章逐节、面面俱到讲授为以时间为顺序，以重要历史事件和人物为专题，有重点地讲授，使教学既具有思想政治教育性，又具有知识的专深性，让学生可听、爱听，达到党史教学的目的和要求。

9月18日　上午8时，我走进物理系1980级教室，对同学们说，我叫王彦坦，教中共党史。在教学过程中，同学们有什么意见、建议和要求，可以随时提出来进行讨论和交流。今天这两节课讲导言。今天是什么日子？今天是日本制造“九一八”事变，占我土地，杀我无辜，中国人民掀起抗日救亡的日子。在这样一个日子，开启我来煤师院教中共党史第一课，是巧合，却很有意义：勿忘历史，走向未来。

接下来，我给中文系、数学系、物理系、化学系本科生和外语专科生上了三年党史课。三年来，无论秋冬春夏，上课铃一响，我开始讲课，从不迟到。下课铃一响，我刚好讲完，从不拖堂。学生不迟到，不早退，不逃课，不交头接耳。作为公共理论课的党史教学能有如此的听课氛围，我感到无比欣慰。特别是来自濉溪、宿县、淮南、中煤特殊凿井公司的一批委培生、旁听生，学习特别用功，下了课或在路上追着问问题，或在泡桐树下站着、蹲着讨论问题，有点近乎如切如磋、如琢如磨的状态。学生的求知欲与尊重助燃了我讲课的激情，互燃互动，教学相长，我是高兴并快乐的。1982年，获得淮北煤炭师范学院先进教师荣誉称号。

12月26日　与刘振义一起赴阜阳，出席阜阳师范学院、徐州师范学院、淮北煤炭师范学院马列主义政治理论课协作会第一次会议，交流教学信息，研究协作事宜。

1981年　四十六岁

是年提要　1. 中国共产党为什么能。2. 送分，我不能做。

2月24日　妻和次女、次子、幼子由农业户口转为非农业户口，从濉溪县迁入淮北市相山区，入住煤师院三室一厅套房。

5月　吴志葵、王彦坦合作署名发表《独立自主地开创中国革命胜利的道路》，载1981年第二期《淮北煤师院学报》社会科学版。

6月　为淮北煤炭师范学院党委副书记、院长陈岩撰写纪念建党六十周年讲话稿《坚信党的领导，坚持党的领导》。讲话稿从理论和实际结合上，回答三个问题：共产党一再犯错误，还能不能领导？共产党内存在不正之风，还有没有资格领导？西方国家没有共产党领导实现了现代化，中国现代化建设为什么一定要共产党领导？史论结合，分析评判，结论是：共产党能领导、有资格领导、一定要共产党领导。

是月　期末考试，某系一女生党史考了二十多分。我对她说，暑假时间长，抽空看看书，开学后补考。我相信你能考好。没想到补考又不及格。一天该生所在系的负责人找我说："王老师，某某某的党史不及格，你能不能想想办法，给她及格？"我说："教不严，师之惰。这事我不能做，请先生谅解。"先生点头笑道："是，是。"

学师范，当教师，是我的志愿。当一个什么样的教师，我有自己的要求和追求。第一，当严师。首先，严于律己。教书育人，为人师表，必须自律、自重，时时刻刻严格要求自己，检点自己，注意自己的衣着仪表，一言一行，一举一动，尽可能对学生产生好的影响。其次，严谨治学、教学。自己要多读书，勤追问，学而不厌；备课要一丝不苟，精益求精，写出完备的讲稿；上课要精神饱满，充满激情，尊重、信任、热爱学生，努力做到循循善诱，诲人不倦。其三，严格要求。在尊重信任学生的同时，坚持严格要求，不搞无原则的迁就和放任；

引导学生做一个有志气、有骨气、有人格、有尊严的人，或者像毛泽东主席所讲的，做“一个高尚的人，一个纯粹的人，一个有道德的人，一个脱离了低级趣味的人，一个有益于人民的人”。其四，严格管理。教学过程也是教育和管理过程。考试、批卷、评分，最能反映教师的教育教学和治学态度。严师应严格执行制度和学术标准。严在当严处，宽在厚爱中。考试露题，监考放任，批卷送分，不是爱，而是害。

第二，当良师。良师爱教育。爱是教育的基础。没有爱就没有真正的教育。真正的教育就是用爱心培育爱心，引导学生爱祖国、爱人民、爱劳动、爱科学、爱社会主义。良师爱学生，民主平等对待每一个学生、尊重学生的人格、个性，理解学生的情感、需要，促进学生成人成才。良师爱讲台，视教学为天职，站讲台为光荣，育人才为使命，愿在三尺讲台上默默奉献一辈子。良师爱真理，追求真理，崇尚真理，传播真理，以对马克思主义的坚定信仰，对只有社会主义才能救中国、发展中国的坚定信念感染教育学生，帮助学生在思想政治上健康成长。

严与爱是统一的。爱之愈深，严之愈狠。严是爱，松松垮垮易变坏。我一直坚持本之以严，申之以纪，敦之以行，过则匡之，失则更之施教与管理。虽然孜孜以求，而难致无瑕，却从不失德失范。

11月2日至5日　在合肥稻香楼出席安徽省党史资料征集工作暨档案学会成立会议。省委书记李世农、省委第一书记张劲夫先后到会做报告。

11月7日至9日　出席淮北市历史学会成立大会，任理事，被推举为历史学会副秘书长。

1982年　四十七岁

是年提要　1. 教学与研究。2. 对不起，请你下课再找。

2月　发表《略论中国共产党是马克思列宁主义同中国工人运动相结合的产物》，载《淮北煤炭师范学院学报》（社会科学版）第一期。文章指出，认识中国共产党产生的历史必然性，不仅是个历史与理论问题，而且是个现实问题，对于统一我们对于党的性质和指导思想的认识，坚持党的领导，坚持马列主义、毛泽东思想，推动社会主义现代化建设事业非常重要。文章从三方面展开论述：一，革命的需要。这是中国人民从切身经验中得出的历史结论。二，历史的必然。历史发展的客观需要，总是和历史的客观可能性同存在的。中国革命需要共产党领导，中国也具备成立共产党的条件。一是，中国工人阶级的成长壮大及其反压迫反剥削斗争的发展，奠定了中共产生的阶级基础；二是，马克思列宁主义在中国的广泛传播，奠定了中共产生的理论基础；三是，五四运动促进了马列主义同中国工人运动的结合，为中共的成立做了思想上和干部上的准备。三，光芒的灯塔。中国产生了共产党，这是开天辟地的大事。它像光芒万丈的灯塔，照亮了中国革命的道路，给灾难深重的中国人民带来了光明和希望。

3月　出席安徽省高校党史协作会滁县会议，交流党史教学与研究工作。

上半年　有一天，我专心致志地给学生上课，某系办公室一位老师突然推开教室门，喊“某某某，你出来一下，我有事找你”。我立即做出反应，“对不起，请您在外面等等，下课再找。”

教学有制度，课堂有纪律。大学虽然不会像中小学把纪律订得那样具体，但学生不能在课堂随意走动或进出教室则是一个通则。而突然有人推门喊学生，对教学秩序的惊扰是可想而知的。出于对教学秩序的敬畏，我只好请那位老师在外面等等。

制度是教育的手段，纪律是教育的结果，也是教育的手段。不论在华东师范大学，还是在淮北师范大学，我在教育教学过程中，始终是坚持执行教学制度的。后来，走上学校管理岗位，建立健全教学管理制度，重视强调抓好教学常规管理，目的是建立和维护正常的教学秩序，协调学生的行为，培养学生遵纪守法良好的个性品质，鞭策教师和干部做遵守制度和纪律的表率。并且说到做到，在制度和纪律面前人人平等。教师出现一次教学事故，包括上课迟到、早退，通报批评，出现三次取消一次晋升职称机会。协助学生考试作弊一次者取消一次晋升职称机会，情节严重者给予警告处分。

我记得，在教学纪律（制度）出台初期，有三位系的负责同志，其中一位是党委委员受到通报批评，一位科级干部受到警告处分，一位青年教师，重点培养对象，取消一次晋升讲师机会。此后，教学秩序井然，没有教师再因违反教学制度和纪律受到批评或处分。

我还记得，学生违纪，有两人受退学处分。其中一位学生家长，一位学生生源地乡政府几位领导到学校说情，请求通融，从轻处理。我把他们请到办公室、会议室，同他们交流、分析，详细说明违纪处分制度的合理性、目的性和具体处分决定的宽严适度性、严肃性，得到他们的理解、配合与支持。坚持有恒，在学生中形成了团结紧张、严肃活泼、扶正祛邪、健康向上的良好氛围。

9月5日至9日　与吴志葵先生、李孙强先生一起出席在徽州师专召开的全省高校党史协作会议。周子信做《中国共产党是马列主义同中国工人运动相结合的产物》的报告。会后，三人结伴游黄山，全程步行。

1983年　四十八岁

是年提要　1. 研究、教学、进修。2. 我不适合做管理。3. 选择兴趣，选择服从。

2月　发表《五四时期马克思主义在中国传播的特点》，载1983年第一期《淮北煤炭师范学院学报（社会科学版）》。文章认为，“五四时期马克思主义之所以能够在中国广泛传播并在传播过程中带有中国特点……是当时中国的社会条件所决定的。”传播的特点是，“它立即地同中国人民反帝反封建的革命运动结合起来”；“它迅速地同中国工人运动结合起来”；“它同各种思潮的论战中迅速地显示出无比强大的生命力。”

3月4日　主持召开党史教学研究组会议，研究教学与进修工作。决定：党史讲专题，指导学生读讲义。进一步明确教师专业方向，研究重点；以教学带进修，以科研促教学，实现教学相长、教研相长双进步，双提高。

4月　某日煤炭部教育司郑昌荣副司长一行三人约我谈话。问：如何办高等师范教育，想听听你的意见。答：没有考虑过这个问题。根据在师范院校工作的感受，第一，高师毕业出来的学生，应有崇高的职业理想，忠诚教育事业，献身教育事业。第二，应有高尚的师德，能为人师表，教书育人。第三，应有很好的专业知识和教师职业技能，做好教育教学工作。又问：根据群众意见，组织考虑，让你出来做学校管理工作，怎么样？答：不适合做管理工作。第一，从未做过管理工作，没有经验，很难成为一名称职的管理者。第二，喜欢教学，相信自己能成为一名称职的教师。第三，身体不好，患完全性房室传导阻滞心脏病，随时都有可能发病，影响工作，于事业不利。郑副司长对随行人员说："你们看，他像个病人？我不相信。"我说："我有病历，等下拿给你们看。"次日，我随郑副司长一行到徐州医学院附属医院体检，检查完，陈医生笑着对我说，诊断意见怎么写，跟提干有关。我说，谢谢，如实写。我喜欢做教师，搞教学，不愿当干部，搞管理，对他们讲，我有心脏病，难以胜任，他们不信，才带我来做体检。诊断结果，陈医生写道：患完全性房室传导阻滞。

上半年　为中文、数学、物理、化学 1982 年级本科学生和英语 1982 年级专科生讲中共党史。写作《论五四运动时期人民群众的历史主动性》。

7 月 1 日至 30 日　列席党委会议和行政会议。其间，在 1983 届毕业生分配动员大会上讲演《选择——谈个人志愿与国家需要的一致性》。要义曰：选择是权利，也是义务。有偏向个人利益的选择，叫个人志愿。有服从国家利益的选择，叫服从分配。我们应合理照顾个人志愿，并为实现个人志愿尽最大努力。当个人志愿同国家需要发生矛盾时，坚持服从分配，到国家最需要的地方去。人的一生，选择的机会可能只有一次，也可能有多次。当选择的机会来临时，建议选择兴趣，选择服从。19 日早晨，中文系教师单思良来见，说：向你荐贤，刘路新，两个班中年龄最小，拔尖，英语比赛全省第三名。评过三好学生，优秀团干部。诗歌、散文比赛得过奖。谦虚、实际、忠诚、老实、不吹吹拍拍，很有前途。搞英语或外国文学是一把手。咱们外国文学力量弱，希望能把他留下来。

办学记

(1983.7—1999.8)

中国共产党淮北煤炭师范学院委员会副书记
（1983.7—1988.3）

1983 年　四十八岁

是年提要　1. 重使用，贵培养。2. 一定要把学报办好。3. 思想政治工作的专业化与群众化。4. 让文明新风吹拂校园。5. 引导学生沉浸实验室、图书馆。6. 思政工作要讲究科学和艺术。7. 关于清除精神污染。

7 月 19 日　中国共产党煤炭工业部党组（1983）煤党字第 160 号，关于陈岩等八同志任免的通知：

中共淮北煤炭师范学院委员会：

你院党字（1983）32 号报告收悉。经研究，同意下列八同志的任免：

陈岩同志任代理党委书记；

王彦坦同志任党委副书记；

邱尚周同志任代理院长；

裴震、刘淑娟同志任副院长；

同意何图远、李琴昭同志离任休养；

同意免去葛旭初同志副院长职务。

经征得中共安徽省委同意，淮北煤炭师范学院临时党委由陈岩、王彦坦、邱尚周、裴震、孙明贤、周谋文六同志组成。

8 月 2 日，起草关于加强领导班子建设的若干意见。

8 月 4 日　新党委举行第一次会议，陈岩、王彦坦、邱尚周、裴震、孙明贤、周谋文以及老同志何图远、李琴昭、葛旭初出席。陈岩主持会议，议题是：第一，新党委如何改进领导，振奋精神。彦坦起草了个稿子，提交党委讨论。第二，研究对退出第一线同志的安排。第三，传达教育司对火灾报告的批文，研究如何搞好整顿。

8月6日　召开党群部门负责同志会议，研究政治辅导员工作和团委工作。我认为，政治辅导员和团的干部是加强和改进大学生思想政治教育工作的组织保证。不论专职的兼职的都是思想政治教育的骨干。都要努力任事，负责工作，不辱使命，不负重托。我们既要给他们压担子，用好人才，更要真心实意地关心爱护他们，培养他们，引导他们在实践中学习知识，并不断地总结经验，有所发现，有所创造，历练本领，增长才干，学会善于做大学生的思想政治教育工作。

8月9日　接待四位同志来访，谈工作、谈思想、反映问题。

8月11日　听取郑超同志谈学报工作时指出：学报是发展学术、培养师资的阵地，也是对外交流、扩大学校影响的工具。一定要办好学报。学报质量取决于文章质量。可以把投稿和约稿结合起来，以发本校教师文章为主，适当采用外稿。争取每期给读者提供一些有见解、有思想、有新方法、新材料的文章。办刊的具体问题学校给予解决。

8月12日　在干部会上谈做好大学生思想政治工作。强调思想政治工作是办好大学的精神动力，是一切工作的生命线。当前，加强思想政治教育，一是搞好政治理论课教学，通过专业化教学打扎实马克思主义理论基础，以其为武器，联系实际，解决思想、学习、生活和日常中的具体问题，树立坚定的理想信念，做社会主义的建设者和接班人。二是要以“五讲四美”活动为抓手进行共产主义思想道德教育。“五讲四美”活动是建设社会主义精神文明具体活动的一种有效方法和形式。“它以通俗、明白的群众语言，把共产党人改造社会、移风易俗的根本要求同解决我国当前社会生活、社会风气中的实际问题结合起来，是在当前具体条件下党的思想政治工作群众化的一种创造。它使我们找到了一个在实践中教育、培养、训练一代社会主义新人的好办法。”我们要学会从大处着眼，从小处着手开展教育活动、培养文明之人。以文明之人，创造文明之班级，文明之学校。

8 月 16 日　在第一次院务会议上讲话，主题是做好整顿中的思想工作，保证整顿顺利进行。

8 月 17 日　调研工会工作。提出工会要做好服务教职工的工作，把教职工组织起来、团结起来、动员起来，积极参与学校民主管理工作。

8 月 21 日　调研体育工作。提出体育系要推动课外体育活动，采取措施，会同政治辅导员、团委、学生会齐抓共管，合力抓好早操和课间操。抓好两操，对于学生，不仅有益于身体健康，还有助于培养良好的习惯，文明的行为，健全的人格，向上的精神，以旺盛的精力投入学习和工作。

8 月 24 日　在全校学生大会上讲演《理想、纪律和校风建设》。概言之，煤师院人都应该是有理想、有纪律的人。最高理想是共产主义；共同理想是实现四化，振兴中华；职业理想是献身人民教育事业。理想是动力，纪律是保证。革命年代，有句名言，加强纪律性，革命无不胜。今天应该说，加强纪律性，建设无不胜、改革无不胜。没有理想、纪律，一盘散沙，干不成大事，成就不了大业。我们煤师院，应该形成高扬理想旗帜，养育纪律文明，明确教育和学习目的，把培养严肃的科学态度和创造精神结合起来，实事求是，理论联系实际，既坚持学术自由、学术民主，又严明纪律，约束行为，创造良好的校园秩序，优美的学习环境，和谐的人际关系，崇高的道德风尚，让文明新风吹拂校园，以激发学习、工作热情，使精神的力量在实践中可转化为物质力量。

8月26日　主持体委会议，研究群体活动。提出，要把体育作为衡量教育质量的条件之一，教育学生认真上好体育课，积极参加课外体育锻炼，增强体质，振奋精神。要把普及与提高结合起来，既搞好群体活动，又抓好运动队。

8月27日　在学生品德评定会议上说，我们是做学生工作的，天天和学生打交道，应该怎样看待学生？怎样培养学生？学生是主人，是学习和发展的主体。在学习和发展中既有认识活动，又有实践活动。而人的认识和实践活动会有局限或偏差。我们要用动态的、发展的眼光看待学生，他们对于不合理的社会现象易于采取激烈的批判的绝对态度，但又渴求知识，追求公平公正，关心家事国事天下事。我们要怀着爱生如子的情感给予关心、尊重和引导。引导他们沉浸教室、实验室、图书馆跟老师一起汲取知识，训练能力，培养辩证唯物主义和历史唯物主义世界观和方法论，为走入社会担当大任储备智慧和力量。

9月23日　调研数学、物理、化学、中文系新生学习、生活、思想状况。要求各系根据具体情况，做好工作，帮助学生尽快适应新环境，新的学习生活。大学与中学，在学习上有一个很大的不同。中学的学习重在接受已有知识，而大学在掌握已有知识的基础上，重在独立思考，提出问题，探索未知，创造新知。

9月27日　同有关部门负责人一起，研究开展“振兴中华，建设安徽，办好煤师院”活动。

9月29日至30日　与陈岩一起，听取一总支、二总支关于整顿工作的汇报。认为，整顿有进展，工作有起色；揭露问题是第一步，接着是解决问题。必须边整边改，着手解决问题，让群众看到希望，增强信心。

10月27日至11月1日　省委召开工作会议，传达中共十二届二中全会关于整党的决定和邓小平、陈云就整党问题和反对精神污染问题分别做的讲话。分组讨论时，我在大学组，就煤师院思想政治工作发言，提纲为：（1）加强系统性理论教育。（2）加强经常性思想教育，如加强纪律、整顿校风教育，加强培养目标教育，开展“振兴中华、建设安徽、办好煤师院”活动，进行近代史教育等。（3）开展多样性自我教育。（4）建立健全规章制度，加强管理。

11月3日至11日　党委多次召开扩大会议，传达学习贯彻党的十二届二中全会和省委工作会议精神。陈岩主持会议并提出学习要求。

11月9日　听取各系“振兴中华、建设安徽、办好煤师院”活动情况汇报后指出，搞好这项活动，关键在做，在行动。做起来，动起来就好。做什么？做学习、做研究，做社会服务，促进人的发展，促进学术进步，服务社会主义现代化建设。

11月12日　在学生演讲会上讲演《思想政治工作要讲究科学和艺术》。讲究科学，就是遵循人的身心发展规律，用科学的世界观和方法论教育人、培养人，促进人的全面发展。讲究艺术，就是寓教于学和乐，采取大学生喜闻乐见的形式、方法开展灵活多样的教育活动。今天同学们的这场演讲，就是又科学，又艺术的生动活泼的思想政治教育活动，我向同学们致以热烈的祝贺。

11 月 14 日至 12 月 13 日　围绕贯彻中共十二届二中全会精神开展调查研究，先后召开干部、教师、学生座谈会，听取汇报，了解情况，分析问题，开展学习教育活动。

11 月 27 日　煤炭部党组通知，中宣部批准陈岩为淮北煤炭师范学院党委书记。

11 月 28 日　煤炭部通知，国务院 1983 年 11 月 10 日任命邱尚周为淮北煤炭师范学院院长。

12 月 1 日至 4 日　省委宣传部召开地市委宣传部长和大学党委书记会议，传达中央书记处和中央宣传部文件。我在大学组汇报会上就煤师院贯彻中央十二届二中全会和省委工作会议精神发言。要点有：（1）召开党委扩大会议，传达学习贯彻党的十二届二中全会和省委工作会议精神，力求完整地准确地学习理解和把握两会精神，统一思想，提高认识，开展思想政治教育活动。（2）开展调查研究，了解情况，分析问题。通过召开人大代表与政协委员座谈会、学生代表座谈会、教师代表座谈会、党员青年教师座谈会、团干代表座谈会和期中教学检查、学报院刊检查等，了解情况、分析问题，尚未发现有违反四项基本原则和党的路线、方针、政策的文章、言论。（3）开展批评和自我批评。着重从主客观上检查分析鉴别能力不高、容易受到资产阶级腐朽思想影响或污染的问题，从而找出防污染办法。（4）进一步加强思想政治工作，建设社会主义精神文明。一是加强系统的马克思主义理论教育，上好政治理论课；二是抓好经常性的思想教育，组织好政治学习；三是开展形式多样的自我教育活动，丰富文化生活；四是表扬先进，批评落后，树立先进榜样。

12 月 9 日　在党委会议上，提出近期思想政治工作四点意见：（1）召开迎校庆、抓校风表彰大会；（2）召开政工干部会议，交流思想政治工作经验；（3）防止和清除精神污染，丰富文化生活（歌舞晚会、文艺晚会、游艺晚会、电影晚会，慰问一线教工、给学生加餐）；（4）组织节日慰问。党委同意四点意见。

12 月 13 日　主持召开政工干部会议，传达地市委宣传部长和大学党委书记会议精神，并就继续贯彻党的十二届二中全会精神，加强思想政治工作，提出四点意见：一是继续抓好学习，完整地准确地掌握和执行中央的方针、政策，对于清除精神污染，既要反对满不在乎的倾向，又要反对对当前做法不过瘾的情绪。一定要分清界限，弄清什么是精神污染，把精神污染严格限制在思想战线内，不要扩大范围，不要人为地造声势。是精神污染就清除，不是精神污染就不要硬拉硬扯到精神污染上去。比如，文艺表演，服装打扮得漂亮一点，戴项链、耳环是可以的。群众穿什么，戴什么，要搞得活泼一些，对女青年、女大学生留披肩发不要干预。搞宣传要慎重，不能兴头一来就出格。防止走回头路。要把淫秽物品和艺术品区别开来。淫秽物品是指用粗野的自然主义的淫秽形式宣传性关系的作品，不能把裸体雕塑、美人像叫淫秽物品，搞美术的还需要模特儿。也不能把宗教习惯叫污染。二是抓校风、迎校庆，建设社会主义精神文明。最近，要开好三个会：表彰先进大会、思想政治工作经验交流会、纪念毛泽东诞辰九十周年座谈会。三是开展文体活动，丰富文化生活。四是组织好节日慰问和食品供应，关心师生生活。

12 月 20 日　在纪念毛泽东诞辰九十周年理论研讨会上发言，主题是：理论的生命力在于同实际相结合。

12 月 23 日　主持召开五讲四美活动委员会会议，研究表彰先进大会的发言时提出，五讲（讲文明、讲礼貌、讲卫生、讲秩序、讲道德）的核心是提倡共产主义思想和道德，四美（心灵美、语言美、行为美、环境美）的重点是做心灵美的有理想、有道德、有文化、有纪律的四有新人。紧扣这两点对材料进行分析比较，去粗取精，用典型事例说明开展五讲四美活动以来形成的新风气。

12 月 30 日　主持召开党群口部分同志会议，就用人问题听取意见。

12 月 31 日　在学校干部大会上宣布中层领导班子调整决定并讲话，核心要求是，既要有革命的政治空气，又要有浓厚的学术空气。

中国共产党淮北煤炭师范学院纪律检查委员会书记（1984. 1—1989. 1）

1984 年　四十九岁

是年提要　1. 搞好大团结。2. 讨论两篇稿子。3. 打好思想政治基础。4. 尖锐的批评。5. 上好第一堂课。6. 做好发展大学生党员工作。7. 看什么，怎么看。8. 高教改革之我见。9. 疏导、疏解、疏通。10. 怎样学习整党文件。

1 月 17 日至 18 日　出席阜阳淮北地区学运史资料征集研究协会成立大会，做会议总结，略谓：一是提高了对学运史资料征集研究重要性、紧迫性的认识。学运史在中国革命史中占有特别重要的地位。它历史悠久，范围广泛，内容丰富，影响广大，在世界各国是罕见的。从五四运动到四五运动，它的发生、发展、特点、规律、影响、作用，都应给予研究和总结。

从青年的现状看，从青年的使命看，从老一代革命者、经历者的实际情况看，做好这项工作都具有紧迫性，对老一代人来讲还具有抢救意义。二是明确了任务，即征集、研究、出版、存史、资政、育人。三是商讨了办法，上下请教，左右求援，党内党外结合，专业业余结合，工青妇学结合，查阅档案文献，访问当事人，统一规划，分工负责等。四是建立了组织。

1 月 24 日　在第三次院务会议上发言，题目是《搞好大团结，开创新局面》。发言针对由于某些想法偏颇，做法不当，引起广大干部老师人心不安，人心思走状况，提出要转变思想观念，转变工作作风，相信广大干部教师，依靠广大干部教师，团结广大干部教师，采取切实措施，稳定教师队伍，把人心凝聚起来，把队伍组织起来，齐心协力，为开创学校工作新局面团结奋斗。

是月　煤炭部党组任命王彦坦为中共淮北煤炭师范学院纪律检查委员会书记（兼）。

2 月 23 日　作为学院落实知识分子政策小组组长，主持召开小组第一次会议。小组成员有：王作韬、李冀平、付亚男、耿维林、刘俗美。会议内容有：学习文件、研究计划；强调做好调查，了解问题；实事求是，解决问题；切实做到落实，不落空。

2 月 29 日　主持召开第三个文明礼貌月活动动员大会，提出：3 月上旬，以治脏为主，重点抓绿化，建设优美的校园环境；中旬，以治乱为主，重点抓食堂、教室管理，建立良好的学习、生活秩序。下旬，以治差为主，重点抓岗位责任制，改善服务态度，提高服务质量。

3 月 3 日　召开党总支书记会议，学习贯彻中央绿化祖国运动十项指示，要求把思想政治工作做到搬砖劳动和绿化校园劳动中去，进行具体的劳动教育、爱校爱国教育。

3月6日　同相关人员讨论两篇思政工作经验稿子：陈万霞的《大目标，小步子——我做思想政治工作的一点体会》。范向前的《开展多种形式的爱党教育，把更多的学生团结在党的旗帜下》。对范稿讲了四句话：讲历史，激发爱党之情；讲传统，坚定向党之志；讲现实、自觉跟党前进；讲未来，誓为理想献身。

3月16日至4月3日　到物理、数学、中文、化学系和机关总支，召开教师和干部座谈会，检查落实知识分子政策工作。

4月5日　在学习整党文件党员轮训班讲话，题目是《认真学习，搞好整党，做合格共产党员》。

4月12日　同中文系党总支谈纪律检查工作。

4月13日　同数学系党总支谈纪律检查工作。

4月16日　主持召开党总支书记暨落实知识分子政策小组会议，通报落实知识分子政策情况，布置毕业生思想政治工作以及人大换届选举工作。

5月3日至6日　出席安徽省高校改革工作座谈会。省委副书记杨海波、副省长王厚宏、教育部高教一司司长黄天祥、上海交通大学党委书记邓旭初到会做报告。中国科学技术大学教授温元凯演讲：我们看到了科技改革的曙光。合肥工业大学米瑞伦演讲：改革的方向、路子和任务。教育厅副厅长朱仇美作总结，副省长王厚宏讲话。

5月14日　向党委学习中心组传达省高校改革座谈会精神，研究贯彻意见。

5月某日　在同政工干部研讨交流思想政治工作时说，学校的根本任务是培养人，思想政治工作必须围绕培养人开展。

如果说，大学是打基础的阶段，那么思想政治就是最重要的基础。这个基础打得好不好，将决定他们以后的发展。怎样对待青年学生的思想问题，需要研究。第一条，不能采取禁锢的手段，把青年放在保险箱里；不能采取压制的手段，不让青年思想。应该采取疏导的方法、民主的方法、平等的、讨论的、摆实事、讲道理的方法解决青年的思想问题。要允许青年说错话、做错事，不要给他们扣帽子，不要压。否则，不利于学生健康成长，甚至造成不好后果，把有独立见解的人推到对立面上去了。第二条，要让青年学生在社会实践中了解、体验、认识世界，改造世界。鼓励青年学生深入实际，从四化建设实践中吸取营养，思考和探索问题。假如我们在这方面改进一下，思政工作的局面可能比现在要好些，对学生成长有好处。第三条，青年学生对马列主义基本理论学习不够，理论水平不高，因而对以理论形态出现的非马克思主义思潮缺乏敏锐的识别力。所以，加强和改进马克思主义理论课教学，提高青年学生的马克思主义理论水平是基础，是基本功，要下功夫抓好基本理论学习，基本功训练，提高辨别是非好坏的能力。

6月5日　陈岩主持，一起同化学系同志研究总结化学系教学改革经验。

6月9日　在总支书记政治辅导员会议上提出，学校改革不光是干部和教师的事，也是学生的事，学生是改革的一支重要力量，要组织引导学生投身到高校改革中来。

6月25日　在党委民主生活会上发言，略谓：在思想政治上和党中央保持一致，具体反映在三个方面：一是教育改革。教育改革的根本目的是多出人才、快出人才、出好人才，为社会主义现代化建设服务；教育改革必须依靠群众，必须调动各方面积极性，在学校尤其要调动教师和学生的积极性。对待改革的态度和行动是积极的，比如帮助化学系总结改革经验，提供交流和推广平台；支持葛旭初教授的物理教学改革，推广他的教改经验。二是落实知识分子政策。经过多次调查，提出二十条意见，人们不相信会落实。我以求真务实的态度解决了问题，人们相信了。三是清查“三种人”。我以严肃认真的态度，弄清了一些人的问题，实事求是地做了结论。有些人的问题发生在原单位，要随原单位清查工作进展进一步查清。有些人的问题查清了，怎么结论，待请示后再定。总之，严格按照中央的政策办好这件工作。在工作作风上遵循并尊重民主集中制原则和集体领导，而对该商量而不商量、该通气而不通气就做决定的工作作风，往往想通过讲道理让人明白，很少直截了当地指出。主要问题是，与班子其他成员交流不够、沟通不够，对班子没能有效克服涣散现象也有一份责任。

7 月 31 日　煤炭部党组任命宋福祯同志为淮北煤炭师范学院党委副书记。

8 月 2 日　学校党政领导班子听取各系各单位讨论学院改革方案意见汇报。意见集中在：学院现在的条件不具备实行院长负责制。一个领导右，放弃领导；一个领导左，独断专行。应加强党委集体领导，实行党委领导下的院长负责制。陈岩主持会议并讲话。他提出，院长负责制是趋势、方向，方案还是报，不变了。思想政治工作怎么改，改革中的思想工作怎么做，要研究个意见。要发扬民主，让人讲话。党政分工有个过程。“我就是一推六二五？你（邱尚周）就是不管三七二十一？别人说话不算数？老王（王彦坦）落实知识分子政策就算数。”大家在会议上讲意见、反映问题是对的，应该持欢迎态度。晚上，陈岩主持党委会议，研究出席中共安徽省第四次代表大会代表问题。王作韬汇报摸底情况，王彦坦、张朝华、裴震得票比较集中。会议决定王彦坦为代表。

8月31日　主持召开党总支书记和政治辅导员会议，布置开学思想政治工作。提出：首先，抓好老生工作，做好报到注册，上好第一堂课，抓好纪律教育，校系负责同志下班听课；结合整顿宿舍，抓好精神文明建设；结合座谈回乡见闻，抓好形势政策教育；上好政治理论第一堂序言课，为政治理论教学打下良好开端。其次，抓好新生入学教育，配备好政治辅导员、班主任；组织好新生接待工作；编好班、分好组、物色好班干部；邀请任课教师看望学生；党、团书记和辅导员自始至终参加入学教育；明确入学教育目的、内容、方法。陈岩、宋福祯出席会议并讲话。

9月6日　陈岩主持召开党委会议，邱尚周传达煤炭部高校负责人会议精神；宋福祯讲煤炭高校思想政治工作调研报告；王彦坦谈干部问题。会上，邱尚周讲煤炭部同意陈岩离休的要求。最后，陈岩就如何贯彻会议精神讲五点意见，关键是加强班子团结。

9月15日　在发展党员工作会议上强调，要充分认识发展知识分子尤其是大学生党员对贯彻党的教育方针，加强思想政治工作，实现党的纲领的重要意义，克服发展党员工作中存在的“左”的影响；坚决贯彻整党决定中关于发展党员工作的指示，不要因为整党而放松和停止发展党员工作；坚持党员标准，保证党员质量，使教学第一线党员知识分子比例和大学生党员比例有较快上升，分布逐渐趋向合理。

9月19日　在全院干部教师大会上讲《怎样看待形势》。讲了几条，第一，看什么？看政治、看经济、看人心。从全局看这三个方面的形势都是大好的。第二，怎么看？历史地看，全面地看，发展地看。这样看就能看出中国共产党有信心、有能力把马克思主义的普遍真理同我国的具体实际结合起来，走自己的道路，建设有中国特色的社会主义。

9 月 25 日　同自费走读毕业生（共 27 人）谈话，内容要点有：一，祖国需要你们。“祖国在召唤”，“人民在召唤”，这是最庄严、最激动人心的口号。听到召唤，能不能站出来，站得快还是站得慢，站在前还是站在后，是有条件地站出来还是无条件地站出来，清楚地表现出人们的觉悟、思想、情操的高低。祖国的事业、人民的利益，要求先进分子站到历史前列，做先行者。你们是跨世纪的人，希望你们做光荣的先行者。二，你们要站出来让祖国挑选，到祖国最需要的地方去。要过好家庭关（父母）、朋友关（恋人或配偶）、亲属关（社会关系），为社会尽责任，为国家做担当。三，发扬共产主义风格，把困难留给自己，把方便让给别人。讲友谊、讲谅解、讲风格、讲团结。选择个人志愿是权利，服从国家需要是义务，是责任。可以选择，提倡服从。

9 月 28 日至 10 月 7 日　参加福州、厦门煤炭教育顾问团高教分团 1984 年年会。10 月 2 日，做大会发言，阐述两个问题，要点是：“一，高教改革的目的，在多出人才、快出人才、出好人才。关键在出好人才，在好，在提高教育质量。而教育质量是教学水平、科研水平、管理水平的综合反映。重管理，是为了促教学、促科研，提高教育质量，出好人才。科研要出成果，更重要的要服务教学，培养人才。二，高教改革的几个关系。观念改革是先导，教学改革是核心，体制改革是关键，师资培养是根本，思想政治工作改革是保证。管理体制改革与教学改革应同步进行。教学改革不能等，也不应滞后。管理体制改革，只重行政管理改革，不重或放慢思想政治管理改革，也不行。思想政治工作是保证，也是先行、先导，也要以三个面向做指导思想进行改革。思想观念落后将阻碍改革。培养师资是根本，是核心中的核心，关键中的关键。一切改革离开教师是要落空的。所以，应采取特殊政策培养、引进和稳定师资。稳定不是不流动，允许合理流动。”

11 月 10 日　听取各党总支书记汇报学生思想动态后说：“同志们做了大量工作，辛苦了。总的看，学生是好的，主流是好的，本质是好的，是可以信赖的。我们要相信学生、信赖学生。学生有思想问题，是正常的，不奇怪。要多做疏导、疏解、疏通工作。生生之间，师生之间多沟通、多交流。思想相通，感情想通，能化解矛盾。要允许学生犯错误、改正错误。我们应该转变一个观念，即思想政治工作要从转变后进学生为主变为抓先进为主，把重心放在发现和培养典型、树立先进上来，以先进促中间、带后进，榜样的力量是无穷的。中间层人多，中间跟上来影响大。要把 1983 级、1984 级中的优秀分子发展入党。要创新思想政治教育方法，用学生喜闻乐见的形式开展思政教育。”

11 月 12 日　在整党骨干培训班结束时发言，回顾收获。一是进一步明确了这次整党的任务、方针、政策和方法；二是粗线条地议了学院在整党中必须解决的重大问题；三是未整先改，边整边改，有针对性地提出了一些解决问题的措施；四是整党和日常工作两不误。

11 月 20 日　邱尚周主持召开党委会议，通报他明天要做整党动员报告，并说宋福祯百分之八十至百分之九十时间抓整党。王彦坦多抓党委日常工作，时间一半对一半。邱尚周多抓党委日常工作，时间一半对一半。裴震、刘淑娟抓行政工作。

11 月 21 日　淮北煤炭师范学院举行整党动员大会，邱尚周做动员报告。

11月26日　在学院整党学习会上讲怎样学习整党文件。要点有：一，学习文件，要明确这次整党的指导思想；二，学习文件，要注重从思想上解决问题，不能把认识问题当作政治问题、立场问题；三，学习文件，要抓住重点；四，学习文件，要理论联系实际，要有明确的目的和要求，要议大事、懂全局、管本行。五，学习文件，要坚持边学边议，边整边改，对发现和提出的问题，抓紧整改，不等不拖；六，学习文件，要强调自觉，注重实效，注意防“左”。靠强制、靠压力、靠惩处，解决不了学习问题。七，学习文件，要有严格的学习纪律，遵守作息时间，按照要求记笔记、写发言提纲，防止走过场。

12月3日至4日　参加蚌埠安徽宣传教育口整党工作会议。会议传达省委关于加强对整党工作领导的决定，即分口设整党指导组和联络员小组。会上，交流各校整党工作进展情况。

12月5日　宋福祯主持党委学习会，王彦坦传达省宣教口整党会议精神，王作韬传达中央书记处关于整党问题的意见。

12月6日　宋福祯、王彦坦、孙明贤给省宣教口驻煤师院联络员周开源、张毓华介绍煤师院整党情况，孙明贤主讲。

12月8日　宋福祯主持召开民主党派、省、市政协委员座谈会，就整党问题听取党外人士意见。王彦坦、孙明贤和联络员出席。

12月10日　宋福祯主持党委学习会，边学边议。王彦坦说：“现在有些党员多少还有疑虑，要做工作，使大家感到没有压力，自觉接受教育，和风细雨地清除‘左’的影响。为找准问题，抓住牛鼻子，除已经安排的几个座谈会，还可以再开几个座谈会，广泛听取意见，再加上谈心活动，就能过细地了解到真实情况，实事求是地解决问题。”

12月13日　宋福祯主持党委学习会，学习中央整党工作指导委员会关于第一期整党的基本情况和第二期整党的部署意见。

12月17日　宋福祯主持党委学习会，议情况、议问题、议工作、议改革。宋福祯强调，真理面前人人平等，纪律面前人人平等，法律面前人人平等。邱尚周、裴震缺席。

12月21日至28日　出席中国共产党安徽省第四次代表大会。

1985年　五十岁

是年提要　1. 认识问题是解决问题的前提。2. 不要使自己出丑。3. 解决紧缺师资办法。4. 端正业务指导思想。5. 责任在我。6. 做新时代的主人和公仆。7. 做工作要有好精神，好作风。8. 班子建设专题民主生活会。

1月3日　听取范向前关于团委、学生会工作汇报时指出，设立学生创新精神奖等活动，对于培养学生的创新精神，成为创新人才具有引导意义。这项活动本身就有创新意义，要把它做好。

1月6日　在党委学习会上，传达中共安徽省第四次代表大会精神。

1月9日　出席党委会议，宋福祯主持会议，讲干部任免程序，强调群众路线，强调集体讨论，强调制度，强调程序。

1月14日　下午，宋福祯、王彦坦、孙明贤听取机关学习整党文件情况汇报。在听取汇报后，王彦坦说：“要解决问题，就要认识问题。认识问题是解决问题的前提。不认为是问题，不承认是问题，当然无法解决问题。这就要通过事实与学习，提高思想，统一认识，促使进步。另外，就是要坚持党内政治生活制度，实行集体领导，不搞个人说了算；发扬党内民主，正确对待不同意见；增强党性，公道正派地对待干部和教师，一切措施都应该着眼于调动广大教师的积极性，让广大教师放心、安心工作。”晚上，宋福祯主持召开党委会议，全体党委委员和省、部三位联络员（周开源缺席）出席会议。邢国海代表联络员通报整党学习阶段情况；研究关于干部管理问题的两个文件。邱、宋先后发言。教育司吕世兴讲话指出，省、部联络员意见完全一致，和我们不谋而合。学院的整党是肯定的，主流是好的。领导一定要高姿态，带好头，提高信心，光讲空话，没有行动是不行的。任命干部一定要有制度，要充分走群众路线，充分听取群众意见，不能由哪个领导说了算，一定要坚持集体讨论，不能个人说了算。煤炭系统没有一个高校实行院长负责制，现在条件不成熟，还是实行党委领导下的院长负责制。党内民主生活要正常化，班子要发挥集体作用，要打团体赛，不打个人赛。教师走得多，有些课开不出，逐步解决。建议中文系在人员流动上暂时冻结一下，到后期再说。

1月26日　召开各系、各单位负责人会议布置春节期间开展尊师活动。提出：（1）宣传尊师的重要意义。（2）各级领导要带头尊师。尊师首先要信任教师，尊师莫过于信任。其次要礼遇教师、依靠教师。其三要改善关系，改善关系的关键在于领导要主动，要平等待人。（3）要做实事。

1月27日　听取党委和行政机关六个支部汇报整党学习后，提出：要肃清“左”的影响，消除派性，增强团结。要掌握好方针、政策和方法。这次整党学习的最大特点是，自我教育、启发自觉、不追不逼、整党不整人。

是月　在全院党员大会上做报告，题目是《马克思主义理论的新发展——学习中共中央关于经济体制改革的决定》。

2月1日　召开政工干部和教务、总务、财务及学生科干部会议，谈如何做学生思想政治工作。提出，首先要明确思想政治工作的根本任务，是为四化建设培养人才，从过去以阶级斗争为纲，为阶级斗争服务，转到以教学为中心，服务于培养人才上来。学生的社会主义觉悟主要应体现在奋发学习、立志成才上面。必须坚决克服政治和业务两张皮现象。思想政治教育不但党团要管，政工干部都要管，校长和各有关方面都要管。齐抓共管，综合培养，把思想政治教育贯穿到学校教育全过程，开创思想政治工作新局面。其次，要关心学生生活。这是做好学生思想政治工作的重要环节。关心群众生活是党的优良传统。广大群众之所以对改革衷心拥护，就是因为改革给人们带来了看得见的实惠，而我们过去把社会主义同物质利益对立起来了。其实，物质利益是马克思主义历史唯物主义的一个基本观点。马克思曾说，思想一旦离开了物质利益就一定会使自己出丑。不关心学生生活，我们的思想工作就会脱离实际，给人以不食人间烟火的形象。我们要了解学生的生活状况、个人需求，对生活的理解。要同学生谈生活、谈友谊、谈事业。什么是好学生，怎样对待大学生谈恋爱，禁止谈恋爱能禁止住吗？合适吗？不如换个说法，变禁止谈恋爱为不提倡谈恋爱。其三，思想政治工作要结合教育教学改革实际进行。学生对教改很关心，希望采取几个大的动作，轰轰烈烈干一番，对教育改革的艰巨性、复杂性不了解，要求过急，情绪偏激，赶教师下台。而教师怕折腾、畏难、有顾虑、不敢改，慢慢来。学生一头急，教师一头慢，需要两头做工作。今天同大家交流意见，主旨是，齐抓共管，做好学生思想政治工作。

2月28日　在学校政工干部会议上讲加强和改进思想政治工作。强调五个问题：（一）坚决贯彻新时期党的思想政治工作的指导方针。（二）认真读书，掌握马克思主义理论武器，讲好马克思主义理论课、共产主义思想品德课。（三）深入群众、关心群众、为群众服务，把思想教育和行政管理结合起来，把思想教育和解决实际问题结合起来（思想总是同实际联系在一起），把思想教育和落实政策结合起来。（四）改进方法注重实效，用师生喜闻乐见的形式进行思想教育。（五）总结经验，探索规律，创造具有自己特色的思想政治工作新局面。

3月19日　宋福祯主持汇报会，听取政教系整党学习阶段情况和今后工作打算汇报。听完汇报，王彦坦说："政教系抓整党，促教改，从教学内容、教学方法、考核方法到备课都有新进展、新探索、新试验，业务指导思想端正、明确。办学，师资是关键，要抓紧抓好师资培养和引进，紧缺师资引不进，分不来怎么办？可从本校二年级相关专业学生中选拔几个，送到北京、上海名校跟班借读二至三年，学的是名校的专业水平，回来后择优留校当教师。此后选送三名学生到复旦大学，三名学生到中国人民大学，两名学生到杭州大学，学成回来任教。育人是根本任务，任何时候、任何情况下，都要抓好学生工作，培养出好的人才。我们的办学理想，简单地说，就六个字：出名师，育英才。"

3月25日　出席安徽高校党委书记会议。会议传达中央整党工作指导委员会第二次会议精神及省宣教口整党指导组关于贯彻中指委二次会议精神的意见。会上，两所先走一步的学校（合肥工业大学、安徽医科大学）介绍情况，省委常委、宣传部长华小梅到会讲话。

3月27日　宋福祯主持召开党委会，提出要讨论六个方面的问题，即纠正新的不正之风，增强党性，加强纪律；端正办学指导思想；肃清“左”的影响，落实知识分子政策；发扬民主，改进领导作风；立足改革，加强管理；克服软弱涣散，加强思想政治工作。周开源代表省部联络员发言。辛镜敏副司长到会讲话。

3月28日　宋福祯主持召开党委会，王彦坦传达省宣教口整党指导组召开的大学党委书记会议精神，并说：“党委集体的对照检查，应立足于解决问题，总结经验，搞好团结，和衷共济，办好学校。”

4月3日　宋福祯主持党委对照检查学习会，讨论业务指导思想。党委全体委员和整党联络员邢国海出席。在学习会上，王彦坦发言说：“我们的业务指导思想有没有问题，我认为有问题，主要是，在思想路线上，主观与客观相脱离；在工作作风上，相信自己胜过相信群众。在对待教师上，轻视胜过尊重，怀疑胜过信任；在对待教学改革上，一些试验、探索、实干没有给予满腔热情地鼓励和支持。业务指导思想上的一些问题，要想得到端正，必须从肃清‘左’倾错误影响入手，坚持一切从实际出发，理论联系实际、实事求是的思想路线，切实‘议大事，懂全局，管本行’而不是相反。”

4月10日　上午，宋福祯主持党委学习会，开展对照检查。关于落实知识分子政策，王彦坦发言说：“最重要的就是尊重知识，尊重人才。对知识分子，在学校主要是对教师要信任，要尊重，要依靠，最大化地发挥教师的作用。应从实际出发，历史地、全面地看待教师、看待干部，立足现实，统筹规则，着眼于培养，不能简单地以学历划线，停止一批教师上课，这个工作，我们没有做好，伤了不少人的感情，挫伤了很多人的积极性，逼走了一批教师。我深感不安。无论如何，一定要抓好落实知识分子政策的工作。”下午，在党团总支书记联席会议上，王彦坦说：“思想工作不能停留在只说不做上，要联系实际做思想工作。把思想工作和管理工作结合起来（理想和纪律），把思想工作和解决实际问题结合起来（落实政策，搞好服务，解决师生学习、工作、生活中的问题），把思想工作和改革工作结合起来（做改革中的思想工作，改革思想工作）。总之，思想工作要虚实结合，渗透到业务工作中去。”

4月11日　在听取中文系调整班子情况汇报时说：“要树立依靠多数，团结少数的观念，这同我们过去常说的团结多数，争取少数有所不同。我们应该相信多数、依靠多数，把少数也团结起来，就能把事情办好。”

4月18日　召开团总支书记和政治辅导员会议并讲话，内容有：一，4月17日，校园出现几张大字报，大家做了许多工作，很辛苦，很费心，向大家表示感谢。二，出现几张大字报，许多同志感到思想上有压力，觉得不光彩。请同志们尽快消除这种精神压力。这恰恰表明你们的责任心。出这种问题，首先我要负责。我是分管这方面工作的。思想工作没有做好，民主和法治教育工作没有做好，实际工作没有做好，我有责任。三，学生的动向怎么样，会不会再出乱子？从第一张大字报的出现看，作者写好后，曾给其他同学打招呼，想争取支持。第二张大字报（呼吁书）贴出后，又贴出第三张改革倡议书，像是有准备、有步骤的。后边响应的大字报则是临时的。看来不稳定的思想是存在的。要引起我们的警惕和重视。四，对大字报我们应该抱什么态度？第一，同学们对学校管理、教学、生活服务工作提出一些意见、建议和批评，有些是合理的、积极的，我们要爱护同学关心学校、要求改革的热情，发挥同学的积极性。今后，我们将创造条件，通过正常途径，欢迎同学们对学校工作提出建议和批评。属于思想方面的，就加强和改进思想政治工作；属于实际方面的，就加强管理，转变作风，克服工作中的缺点和弊端，能解决的尽快解决，暂时不能解决的创造条件解决，一时难于解决的讲明情况、讲明原因、讲明打算，让同学看到希望。但是，政教系同学不愿意搬宿舍的一些理由是不能成立的。我们不是封建，是对同学的爱护。男女分开住，在全国高校是通例。过去住一栋宿舍是不得已而为之，现在住宿条件改善了，分开住是很自然的事，是好事，说明办学条件在改善，学校在发展，应该高兴。从方便男女生活考虑，从女士优先的常理考虑，让女生住七层楼，男生搬出七层楼都是应该的。第二，用大字报的形式、方法表达意见和要求，是不可取的。我国宪法已经取消“四大”（大鸣、大放、大字报、大辩论）。对“四大”尤其是对大字报的危害性、所造成的恶果，大家都有切身体会。我们学校解决水、电、气、暖，改善住宿条件，改善伙食，改善图书资料，改善教学条件，都是着眼于服务师生，量力而行，尽力而为，逐步解决的。安徽的高校有哪一家为师生供暖？只有煤师院。我们的国家还穷，财力有限，企图在一个早上解决办学问题是不现实的。有些问题合理还要合情，还要合法。不能说凡是合理的都得解决，还得看条件，何况理还有大道理管小道理之理。火葬场、采石场问题的解决，我们的急切心情一点也不比同学们差。但是，这牵涉到资金，牵涉到农民的利益，解决得有个过程。教学改革更是一个复杂的问题，需要作长期努力，靠几张大字报是不能解决的。总之，影响正常的学习、工作和生活。但是，我们不责怪同学，不追究责任。我们讲这些，完全是出于对同学的爱护，对同学的负责，希望同学们健康成才。今天把话讲清楚，以后不要再贴大字报了，再贴就是明知故犯，搞乱了学校是要负责任的，是要追究的。

4月18日　下午4时，向全校学生班长、团支部书记讲对大字报的看法和态度，听者情绪很好。讲了一个半小时。

4月20日　成立学院思想工作协调组，王彦坦负责，李冀平（党委宣传部副部长）牵头，范向前（院团委书记）、吕绳振（德育教研室主任）、马建（政教系党总支副书记）、谢云光（院长办公室副主任）为成员。

4月22日　上午，思想工作协调组举行碰头会。王彦坦说："贴大字报的动因，客观上是管理不到位，存在一些缺点和弊端；主观上要具体人具体分析，有的要求改革；有的是个人主义，想出出风头；有的情绪偏激，想放放气；有的随大流，别人干，我也干等。总的看，是偶发性，不具普遍性，目前不会再闹。但偶发性因素存在，我们不能掉以轻心。下一步，我们要在干部中统一思想，统一认识，对学生做疏导工作，过细地做个别人的工作，平等地对待学生；要克服工作中的缺点和弊端，解决实际问题，改善服务；要把生活、教学当作最重要的政治工作来做，办好伙食，管好澡堂、礼堂，改革教学思想、教学内容和教学方法，提高教学质量；思想政治工作，从内容到方法都要转变，靠政工干部做，又要发动广大教师来做，要重视教师对学生的影响，调动教师教书育人的积极性。"

4月24日　宋福祯主持党委会议，讨论党委集体对照检查。党委委员全体出席会议。

5月7日至29日　召开九次有不同人员参加的会议，征求对党委对照检查稿子的意见。

6月3日　举行全校党员大会，宋福祯做普遍进行对照检查动员报告并做个人对照检查。

6月5日　王彦坦在党委机关总支委员及党团总支书记、政治辅导员会议上做个人对照检查。

6月9日　在煤师院第四次学代会上讲演《做新时代的主人和公仆》，载《淮北煤炭师范学院报》1985年6月20日。

6月17日至23日　与裴震一起出席省委在合肥召开的大学整党工作会议。在22日讨论会上，王彦坦发言，汇报交流煤师院整党情况，包括学习、检查、整改、改革几个方面的情况。

6月25日至28日　出席省委扩大会议。推选出席全国党的代表会议的代表；传达学习胡耀邦“5·21”讲话和全国教育工作会议精神。省长王郁昭到会讲话。

7月3日　主持召开纪检委会议，讨论院行政负责人不按程序提拔科级干部问题的处理意见。

7月18日　党委举行全校党员大会，王彦坦做《抓好整党，促进改革》的报告，强调抓好整党，一要抓好学习《中共中央关于整党的决定》，提高认识，明确这次整党的任务、步骤、方法；二要抓好联系实际，开展批评和自我批评，分清是非，纠正错误，纯洁组织；三要抓好围绕学校中心任务，中心工作，整顿思想、作风、纪律、组织，加强党对学校的领导，保证改革顺利进行。

8月22日　召开党委机关部门负责人会议，交流加强党的建设、干部队伍建设和思想政治工作。提出改进工作作风和方法的三点意见：(一) 加强调查研究工作，了解新形势下的新问题、新愿望、新要求，实事求是地回答和解决或提出对实际工作的意见和建议。（二）多干实事，不搞形式。群众不光看你怎么说，更看你怎么做。坐而议，不如起而行。行胜于言。一步实际行动胜过一打纲领。（三）加强检查督促。布置工作以后，下面落实得怎么样，有什么问题和困难，光听汇报不够，要下去看，下去查，下去本身就是一种督促。

8 月 26 日　在党校学生班第一期开学典礼上讲演《中国共产党是领导我们事业的核心力量》。

8 月 28 日　在政工干部会议上，讲学习与工作问题。指出：在大学工作，天天和知识分子打交道。和知识分子打交道，就要有知识、有办法。学习是获得知识、能力和方法的基本途径。学习要向书本学习、向实践学习、向他人学习、向自己学习，特别是向自己的经验教训学习。学习的目的是为了工作、为了应用。为工作而学习，为应用而学习。比如，我们学习关于教育管理体制改革的决定，目的就在于通过学习，提高本领，搞好岗位工作，做好办学工作，多出人才，出好人才。中国搞社会主义现代化建设，走出一条建设中国式社会主义的路子，基础在教育，关键在人才。这种人才就是有理想、有道德、有文化、有纪律的人才。我们的工作都是为培养人才服务的。做好我们的工作，应树立四种好精神：一是学习精神。学习书本知识，学习实践知识，包括向生活学习，向工作学习，向实际学习，向自己的失误、失败学习。向失败学习尤为可贵。自己纠正自己的错误不仅不丢面子，还能获得别人谅解和拥护，使工作出现新局面。二是务实精神。务什么实，务当代大学生之实，务现在教师之实。我们工作的主要对象是学生和教师。学生的实际是什么，教师的实际是什么，要想解决他们生活、学习和工作中的思想和实际问题，就要深入下去了解、分析、研究，同他们谈心、交流、沟通；就要唯真、唯实，在求真务实上下功夫，让工作经得住时间的检验。三是献身精神。我们是工作挑来的人，做政工是服从组织选择，在岗一天，就要奉献一天。如果需要就奉献终身。我们为组织做奉献，组织也为同志们考虑。比如政治辅导员的发展方向、职称、待遇、进修等，党委都在考虑。四是开拓精神。我们的学生工作、团的工作是有特色、有创新的，是受到学生欢迎的。希望大家继续开动脑筋，开拓创新，生动活泼地开展工作。

9 月 14 日　上午，向安徽教育体制改革调查组汇报思想政治工作。提纲是：一，进一步端正思想政治工作指导思想，讲转轨变型和树立新观念；二，基本内容，主要开展理想、道德、纪律、文化教育；三，基本做法，分层教育、自我教育、管理教育、理论教育、时政教育；四，基本建设，有组织建设、思想建设、作风建设、业务建设；五，今后设想，主题是开展四有教育，培养四有新人；重点抓理论教育、实践教育。

9 月 16 日　主持召开全校党员大会，宋福祯做关于整党组织处理和党员登记工作报告。

9 月 17 日　主持召开各系各单位党政负责人会议，讲三件事：一，评选劳动模范；二，抓好食堂；三，抓好学生早操。食堂和早操都关系到学生健康成长，一定要认识这两项工作的意义，务必抓好，抓出成效。

9 月 18 日　主持召开落实知识分子政策工作会议，王作韬报告落实政策摸底情况。王彦坦指出："摸底工作做得细，什么人，什么问题，都一清二楚，这是解决问题的前提。摸出的问题不少，共有十七类问题，涉及一百五十七人，有历史遗留问题，有现实问题，有家庭生活问题，有政治生活问题。总之，问题很多，但并不十分复杂。如要求农转非者二十三人，要求调动者十五人，入党问题者十五人，两地分居者十一人。

既然提出了问题，就要分别落实，做出回答。什么问题，由哪个单位、哪个人负责解决，要开出单子，排出时间，一个人一个人地去做，一个人一个人地去回答，能不能解决，解决到什么程度，要做到个人清楚，组织清楚，个人与组织都满意。分别落实的任务由作韬派单子，有关单位去办。”

10 月 21 日　上午，煤炭部教育司图书馆工作互查组反馈互查意见。王彦坦到会听取意见并表示，同志们的意见很好、很专业、很重要，对我们是一个促进和推动。我们要认真研究专家们的意见，认真进行整改，认真办好图书馆。图书馆是一所自修大学，百科知识宝库。人们把图书馆、大师、实验室称为大学三宝，是很有道理的。

10 月 22 日　煤炭部教育司整党巡视员冯振禄（教育司原处长、司局级待遇）、刘亮（山西矿院党委副书记）、翟悦田（黑龙江矿院原副院长）进驻煤师院。向他们汇报整党基本情况、主要收获、存在问题，详谈有待解决的问题。

11 月 1 日　宋福祯、邱尚周分别从徐州、宿州乘火车赴北京，接受煤炭部领导约谈。

11 月 2 日　主持召开党总支书记会议，布置整党检查总结和巩固发展整党成果工作，强调要按照实事求是的思想路线办事，不实事求是就谈不上党性，至少是党性不纯。不反映实际情况，不从实际出发，移花接木，指鹿为马，于己、于人、于家、于国都不好；分析学校形势要摆事实，讲道理；要认真聆听他人的话，细细思考，而不是立即给出标准答案。对不同意见，要理解，不要责怪，要以德服人，不压不捧。认真改进工作作风，要五到：到教师家去，到学生宿舍去，到课堂里去，到操场上去，到食堂里去，从实际出发，切实抓好教学、生活等工作。

11月6日至16日　先后到物理、数学、中文、化学、政教系调研学生思想工作。

11月9日　在党员干部会议上作《加强和改进学生思想政治工作》讲话，提纲是：（一）认真学习、宣传、贯彻党的全国代表会议精神；（二）加强社会主义民主与法制教育；（三）深入开展“四有”教育；（四）组织好“一二·九”运动五十周年纪念活动；（五）努力抓好教学和生活工作；（六）加强党团建设，发挥党团组织的作用；（七）做好以上工作，要有一个好的工作作风，即实事求是的科学态度和以身作则的模范行为。

11月16日　主持召开党委会议，议题是，部管干部工资改革问题；青年教师培养问题。决议，基本同意工改小组意见。处以上干部加1%是个大政策，请示后再定。邱尚周的级别问题，尊重历史。同意教务处培养青年教师的意见。宋福祯、邱尚周赴京缺席。

11月22日至23日　陪同省委顾问委员会委员陈庆泉等召开教师座谈会、学生座谈会，调研知识分子和学生思想状况。

11月27日　主持党委学习会，传达学习叶青副部长在煤炭教育工作会议上的讲话和煤炭“七五”教育发展规划，并议陈岩工改问题，决定向省、部请示。宋福祯、邱尚周赴京缺席。

11月29日　主持党委扩大会议，研究做好近期学生工作。宋福祯、邱尚周赴京缺席。

12月5日　召开学院中层干部会议，传达学习煤炭部教育工作会议文件。

12月9日至12日　出席北京全国煤炭系统干部工作

会议。

12 月 16 日　宋福祯主持党委会，研究思想政治工作。王彦坦指出：“学生中有各种认识问题、思想问题，而根本问题是理想信念问题，要立足现实、着眼治本，持之以恒地开展生动活泼的理想信念教育。”

12 月 20 日　宋福祯主持召开党委会议，讨论班子建设问题，党委委员全体出席。刘淑娟、张冀凯、张俊卿、张毓华、冯振禄、刘亮、翟悦田列席。冯振禄首先讲话，说明巡视组进驻煤师院的缘由、责任、使命和希望。邱尚周、宋福祯先后报告叶青副部长约见谈话内容。宋福祯并对一些问题讲了看法和认识。

12 月 21 日　出席党委会议，讨论班子建设问题，宋福祯主持，邱尚周发言。

12 月 22 日　出席党委会，讨论班子建设问题，宋福祯主持，孙明贤、裴震先后发言。

12 月 23 日　出席党委会，讨论班子建设问题，宋福祯主持，王彦坦、周谋文先后发言。王彦坦说：“我很赞成叶青副部长的意见，学院的主要问题是班子问题，核心是领导人之间的关系问题。班子问题的产生是由于对一些重大问题思想不统一引起，班子问题的解决，要从对一些重大问题统一思想开始。”

一、关于学校工作的评估问题。成绩有目共睹。学校从无到有，从小到大，一步步发展，谁要否定学校进步、学校成绩，全校师生恐怕都不会同意。因为这是党的事业、人民的事业，是在党的领导下，上下左右支持，全校师生员工共同奋斗取得的。我们的前几任领导对学校的发展做出了重要贡献。他们是在比我们不知困难多少倍的情况下创建这所学校的。我们是在前任打下的基础上前进的，我们不能割断历史，也不能否定历史。把过去说得一塌糊涂不符合历史事实，把现在说得一塌糊涂也不符合现实。评估学校工作要恰如其分，成绩要充分肯定，问题要充分说透。说透问题不等于否定成绩，而是为了总结经验，更好地前进。这里有一个如何看待集体与个人的问题。我始终认为，我个人是微不足道的，一个普通教师，受到党的重托，得到群众信任，走上这个工作岗位，我深深知道肩上担子的分量。我是抱着学习的态度、实践的态度、对党的事业负责的态度兢兢业业工作的。我一直认为，院长有他的长处，我有我的短处，如能取长补短，齐心协力，做好工作还是有信心的。工作是大家做的，成绩属于大家。我们要相信依靠广大干部和教师。个人是大家庭中的一员，一旦离开集体、离开组织，甚至藐视群众，抛开组织，就很难成就大事业。我们应该正确看待集体和个人的作用，摆正个人与群众与组织的关系。

二、关于整党的评估问题。这个问题的最终评价应该在检查总结阶段进行认真的讨论分析，采取自下而上、自上而下、上下结合方法进行评判总结。这一步现在还没有走。我个人认为，总括说来，整党工作主流是好的，发展是健康的。党委集体对一些重要问题统一了思想。党委集体的对照检查几上几下，获得一致通过，没有人提出异议，也没有人保留意见。事后有人有不同想法，所以还要交换意见，统一认识。

一是组织领导问题。整党开始，学校成立了整党指导组，成立了联络员小组。后来省里的同志打招呼，省内高校成立联络员小组的大概就你们一家，你们考虑有无必要？后来联络组同志就转到核查“三种人”工作，联络组就自行不工作了。学校成立整党指导组可能也就我们一家。根据整党决定，整党由本单位党组织领导进行。对情况复杂、问题严重而领导班子又不能担负起整党任务的单位，必须由上级党组织派工作组去帮助，工作组的任务是整顿好领导班子，然后再由整顿后的领导班子领导整党。根据这个精神，成立整党指导组意味着什么，同党委是个什么关系。事实上已经出现问题，整党动员不是由主持党委工作的副书记宋福祯做报告，而是党委委员院长做报告。宋福祯不在学校时，院长通知召开并主持党委会议，而副书记王彦坦被通知参加会议。这个关系正常吗？我们都是党员，应该按照党的规矩活动。回顾这个问题我认为是有益的。

二是集体对照检查问题。集体对照检查报告稿子出来后，在党内外召开多次座谈会听取意见，党委讨论多次，修改了几稿，一致通过。对成绩的肯定是论断式的，没有展开，主要的方面都提到了。成绩是集体的，不能说这一条成绩是你的，那一条成绩是他的。问题写得比较充分，每条有根有据。群众可能会说，这一条指谁，那一条指谁，我们不应这样看。正如叶青副部长所说，这是一级组织的认识。

三是中文系班子问题。议论比较久了，从 1984 年春天就讲，一直统一不了思想。系主任吴孟复先生年龄到了，已经六十六岁，身体不好，勉为其难地操办行政工作。副主任裘荣棠生肝病，一段时间不能工作，一再提出不愿意担任行政工作，想专心教学。党委同意了他的要求。副主任殷呈祥多次找我谈，有口头的，有书面的，一要调走，二不愿搞行政工作。这两个要求整党前就提出来了。中文系三位行政负责人就这个状况，很难正常开展工作，一段时间就是总支书记宋涛支撑着。如果再不解决中文系班子问题，工作就更要受影响。经过反复酝酿，并请示煤炭部教育司决定采用群众推荐、组织考察、党委讨论决定的办法调整中文系班子。并决定，吴老调古籍研究室任主任，殷呈祥任古籍研究室副主任。这之后，才开始推选中文系班子。解决中文系班子问题，我认为体现了两条：一条是执行党的干部政策；一条是改革试验。从根本上说是成功的，对头的。正如叶青副部长所说，“第一线干部实现四化是正常的”，“不存在什么体面下台的问题”。我们要诚心诚意帮助和支持中文系新班子，好好帮助这个新班子工作。处理中文系问题，不能掺杂个人感情，不能为别的什么情绪所左右，我们只能按照党的政策处理。吴老是学校的宝贵财富，我们要一如既往地尊重他，支持他，扬其所长，让他在学术上继续做出卓越贡献。

四是八名干部问题。提八名科长主要是不符合党委关于干部管理规定。当时，我同裴震副院长在合肥开会，回校后一了解，我主张由行政予以纠正。我的这个意见和主张，是基于这样一个思想：整党以来，有不少同志对院长能不能改正他的缺点没有信心。制定处科级干部管理规定时有些同志就说，没有用，他不会听你那一套。现在不幸而言中，怎么办？党委集体通过的决定，党委成员应带头遵守，既然不符合规定，就应当纠正，这是一。第二，为了提高人们对搞好整党的信心，巩固和发展整党成果，也应当纠正。这就是我当时的想法。党委的意见也是这样。为了慎重起见，党委向教育司做了汇报，教育司同意党委的意见，所以就通报了这个意见。我记得当时就明确地讲，八位同志没有任何责任和过错，都是好同志，为了维护制度的严肃性、权威性应予纠正，这不影响八位同志今后的任用，并对这八位同志思想负担表示理解。不料拖到现在仍未解决。怎么办？根据叶青副部长谈话精神，我建议，六月份的提干决定缺乏考核材料，不符合处科级干部管理规定，不能生效；鉴于目前考核材料已经齐备，经院长办公会议研究决定，从该日起任命八位同志为正科级干部。

三、关于改革和整顿问题。改革和整顿都必须进行，这一点党委同志思想上是明确的。我认为，党委同志之间不存在改革与反对改革、整顿与反对整顿之争。大家知道一个事实，化学系的改革是党委提倡、支持和总结的；数学系陈建华的教学改革是党委支持的、经验是党委推荐的；政教系马建的教学改革是党委支持和帮助总结的；学生食堂改革是党委支持和帮助总结的；加上前面讲的中文系问题，八名干部问题，以及党委推动出台的一些规章制度，都说明党委是改革和整顿的坚定行动者，而不是光说不做的空头政治家。这里有一个如何看待改革中不同意见的问题。改革是新事物，是一项复杂工程，大家都在探索。在探索过程中出现不同意见是正常的，谁都不应该把不同意见说成是反对改革和整顿。一种改革意见，一项改革举措，除了要进行科学论证外，还要靠实践检验，走一步看一步，哪些是对的要坚持，哪些是不对的要纠正，这才是对待改革的应有态度。

四、关于搞好团结的问题。勿忘团结奋斗，致力振兴中华，应该成为我们的座右铭。团结就是力量。团结起来才能把学校办好，才能再展宏图。我从参加党委工作到现在，没有要把谁搞倒、搞臭的想法和行为。但我确实为了不能协调、融洽地开展工作而伤脑筋。对一些问题和做法，如禁止工农兵学员出身的教师上课，不同意从近处调入教师，在大会上公开训斥大批干部，动不动就要查这个人查那个人，而自己不守党规，自行其是，凡此等等，我发表过自己的意见，表示过良好的意愿。但总感到不顺，感到费周折，感到没有用。事到如今，我们应该按照叶青副部长谈话精神，认真解决班子团结问题。那么怎样解决班子团结问题呢？

第一，要坚持民主集中制原则。坚持这个原则，有两种倾向要反对，一要反对官僚主义和家长制作风。因为，它妨碍党内民主的发扬，压制党内积极性、创造性的发挥。二要反对自由主义，反对制造小道消息、传播小道消息。我讨厌这种东西，也不相信这些东西。因此也就常常听之任之，不在意、不重视，这是党性不强的一种表现。家长制和民主对立，自由主义和集中对立，两者是破坏民主集中制的利器，我们必须在决策和实行过程中切实避免、坚决反对这两种倾向。

第二，要正确地开展批评和自我批评。首先各自多做自我批评，这样容易缓和情绪。有了好的情绪，再坐下来谈心，开展批评，就容易接受。这是叶青副部长约二位谈话给我的启示。这几次党委会体现了这种精神。如果还像过去那样，你脾气大，我比你还大，连上北京接受部领导约谈都不能坐一趟车，那怎么行？思想问题、认识问题不能操之过急。等待也是一种工作方法。过去对这些经验体会不深，一时达不到目的就着急，甚至放弃努力。有时宁可忍辱负重，委曲求全，也不说、不提、不批评了。

第三，要统一思想，理顺关系。在学校的大事和全局上要统一思想，在党政关系上要理顺。我们必须承认，党政关系是不顺的。只有承认不顺，才有理顺之说。怎样统一思想，理顺关系？能做到以下几句话就可以了，即在具体工作上分，在指导思想上合；在工作职能上分，在工作目标上合；在工作职责上分，在工作关系上合；在小事情上分，在大事情上合。

第四，要加强纪律，增强党性观念。很重要的一点就是摆正个人与组织的关系，按党章要求，做到四个服从。

第五，建立好的制度。制度带有根本性，对搞好团结很重要。用制度管人管干部尤其重要。制度一要立好，二要执行好。如果我们切实做到用制度管人，书记、院长也不例外，我们这个集体就坚强、就有力量了。

12 月 24 日　党委继续开会，讨论对八名科级干部任命问题的认识，统一思想，做好工作。下午，宋福祯主持召开党总支书记、党员系主任会议，通报八名科级干部任命问题。一是坚持原则；二是妥善处理；三是 1985 年 12 月 23 日任命。这是一个怎么处理都会有问题的事。目前的解决办法是大局为重，比较妥善的。今后应引以为训，健全干部管理规定，按规定办事。晚上，党委继续开会，宋福祯通报下午党总支书记和党员系主任会议情况。巡视员刘亮、翟悦田、冯振禄先后发言，联络员张毓华发言，谈各自的看法和意见。宋福祯代表党委表态。

12 月 25 日　宋福祯、邱尚周、王彦坦与冯振禄、刘亮、翟悦田、张毓华、韩福海一起研究党委会议情况通报。

12 月 27 日　出席党总支书记会议，宋福祯主持并传达、学习部党组、叶青副部长关于煤师院工作的谈话。王彦坦说："要充分认识和领会叶青副部长谈话精神，用谈话精神统一对问题的认识；要引导好学习、讨论和贯彻，不要受这样那样情绪影响，用政策，用叶青副部长谈话引导群众理性地看待工作的问题；要坚持原则，坚持团结，工作为重，事业为重，大局为重。"

1986 年　五十一岁

是年提要　1. 教学应讲四句话。2. 研究团的理论很可贵。3. 当好学生领袖。4. 因修养而文明。5. 教师是根本，学风是关键。6. 办学要名师、严师、良师。7. 正视办学的制约因素。

8. 思政教育的骨干和主力。9. 教师直接决定教育成败。10. 勤于言、贵于行、重于用。

1月4日　召开全校干部教师会议，宋福祯传达叶青副部长关于学院工作的讲话，通报党委学习情况。

1月6日　宋福祯主持召开党委会议，讨论关于延期召开党代会的报告、关于成立统战部的报告、关于学校班子问题的报告以及关于贯彻落实中办57号文件的问题。全体党委委员出席。

1月10日至15日　出席北京全国煤炭系统纪检工作会议，并在10日下午大学组讨论时发言。简言之，党风问题实际是党群关系问题，关系到党的存亡、事业的成败。抓好学校党风建设，必须同广大师生员工保持密切联系，一刻也不脱离广大师生员工，一切从广大师生员工的利益出发，而不是从个人或小集群的利益出发；必须相信广大师生员工，依靠广大师生员工，尊重广大师生员工的需要和劳动，而不是只相信自己，相信少数；必须牢记党的全心全意为人民服务的宗旨，增强使命感、责任感，走下去，听意见，察实情，办实事，搞宣传，用自己以身作则的模范行动，带动党风建设。

1月22日　宋福祯主持召开党总支书记会议，布置讨论党委整党工作总结。王彦坦在会上强调，党员要做端正党风的表率，要做端正社会风气的表率。大学应该做时代精神的先锋，引领社会风尚。

1月25日　主持全校党员大会。宋福祯代表党委做学校整党工作总结报告，邱尚周讲话。各民主党派成员、党外高级知识分子、党外中层以上干部列席。学校整党工作结束。

2月5日　宋福祯主持党委会议，决定：韩福海兼任组织部副部长，待党办人员配齐免去党办副主任，专职组织部副部长。接着，开党委民主生活会。王彦坦发言的主要内容有：（一）学校党风有明显好转，实事求是的思想路线比整党前好，党内生活比过去正常，党员教育抓得比较紧，思想政治素质有提高，党委非常重视防止和纠正不正之风，整顿思想作风和工作作风。存在的主要问题是，政治上的自由主义和思想上的个人主义比较严重，努力学习马克思主义和管理知识不够。（二）个人方面，思想上政治上能同中央保持高度一致，但将中央的路线、方针、政策与本校实际结合上研究不够，探索不够，创新精神不够；工作中相信"其身正，不令而行；其身不正，虽令不行"所蕴含的真理，不滥用职权，不以权谋私，不搞特殊化，但为群众服务、为培养人才服务、为基层服务，到教师家中走访、谈心、请教、问计、解难做得不够；注意发扬民主，倾听不同意见，但有的不能适时地尽力地促成集中；能以事业为重，大局为重，维护党委一班人团结，在党的会议上能把问题摆到桌面上讨论，但有时换位思考不够；为改革和加强思想政治工作做了不少努力，收到明显效果。充分发扬思想政治工作优势，仍须做不懈努力。

2月26日　举行全院党员和科级以上非党员干部大会。邱尚周传达邓小平等中央领导同志讲话，宋福祯传达中央关于严格按照党的原则选拔任用干部的通知，王彦坦主持大会并传达中央纪委驻国家教委纪检组印发的《教育纪检工作调研会纪要》。王彦坦说："中央指出，纠正不正之风，一要坚决，二要持久，号召全党发扬愚公精神，不达目的决不休止。我们要以实际行动响应中央号召，从自身做起、从实际出发，不说空话，多务实事。党风，说到底是党和群众的关系问题，是干部问题。我们每个党员，特别是党员干部，要用实际行动写好'做表率'这篇文章，在全校形成顾大局、讲团结、重实效、比贡献的新风气。”

2月28日 宋福祯主持召开总支书记会议，着重研究如何把工作搞上去，做出成绩。王彦坦讲开学新形势；讲抓三风(党风、学风、校风)；讲发扬工作主动性、创造性，抓动态，抓苗头，访师问计，排忧解难；讲转变作风，向上攀登，追求卓越；走群众路线，向下深入，到教师中去，到学生中去，到课堂中去，到科室中去，脚踏实地抓管理改革，教学改革，把工作做好，把学生培养好，为煤炭基础教育、为国家建设输送好人才。

3月8日 在“三八”节妇女座谈会上讲话强调高师教学思想应讲四句话，即传授知识，培养能力，陶冶情操，强健体魄。

3月12日 出席校团委首届共青团理论工作研讨会开幕式并讲话。略谓：团的工作者重视理论和理论研究很可贵。理论意识和理论水平的提高预示团的工作将要提高到一个新的高度。做团的工作一方面要自觉地以马列主义理论为指导，另一方面又要自觉地在实践中进行理论思考、理论总结、理论概括，成为一名具有理论武装的实践家和具有实践经验的理论家，挑起带领青年前进的历史重任。马克思主义理论的生命力在于理论联系实际，同实际密切结合，解决实践中提出的问题。一个新的理论总结和概括总是实践经验的结果，总是实践赋予理论以活力。刚才范向前说，你们的课题由实践中来，再回到实践中去。这符合马克思主义的认识论，体现了理论工作的根本方向。我祝贺你们，同时也欢迎并感谢团省委徐立全书记、煤师院首任院长、前党委书记陈岩同志光临会议指导。

3月28日至31日 出席合肥全省高校思想政治工作座谈会。交流和探索怎样围绕改革开展思想政治工作。座谈会上，王彦坦发言，着重讲围绕抓党风、学风、校风开展思想政治工作，探索灌输与自我教育相结合，教育与严格管理相结合、思想工作与解决实际问题相结合、一般教育与个别教育相结合、普遍教育与分层教育相结合的新形式、新路子。

4月12日　上午，与范向前一起同数学系、化学系、政教系团总支研究第二批学生思想政治工作调研问题。下午，听朱开轩关于职称改革问题的录音报告。

4月16日　出席全国煤炭普教工作研讨会开幕式。煤炭部教育司司长郑昌荣到会讲话。上海育才中学副校长章纯利、北京教育学院邵绪珠副教授应邀做报告。与会者就煤炭普教进行了认真研讨和交流。18日研讨会结束。

4月19日　郑昌荣司长同煤师院党政领导班子成员谈办学和班子建设问题。

4月26日　同政教系1984年级学生干部座谈，讲开展班集体教育问题。主旨是，通过集体教育个人，通过个人影响集体。学生集体是教育对象，又是教育手段。集体对所有学生都起着重要的教育作用。班干部要了解和研究学生个体和群体，建设班集体，教育个别生，当好学生领袖，带领学生在中国共产党的旗帜下，沿着社会主义方向前进。

4月30日　在党总支书记会议上讲加强思想政治工作，巩固和发展安定团结的政治局面。强调，学习六届人大四次会议精神，学习“七五”计划报告，统一思想，提高认识，增强信心，鼓舞斗志，激发投身改革，献身四化的豪情壮志；深入基层，深入群众，面对面地直接同师生接触、交谈、交流、沟通；坚持疏导教育，既不上纲上线，激化矛盾，也不放弃原则，回避问题或错误观点；正确对待师生的意见和要求，不推拖，合理而办不到的解释清楚，错误的不迁就；抓典型，用典型教育一般。同时，对纪念“五一”、“五四”活动提出意见和要求。

5月7日　宋福祯主持召开党委会议，党委委员全体出席，夏忠礼、韩福海、高成业、刘登义、魏捷列席。会议议题：（一）研究职称改革问题。决议成立学校职改领导小组，邱尚周任组长，宋福祯任副组长，成员有王彦坦、裴震、刘淑娟、刘登义、王晓东、韩福海。教师职务评审委员会主任邱尚周、副主任王彦坦、刘淑娟、吴孟复，成员有白桦、徐德璋、崔兴泰、石影、吴志葵、张式平、王晓东、李铁树。（二）学习中发（86）4号文，制订处科级干部管理规定。（三）撰写学习贯彻中发（86）4号文情况报告。

5月13日　下午2点30分，刘登义对我说：“邱院长叫我来给你讲一下，他到北京去，下午的党委会不参加了。他同教育司综合处尤处长打电话，讲干部管理规定问题，希望不开党委会。”我遂与宋福祯通气，并打电话给邱，劝他不要急于去北京。邱不在。邱妻回话，邱去北京了。时为下午2点55分。3点，党委会议如期举行，宋福祯主持。会议研究干部管理问题。

5月14日　到艺术系召开教师座谈会，听取他们的意见、建议，并讲艺术系是丁梦周先生带领三名年轻人创建的，艰难困苦可想而知。短短两年，面貌大变，办好艺术系是有希望的。现在已拥有一批有朝气、有事业心的教师，这是关键，是希望之所在。办好艺术系要用理想和纪律把教师团结起来，要发扬正气，心往一处想，劲往一处使；要发扬民主，集思广益，主意大家出，办法大家想，事情大家干，把大家的积极性调动起来，发挥出来，把教学搞好，把学生培养好。我建议每位老师都要注意在教学实践中提高自己的教学能力和水平，用心总结教学经验，研究教学规律，提高教学质量。教师对学生的影响无处不在，无时不在。新形势下，如何发挥教师教书育人作用是一门大学问，请各位老师有意识地积累这方面的经验。关于建立健全系里的机构，请系里提出意见，按程序报有关部门提交学校研究。至于工作制度，比如议事办事制度系里也可制订几条，以备遵循。

5 月 19 日　在 1986 届毕业生分配领导小组会议上提出做好毕业生分配工作的几点意见。(一) 学习掌握今年毕业生分配的指导思想、方针和原则，完成国家分配计划。要坚持加强重点，兼顾一般，统筹安排，合理使用的方针；加强宏观控制，微观搞活的原则，把毕业生分配到煤炭生产建设最需要、最能发挥作用的岗位上去；要处理好局部与全面，重点和一般，生源和需要的关系；要明确不论是指令性计划，还是建议性计划，一经形成，都是国家计划，必须保证完成。(二) 进一步加强毕业生思想工作，动员毕业生到祖国最需要的地方去。今年供需是 1∶32，毕业生数量远远满足不了需求。所以首先要讲需要，其次适当照顾生源，合理照顾个人志愿。要讲形势，讲政策；要造舆论，抓典型。响应祖国召唤，站出来让祖国挑选。重在启发自觉，服从分配。相信学生有大局意识，会到祖国最需要的地方去。

5 月 30 日　上午，在学校思想政治工作协调组会议上提出，讨论煤师院大学生形象问题。人的形象是因修养而呈现的外表。我们要引导学生注意自我修养，做文明大学生。做到以下几点，就是一个有尚好文明修养的人：(一) 谈吐高雅，举止大方。(二) 仪表整洁，礼貌待人。(三) 尊师敬友，助人为乐。(四) 遵纪守法，爱护公物。之后同大家漫谈当前工作：(一) 办好学校必须抓改革。目前，学校困难较多，出路在改革。一要改革管理体制，宏观搞好规划，微观搞好服务，实行简政放权。二要改革教学，把提高教学质量放在首位，作为一件大事来抓。首先要端正教学指导思想，传授知识，培养能力，陶冶情操、强健体魄。其次要改革教学内容、教学方法，支持并鼓励教师继续进行教改试验。其三要加强教学管理，整顿教学秩序。（二）办好学校必须端正办学指导思想，总的来说，学校的根本任务是培养“四有”新人；具体来说，煤师院是为煤炭中等学校培养合格师资。（三）努力提高办学效益，确保质量，规模适当，结构合理。（四）把师资队伍建设作为战略任务、青年教师培养作为战略重点来抓，创造条件培养师资，引进师资，用好师资。

6月1日　举行党委扩大会议。宋福祯主持，王彦坦、裴震、孙明贤、周谋文出席，刘淑娟列席，邱尚周缺席。煤炭部教育司辛镜敏副司长、于世海处长、牛维麟同志出席会议。辛镜敏就近日在煤师院考察情况发表主旨讲话。要言有：煤师院工作不错，应该肯定。煤师院的局势和发展担在党委和班子的肩上，希望从大局出发，唱将相和，举团结的旗帜，努力做好工作。师院困难很多，有自己的特殊性，解决有个过程，希望大家理解部党组的决策。没有特殊党员，自己做自己负责。从我做起，尽最大努力使工作少受损失。并就职改工作、干部工作、教学工作讲了意见。于世海说，同意辛司长意见，并对干部问题、班子问题、基建投资的管理和使用问题、工作作风问题讲了意见。宋福祯发言后，我说：“辛司长的讲话语重心长，我们一定会举大局的旗帜，举团结的旗帜，从我做起，共同努力，在领导班子里营造商量的气氛，营造民主的气氛，营造团结的气氛，营造干实事、求实效、做贡献的气氛，尽最大努力把工作做好，把学校办好。”

6月9日　召开公共理论课教师座谈会，就理论课教学问题进行调研，听取意见和建议，并发表意见。指出，指导我们思想的理论基础是马克思主义。理论课教学就是宣传马列主义、毛泽东思想、宣传邓小平坚持和发展毛泽东思想的新成果，是培养社会主义事业建设者和接班人的基础课程、关键课程。上好这门课，教师是根本，学风是关键。而根本的根本，教师必须是马克思主义的坚定信仰者，用信仰影响信仰。当然，改革开放形势下政治理论课怎么上，是个亟待研究的新课题，需要树立新理念、新思想，采用新方法。就是说，理论课也有改革教学思想、改革教学内容、改革教学方法的问题，要钻研教学内容和教学方法，在理论和实际的结合上下功夫，回答学生关心和要求回答的现实问题，增强理论的说服力。另一方面，要高度重视学风的影响力，着力抓学风建设。这是关键。学风是治学之态度和方法。学风包含为什么而学，以什么态度学，如何学。就学生而言，学风反映学生的精神面貌和道德水平。大学生的学风问题，实际上是一个理想和事业心问题。没有理想就不会有动力，缺乏为煤炭基础教育建功立业的事业心，是不可能勤奋学习的。学风和教风密切相关，树立良好的学风，必须先有良好的教风。教师一丝不苟、精益求精、治学严谨、热爱学生、以身作则的教学治学态度和行为习惯，会对学生树立正确的学习目的、学习态度、养成良好的学习习惯产生潜移默化的影响。办学要名师，更要严师、良师。不可能人人都成为名师，但人人皆应成为严师、良师。严指的是一种严肃、严格、严谨的态度，一丝不苟的认真精神，饱含师德、师爱。古人说，教不严，师之惰。我们则应说，教之严，师之爱。学风和制度也密切相关。怎样用好的制度来匡正学风，大家讲了意见。我想应该从严格执行学籍管理制度做起，同时认真研究实际问题，改革考试制度、评优制度、毕业生分配制度，用制度匡正学风。还有一点，就是改善办学条件，不大班上课，不混合编班上课，补充图书资料，充实内涵，以科学民主的工作作风促进学风建设。

6月12日　研究纪检工作会议报告。提出，从党风形势、怎样看待党风问题、怎样争取党风根本好转三个方面起草报告。

6月23日　出席党委会议，讨论通过处级和科级干部管理规定。党委委员全体出席。宋福祯主持会议。

6月25日　访问淮南矿业学院，冯震海院长介绍学校职称改革经验。唐勇同行。

6月26日　向省教委副主任朱仇美请示学校教师职务评审委员会和推荐组成员组成问题。朱仇美同意学校党委意见，评委由十三人组成。成立推荐组，不成立学科组。形成文件送省教委备案。离开省教委，访问合肥工业大学，人事处同志介绍学校职改经验。唐勇同行。

6月28日　访问华东冶金学院，王端庆院长介绍办学和职改经验。唐勇同行。

7月4日　出席毕业生分配领导小组会议，审定留校毕业生，同意邵光、程国胜、林卫东、魏士民、杜其奎、金凯、靖红岩、张玉洲、章鹏飞、朱庆仁、蔡峋、郭金创、刘荣霞、李山、李江峰、张云、闵保全、马立夫留校工作。

7月18日至19日　召开全校纪检工作会议，传达煤炭部纪检工作会议精神，联系学院实际，统一认识，提高思想，加强检查，为实现党风根本好转而努力。

8月11日　煤炭部干部司、教育司张胜奎处长等一行六人向煤师院党委委员和行政负责人讲考核煤师院领导班子问题。要点有：考核是正常工作，今年全部考核一遍；考核内容包括对班子总体评价，对每个成员的评价，对班子建设的建议等；考核方法，一是谈话，找班子每个成员谈，找每个系处级干部谈，找每位正副教授谈，找一些讲师谈。二是搞一次民意测验。

8月26日　张胜奎一行结束对学校领导班子的考核，并同党委委员和党政班子成员举行告别会，针对问题和不足提出五点意见。

8月29日　宋福祯主持召开党群部门负责人会议，研究新学年工作。王彦坦讲了几点意见：（一）加强和改善思想政治工作。第一，要抓基础。马克思主义理论教育是思想政治工作的基础，党委要抓，行政要抓，党政齐心协力共同抓。抓什么？抓理论课教学改革，改革理论教学的指导思想、教学内容、教学方法；抓理论研究，研究教学中的疑难问题，研究学生关心和要求回答的现实问题，努力从理论和实际的结合上做出马克思主义的回答。第二，要抓师资。理论课教师是马克思主义理论的宣传者，又是政治工作者；专业教师既是经师，又是人师；管理人员既是服务者，也是育人者。他们在做好教书、管理、服务工作的同时，都应在思想作风、品德修养、治学或工作态度上给学生以好的影响，做到教书育人、管理育人、服务育人，为人师表。（二）正视办学的制约因素。办学有它的规律，要按照规律办学。学校事业发展的速度、规模受生产力发展水平制约，超越生产力发展水平，超越办学条件就要出问题。学习条件、生活条件跟不上，尤其是师资力量跟不上，一切美好愿望都很难实现。不仅影响教育质量，也是一种不安定因素。要规模效益，更要关注质量效益、社会效益。（三）坚持改革，端正办学思想，明确办学任务。教学、科研、行政、后勤、思政工作都要改革，改革的目的和方向是有利于调动教职工的积极性，把学生服务好、培养好。煤师院的办学目的，可以用一句话概括，为煤炭基础教育服务。煤师院的办学任务，也可以用一句话概括，为煤炭中等学校培养教师。(四) 民主办学。充分发扬社会主义民主，创造民主、平等、协商的工作环境，形成科学民主和制度化办事程序。宋书记说得好：工作上先调研，后判断；先商量，后决定；先试验，后推广；先缓解，后解决；先立法，后办事。(五) 继续做好落实知识分子政策工作。最重要的是尊重知识、尊重人才，充分信任知识分子，发挥知识分子作用，把学校办好。(六) 宣传新时期统战工作的性质、地位和作用，做好统战工作。

9月5日　主持召开1986级新生辅导员会议并讲话。略谓：同志们做1986级新生辅导员是经过挑选的，政治素质、思想素质、业务素质都比较好，是品学兼优的。政治辅导员是做思想工作、政治工作的。思想政治工作是管方向、管灵魂、管未来的，是坚持社会主义办学方向，坚持办学的社会主义性质的需要。从高校目前形势考虑，需要了解学生、熟悉学生的品学兼优的青年教师做这项工作，从高校长远建设着眼，要培养和造就一批思想政治教育的专家、教授和理论家。这个工作是培养“四有”人才的需要，也是锻炼干部的舞台。“四有”人才，合格人才，首先要有正确的政治方向，要政治合格，这是最重要、最根本的，我们的一切工作都必须从这一点出发。思想政治工作也要树立新观念，树立现代观念。同志们在工作实践中要勇于探索、勇于创新。政治辅导员是教师队伍的一个重要组织部分，是学生的良师益友，希望你们做良师、严师、名师；做益友、挚友、诤友；立德、立功、立言。更希望你们在煤师院安居乐业，奉献你们的聪明才智。希望你们把头三脚踢好，即接待新生、入学教育、军事训练。

9月9日　主持纪委会议，讨论党风检查验收问题。提出，要坚持一要坚决、二要持久的方针，坚定不移地、扎扎实实地抓好端正党风工作；要正确认识和处理好端正党风同改革开放的关系，坚定不移地抓党风，坚定不移地搞改革；要抓好党风检查验收工作，以检查验收促进党风根本好转。

9月18日至24日　先后听取外语系、体育系、政教系、中文系、艺术系、图书馆、化学系“三定”（定编、定岗、定责）工作方案汇报，深感各单位负责人工作的认真、负责和富于远见。反复说明，“三定”实际上是学科建设的规划与设计，是培养人才的规划与设计，要兼顾现状、近期与长远，一般学科与重点学科，把人们的注意力、精力朝这个方向凝聚，学校一定会出现政通人和、兴旺发达的局面。

9月26日　上午，召开总支书记会议，交流动态，研究工作。在会上发言说：“政工干部、政工工作在学校建设和发展中做出了重大贡献，是思想政治工作的领头人，是做好思想政治工作的骨干力量。正如几位同志所说，思想政治工作不光是政工人员的事，必须千军万马，必须调动教师的积极性，发挥教师的作用。这里有一个怎样看待政工干部和教师在思想政治工作中的地位和作用问题。应该这样看，政工干部是骨干，教师是主力。没有骨干不坚强，缺少主力没力量。骨干带动主力，就能形成浩浩荡荡的思想政治工作大军，思想政治工作就会有新局面。我们要看到成绩，肯定骨干，动员主力，齐抓共管，做好教书育人、管理育人、服务育人工作。”

9月27日　主持召开民主党派代表人士座谈会并讲话，指出：党领导下的多党派合作是我国政治制度的一个重要特征。各民主党派不是在野党，不是反对党，而是参政党，是亲密友党。坚持多党合作是共产党的坚定方针和真诚愿望。加强同各民主党派的团结合作、共商搞好教育体制改革大计，齐心协力建设学校，也是校党委的工作方针和真诚愿望。今后，要使协商经常化、制度化。有关学校的发展大计，力争做到协商于决策之前，监督于决策实施过程之中。希望大家知无不言、言无不尽，共商学校发展大计。

9 月 29 日　邱尚周主持召开教师职务评审委员会会议，通报情况；系主任、总支书记定编、定岗；教师定编、定岗；教授、副教授、讲师定编、定岗。王彦坦提出，一要学好文件；二要掌握标准；三要制订好实施细则按照程序办；四要把“三定”定下来。同时，要求评委在这段时间一般不要外出，集中精力做好这项工作。

10 月 11 日　请葛旭初教授同教师谈教学改革。听罢葛教授讲改革，王彦坦说：“葛教授是我们的老领导、老前辈，教学改革的先行先试者，坚持改革，宣传改革，推动改革。葛老视教改为科研，讲理论，重实践。强调改得好不好、优不优，重在看实践。葛老的改革精神、改革思想、改革实践，值得我们好好学习。谢谢葛老回来传经送宝。”

11 月 1 日至 6 日　在芦岭煤矿招待所邱尚周主持召开教师职务评审委员会会议，评审教师高级职称。十四名评委，出席会议十三人，缺席会议一人。表决结果是，二十人申报副教授，全部通过。五人申报教授，四人通过，一人未通过。

11 月 18 日　出席教师职务评审委员会会议，讨论晋升高级职称人员的评审意见。刘淑娟主持会议，邱尚周（赴京）、吴孟复缺席。王彦坦发言回答几个问题：（一）经请示省教委同意各系成立推荐组，不成立文科学科组、理科学科组。

（二）一位同志申报教授没有通过，大家关心，都很关心，可以向职改领导组汇报，研究请示。（三）根据《关于〈高等学校教师职务试行条例〉的实施意见》第五条规定，外语不作必备条件。（四）思想政治条件都符合任职要求。一致通过二十名教师晋升副教授、四名教师晋升教授的评审意见。

11 月 20 日　主持教师职务评审委员会会议，研究评审委员会主任离校期间由副主任签字问题。王彦坦说："11 月 14 日职改领导组开会研究了这个问题，意见是，等邱尚周院长等到上报期限最后时刻，如果不回来，请示省教委职改办，是否可由副主任刘淑娟副院长签字。今天省职改办答复，这个问题由学校决定，评审委员会通过就行了。现在，把职改组提议由副主任刘淑娟签字的意见，提交评委会审议。"评委十一人到会，到会人数符合开会规定。经会议表决，一致同意由刘淑娟签字，并通过学校评委会给省高校教师高级专业技术职务评审委员会的报告。

11 月 27 日　召开各系各部门党政负责人会议，研究解决青年教师学习、生活、工作问题。宋福祯、王彦坦、裴震、刘淑娟出席。王彦坦说，教师问题是办学中的重要问题。教师重要，就在于没有教师不能办学，没有好教师不能办好学，教师直接决定学校兴衰，教育成败。我们必须好好解决教师的学习、生活、工作问题，发展和成长问题。

办学要先招师，后招生，边招师，边招生。招来学生没有足够的教师是不行的。招师要从东西南北中高校和科研院所招品学兼优的教师，即人品好、学历高、职称高、水平高的教师，建设一支数量足够，结构合理，素质优良，充满活力的教师队伍。

教师招来后要培养。培养的途径方式，除了进修、读研，更要重视经常的在职培养。各级领导各位老先生要勤于言，贵于行，重于用。言，就是传授从教德为本，为师爱为魂的美德。德是教育的根本，没有德就不会有教育的成功。成功的教育必以德施教，立德树人，让道德光芒照亮人生。爱是教育的灵魂，没有爱就没有真正的教育。真正的教育是让受教育者懂得人是什么，怎样做人，让爱与责任伴随人生。行，就是实际行动。立足现实，着眼未来，制订培养和引进教师的政策和策略；从大处着眼，细节入手，营造事业留人，感情留人，待遇留人，制度留人环境。留，人在心在，立德、立功、立言。去，人走茶不凉，友谊长存。用，是目的。要把机会留给青年教师，为青年教师政治进步和业务发展给位子，搭台子，压担子，引路子，拔尖子，支持青年教师脱颖而出，超过自己，超过前辈。要放手让青年教师在教学、科研、社会服务和学术交流中提高学术水平，焕发解放教师的思想和灵魂，焕发教师教书育人，为人师表的激情与活力；要尊重教师的兴趣、需要和个性，让教师获得自由而充分的发展；要公平公正，选贤任能，人事相宜，能岗匹配，让教师在适合的岗位上施展才华。

特别要解决好新来青年教师的生活问题。要提前把床、桌、椅、书架准备好，人一到就配送给他们。不要等人到了，一次次跑，一次次要，才去想办法。这些必须物品，早晚都得给，晚给不如早给，人一来就给他一个好印象，好心情，会产生意想不到的积极影响。

12 月 8 日　出席党委会议，讨论并一致通过煤师院落实知识分子政策情况的报告。宋福祯主持会议，党委委员出席。

12 月 24 日　主持召开党总支书记会议，研究学生工作。提出三点意见：（1）抓好学生骨干工作，依靠学生骨干做工作。（2）及时掌握动态，分析不安定因素，积极、主动、有针对性地做工作，解决问题。（3）解决问题要坚持疏导、引导，平等对话，不要居高临下，误导、压制、激化矛盾。

12月25日　煤炭部党组任命郭福善为淮北煤炭师范学院党委书记。

1987年　五十二岁

是年提要　1. 课程育人。2. 树立基础质量观念。3. 让爱与责任伴随教育人生。4. 加强思政教育的几点做法。5. 做合格教师。6. 办学方略议。

1月6日　出席党委会议，宋福祯主持并传达省高校党委书记和地市委宣传部长会议精神，学习邓小平《旗帜鲜明地反对资产阶级自由化》讲话，分析学生闹事特点、原因和动向，并研究对策。党委委员全体出席。

1月10日　出席教育实习咨询会议，向中学校长和教导主任问计。

1月21日　接煤炭部干部司刘中明电话：吴孟复调合肥，部长、司长同意，让接收单位来函即办。学校班子问题，郭福善春节后到任。邱尚周没有离开学校仍是院长。保持稳定，什么时候离开，什么时候宣布调整班子。

2月6日至10日　参加全省统战工作会议。会议传达学习中央关于当前反对资产阶级自由化若干问题的通知和全国统战工作会议精神。中央统战部部长阎明复到会讲话。

2月11日至13日　参加全省地市委书记和高校党委书记会议。我在大学组讨论中发言，交流淮北煤师院学习贯彻中央4号文件的基本做法，要点如下：（1）组织学习，提高认识。有计划、有步骤地按照先领导、后群众，先党内、后党外，先骨干、后一般开展学习，提高思想认识。（2）组织队伍。一是思想理论队伍；二是政工干部队伍；三是学生骨干队伍。(3) 广开对话渠道。例如，设立接待日，学生信箱，召开新闻发布会、座谈会、学代会、伙食委员会等。(4) 广泛动员，齐抓共管。动员教师教书育人，干部管理育人，后勤服务育人，学生演讲自我教育；和家庭沟通，配合育人；请社会名人、英模报告，借力育人。(5) 严格党纪、团纪、校纪和学籍制度。(6) 及时检查工作，查找问题，加强和改进管理措施。

2月17日　在全校干部大会上煤炭部周敬东副司长宣布部党组决定：郭福善任淮北煤炭师范学院党委书记，我作简短发言，拥护部党组决定，欢迎郭福善到任主持学校工作。在党委领导下，努力做好本职工作，搞好大团结，推动大进步，齐心协力，办好煤师院。

2月27日、28日　参加全省高校职称改革工作会议。

3月3日　召开学校职改领导组会议，传达全省高校职改工作精神，研究学校职改工作。

3月9日至11日　煤炭高校思想政治教育研究会苏鲁豫皖片会在煤师院召开，与会并就教书育人的基本途径发言，略谓：课程教学是教书育人，实现教育目的的基本途径。因为，教学是学校中心工作，基本活动，并且是以课程内容为中介的师生双方教与学的共同活动。教师的主导性、影响力通过教授知识和人格魅力作用于学生，促进学生学习与发展。学生通过课程学习，得教师传道、授业、解惑，不断丰富知识，发展能力，完善人格。健康成长。现在重视第二课堂育人作用，这没错，很好，而轻视第一课堂学科教学育人功能的倾向愈益明显，则应引起关注，采取措施，引导教师发挥课程教学正向育人的功能。否则就不会有教育的成功。

3月13日　上午，出席党委会议。(一) 王彦坦传达省统战工作会议精神，研究贯彻意见。（二）研究同意吴孟复调出。（三）会议注意到，当前部分同志有压抑感，有些事要避避风头，稳重处理。郭福善主持会议。邱尚周缺席。下午，召开干部和职称评委会。郭福善传达省教委工作会议精神，王彦坦传达煤炭部职称改革工作意见。

3月14日　召集办公室同志讨论制订1987年工作计划。

3月20日　邀请民主党派人士座谈，听取对1987年工作计划意见。

3月21日　召开职改办公室成员、职称评委委员、推荐组组长会议，研究学校专业技术职务聘任制意见。

3月26日　在党委民主生活会上，围绕办学方向、安定团结、集体领导发言。提出工作要多通气，多商量。有些工作急不得，慢不得，应稳步前进。郭福善主持会议。

3月30日　出席党委扩大会议。讨论通过广开言路，健全对话渠道的决议。宋福祯主持会议。郭福善、邱尚周、孙明贤缺席。

4月4日　在1987届毕业生分配领导小组会议上发言，讲五个问题：（一）认真贯彻执行国家毕业生分配方针、政策和原则，保证完成国家分配计划。（二）深入细致地做好毕业生思想政治工作。（三）模范执行政策，遵守纪律，秉公办事，坚决抵制不正之风。（四）做好留校毕业生选拔工作。（五）做好学籍管理工作。

4月7日　赴中国矿业大学，出席应届毕业生供需见面会，向与会者介绍煤师院和煤师院毕业生。当日同北京煤机厂、焦作矿业学院等签约招聘十二名煤师院毕业生。

4月22日　上午，主持纪检会议，传达中央和省纪检工作会议精神，研究贯彻意见。下午，出席党委会议，传达中央和省纪检工作会议精神，报告并讨论学校纪检工作计划。宋福祯主持会议。郭福善因公缺席。邱尚周外出，以后不再通知其参加会议。

4 月 26 日　召集职改办公室同志开会，研究思想政治教育专职人员教学工作量计算试行办法。

5 月 19 日　在期中教学检查汇报会上讲话强调，干部和教师要把主要精力用到教育教学上来。学校一切工作都要紧紧围绕提高教学质量，培养合格人才来进行，并以此来检验和评估我们的工作。合格人才，在校要全面发展，走上工作岗位，要肯干、能干、安心干。为此，要加强师资队伍建设，采取定向培养和在职进修提高教师学术水平。要树立基础质量观念。基础是事物发展的起点。基础知识是相对稳定的最基本、最本质的知识。打牢基础知识、基本技能和能力，是创造性学习和工作的基础，是增强适应性和创新创业能力的基础。要加强教学研究，开展教学改革，对新开课教师实行试讲制，帮助提高教学质量。要严格教学管理，培养良好的学风、教风。要加强实践教学，重视培养能力。把能力摆在重要位置，抓好了也能成为一种优势。

6 月 3 日　主持召开校学生会、系学生会学习部长座谈会，调研学生读书、学习、成人、成才问题。提出读书读经典，做人做真人。每月读一本书，讨论一个问题，写一篇短文，举行一次报告会，开展自我教育、实践教育、创造教育。

6 月 17 日　主持召开中文系青年教师座谈会，调研青年教师的学习、工作和生活。听了大家发言，指出：你们说，青年要自强，做好自我。学术寻求突破，做出东西。教育教学，以身示范，以爱示教。我很赞赏你们的志向、爱心与责任。爱是人类最伟大的情感，是教育的基础，没有爱就没有真正的教育。1982级付华在弥留之际，没有呼唤父母，而是呼唤王彦坦，这是学校爱的使然，爱的自然回应。教师是太阳底下最光荣的职业。为师要读书、积累知识，要面壁十年甚至一生坐冷板凳钻书本，才能成为后学之师。为师要品德高尚、行为高尚，在品与行上为学生树立风范。为师要热爱教育，热爱学生。以慈母般地感情呵护学生，对学生进行爱的教育。既要做好教学工作，又要做好教育工作，教书育人、为人师表，让爱与责任伴随教育人生。

6月18日　煤炭部党组任命郭福善代理淮北煤炭师范学院院长。

7月3日　在党委民主生活会上发言说："半年来，工作顺利，情绪向上，团结融洽，心情舒畅。两件大事抓得很好，一是两个基本点教育；二是管理和教学改革。同时，注重调查研究，注意信息沟通，比较好地处理了谋和断的关系，解决了几个老大难问题。然而，做正确的事，还有人有意见，说明我们的工作还没有做细，还需要改进。"

7月23日至27日　出席在阜新矿业学院举行的煤炭高校思想政治教育研究会年会，并作《加强思想政治教育的几点做法》的发言。内容有：（1）进一步加强马列主义理论课和德育课教学，抓好德育课教材建设。（2）深入开展教书育人活动，表彰先进，交流经验，弘扬教师为人师表、无私奉献的优秀品格。（3）实行思政专职人员技术职务聘任制，引导并鼓励政工干部安心、专心并研究思政工作，成为思政教育专家、教授。（4）成立思政教育教研室，组织思政教学与研究，并将形势政策教育纳入教学计划，列入课程表。（5）持续开展社会实践活动，增强学生服务社会的使命感和责任感。

8月24日　上午主持召开党总支书记和系主任会议，研究学生宿舍调整，确保安全、稳定、文明、有序地搬迁。下午，在党校开学典礼上讲演。题目是《围绕“两个基本点”，加强党的建设》。

8月27日　上午，主持召开新教师和首批参加社会实践青年教师座谈会。听了教师的发言后，首先对新教师说：“欢迎你们来煤师院安家立业，加入教师行列，献身人民教育事业。煤师院的发展需要你们，煤炭教育事业的发展需要你们，你们是煤师院教师队伍的新生力量，是煤师院事业改革和发展的希望所在。希望你们首先做一个合格教师。一个合格教师，要热爱教育事业，积极承担并努力完成教育和教学任务；要掌握教育科学知识，懂得教育规律，知道怎样通过教育实践达到教育目的；要有坚实的基础知识和较强的教学能力，有对学生进行教育和训练的本领；要有良好的师德，包括具有坚定正确的政治方向，高尚的思想品德，成为学生的知心朋友和学习表率。然后争取做优秀教师，做名师。”对首批二十六位参加社会实践的青年教师说：“参加社会实践是国家要求，希望各位在社会实践中，加强对四项基本原则和改革开放的认识和理解；更多地了解国情、了解人民群众的思想感情，坚定社会主义信念，增强社会责任感和使命感；培养实事求是、艰苦奋斗的作风，走理论联系实际、与生产劳动和社会实践相结合的道路。有什么困难、问题和要求请提出来，学校想办法帮助解决。总之，大家有什么想法、意见和要求，我们可以随时交流。”下午，出席党委会议，讨论成立职称改革复查验收小组和专业技术职务聘任工作委员会。

9月7日　主持召开职称改革工作座谈会，调研职改工作。指出，总的情况很好，教师的积极性、责任心普遍提高。评上的说，教好课责无旁贷，要对得起讲师称号；没有评上的说，努力上好课，争取下次评上。评了几个辅导员，全校震动很大，认为有奔头，愿意好好地干。应该注意的问题有：设岗的合理性；积极性能持续多久；少数评上高职的教师有船到码头车到站的思想等。晚上，职改组开会，研究政工人员定编、定岗、归口工作。

9月8日　主持召开职改推荐组组长会议，研究思想政治教育专职人员聘任教师职务问题。

9月10日　主持召开学校定编工作会议，公布1987—1990年定编计划。

9月23日　同宋福祯一道出席党总支书记会议，传达高师工作会议精神；研究召开教书育人座谈会。

10月11日　向省教委职称改革检查组汇报学校职改自查和职改工作，并提出以下意见：

省学科组之间评审很不平衡，宽严不一。有的学科以时间划线，煤师院物理系1963年后毕业的被一刀切了；在教学与科研的关系上，重科研轻教学的导向值得注意；离退休教师的问题，应按照政策，慎重稳妥做工作；一些干扰因素，需要做工作，妥善解决。

10月16日　郭福善主持召开党总支书记会议，议题有：教育思想大讨论安排；听取各单位工作汇报；财务工作。王彦坦出席会议并发言，略谓：（1）学院发展规划：到1995年发展到十系，在校生三千人规模，形成以本科教育为主体，专科教育和成人培训为两翼的办学格局。（2）学院办学方向：为煤炭基础教育服务，热爱煤炭教育、献身煤炭教育。（3）学院培养目标：培养煤炭系统中等学校合格教师，善于开展综合教育、实践教育、创造教育。（4）学院教学思想：融传授知识、培养能力、陶冶情操、强健体魄为一体，培养全面发展、面向实际的四有新人。(5) 学院教学与研究：教师不光教学，还要搞研究，包括教育教学研究。教学和教学研究也是学术。(6) 学院人员职责：各类人员要各尽其责，搞好教书育人、管理育人、服务育人。总之，教育教学思想的根本点、着眼点、落脚点是培养什么样的人，怎样培养这样的人。

10 月 19 日至 29 日　先后听取艺术系、数学系、基建处、图书馆、函授部工作汇报。

10 月 23 日至 28 日　先后召开各系教师职务聘任组长、学院教师职务聘任委员会及各单位行政负责人会议，讨论制订教师职务聘任办法，青年教师参加社会实践锻炼意见。

11 月 2 日　开始指导政教系 1984 级丁建军等十名学生为期八周的教育实习。

11 月 2 日至 23 日　连续召开九次职称改革工作会议，传达学习煤炭部教育司、安徽省教委关于职称改革工作的意见，认真调研和分析学校教师及其他系列专业技术职务评审问题。

11 月 5 日　学习党的十三大文件，认为文件关于社会主义初级阶段的提出和论述具有现实意义和长远意义，是纠“左”、防“左”的强大思想理论武器，是中国共产党人对社会主义理论宝库的新发展、新贡献。

11 月 16 日至 19 日　参加在北京师范大学举行的中国高等教育学会高等师范教育研究会成立大会，当选为理事（连任三届，1999 年 8 月换届卸任）。参加大会的有五十九所高等师范院校（其中本科师范院校三十一所，师范专科学校十八所，职业技术师范学院六所，以培养师资为主的综合大学四所）、二十所教育学院以及有关教育行政部门和教育研究单位的一百一十六名高等师范教育理论与实际工作者。北京师范大学校长王梓坤致开幕词，华东师范大学校长袁运开致闭幕词。

会议围绕高师教育改革，坚持为基础教育服务这一主题进行了学术交流与研讨；审议通过了《中国高等教育学会高等师范教育研究会章程》；选举了高等师范教育研究会第一届理事会。国家教委副主任柳斌、中国高等教育学会副秘书长肖岩、国家教委师范司司长金长泽、高教处处长何平到会指导。柳斌做了重要讲话。会议产生了由十九位同志组成的本届理事会的常务理事；推选北京师范大学校长王梓坤为理事长，华东师范大学校长袁运开、国家教委师范司司长金长泽、北京师范大学副校长顾明远为副理事长；聘请华东师范大学刘佛年、中国高等教育学会副秘书长肖岩、东北师范大学顾问、前党委书记、校长黄彦平为顾问；任命北京师范大学教育管理学院副院长冒海天为秘书长，国家教委师范司高师处处长何平、高校师资培训交流北京中心副处长徐金明为副秘书长。

1988 年　五十三岁

是年提要　1. 职称的评与聘。2. 师资培养策略转变。3. 提高教学管理水平之要件。4. 抓住机遇，促进发展。

1 月 7 日　在职称改革座谈会上讲话称：“这一次职称改革工作，持续时间长，工作量大，从大学到中学、小学、幼儿园，从教师系列到其他系列，从高级职称到中级、初级职称，不仅评，还有聘，涉及许许多多人。有历史遗留问题，有现实问题，还要关注未来。在大家的努力下，评聘工作开展得比较顺利、健康，达到了预期效果。今后的工作，一是要把注意力放在聘上，运用好聘这个杠杆把大家的积极性进一步调动起来，把教学、管理、服务工作做好，把学生培养好。二是要把注意力、把重心放在师资培养上。办学靠教师。教师水平决定办学水平。要通过教学、科研、各种形式的进修把教师的水平提上去。这是学校的希望所在，一定要把这项工作做好。”

1月9日　在各系各单位负责人会议上讲话指出：职称的评审和聘任，同师资培养是联系在一起的。集中的大量的评审告一段落，下面重在聘任。按照聘任办法，聘谁、缓聘谁、不聘谁，这是一项很严肃、很重要的工作，做好了能调动积极性，做不好能挫伤积极性。评聘同样重要。评，大家比较满意，聘，也应做到绝大多数人满意。通过评聘，检查了我们的师资队伍，我们比以往任何时候都心中有数，我们的师资队伍建设面临新形势，应该实现几个转变，重点放在学术梯队建设，培养学科带头人，培养教学、科研骨干。要选拔好培养对象，确定专业方向，订出三五年培养规划，认真组织实施。

1月12日　在教学工作座谈会上讲话指出：解决教学工作中存在的一些问题，从管理角度看，要重视三个问题。一是提高管理人员素质；二是加强管理理论与实务研究；三是知行统一，勇于创新。

1月20日　召集总务处、团委、学生会负责人会议，研究改进学生伙食工作、水电供应工作。

1月22日　在思想政治教育研究会上发言说：“如何发动教师教书育人，大家讲了很多好的意见，可以归结为三句话：思想先行，典型引路，制度保证。”

1月27日　在教书育人政策研讨会上说：“教书育人，就是在教育教学过程中，全面贯彻党的教育方针，促进学生德智体等全面发展，把传授知识、培养能力、陶冶情操、强健体魄贯穿到教育教学的全过程，关心学生的全面成长、全面发展，把学生培养成为有理想、有道德、有文化、有纪律的人。关心全体学生，为全体学生成长成才提供条件，帮助每个学生找到适合自己的成才途径。做教书育人工作，首先要重视总结我们自己的实践经验，对教书育人作个评估，提出新的目标、要求和政策措施，鼓励、支持教师教书育人。”

1月29日　召开赴国内高校进修教师座谈会，向他们表示慰问，介绍学校情况，并就师资队伍建设谈了构想：面向21世纪，五到十年后，你们将成为学校教师的骨干，正副教授将从你们中间脱颖而出。面对新形势，学校师资培养需要有新思路、新措施，要逐步实行几个转变：变脱产进修为主为在职进修为主；变读助教进修班为主为读研究生为主；变一般进修为主为访问学者为主；变引进本科生为主为引进研究生为主，使教师队伍的学历结构、职称结构、年龄结构、学缘结构逐步合理化。

2月3日至4日　在职务聘任工作会议上强调：一，职务聘任是人事制度改革的重要内容，是教育管理改革的突破口，要抓住职务聘任的机会，提出目标管理的具体要求，加强检查，加强考核，扎扎实实地把工作推向前进。二，要学习职务聘任的有关规定，严格按照程序工作，提高依规办事、依法治校意识，实行民主办学。

3月10日　在学生工作指导委员会会议上，谈到对外服务创收时说：“第一，要放宽，允许试；第二，有政策，加强管理。”

3月17日　在党政联席会议上发言指出，贯彻煤炭部教育工作会议精神，一是牢记学校的根本任务是培养高级专门人才、研究高深学问，服务社会；二是转变观念，树立竞争意识，引入竞争机制，适应经济和政治体制改革需要；三是改革专业设置和招生制度，相近专业修改不要报批，备案就可以了；招生定向到矿，有人委托就可以办。我们具有专业上的相对优势，应抓住机遇，发展煤师院。

3 月 23 日　上午，出席党委会议，研究干部任免和考核试点工作。郭福善主持会议。

3 月 24 日　出席党政联席会议。会议根据人才市场需求和学校实际，研究学科专业设置问题。初步决定设置生物专科、政史专科、文秘专科、家用电器专科、机电专科、财会专科等。

淮北煤炭师范学院院长
(1988.3—1999.8)

1988 年　五十三岁

是年提要　1. 课堂教学是思想教育的基本途径。2. 为学生努力到最后一分钟。3. 团结、务实、科学、民主。4. 计划外招生。5. 第一次毕业生跟踪调查。6. 学制分流试点。7. 办学基本思路。8. 毕业典礼致辞。9. 关心好、培养好、使用好青年教师。10. 从教德为本，为师爱为魂。

3 月 28 日　中国煤炭工业部任命王彦坦为淮北煤炭师范学院院长，徐德璋、孙承柏为副院长。

3 月 31 日至 4 月 2 日　煤炭高校思想政治教育研究会在淮北煤炭师范学院召开教书育人经验交流会，与会宣讲论文《课堂教学是思想教育的基本途径》。文章针对人们较多地注意了在课堂教学过程之外改进和加强思想政治工作，而忽略了课堂教学本身如何贯彻思想政治教育的现象指出：在学校的全部工作中，教学是中心，教学活动是最基本的活动，而全部教学活动又是师生共同完成的，因此，课堂教学必然而应当成为对学生进行思想品德教育的最基本、最主要的途径。

文章认为，应该遵循教学的教育性原则和规律，树立正确的教学指导思想，发挥教学传授知识，培养能力，陶冶情操，强健体魄的功能。综合规划课堂教学任务，把教学、教育和一般发展统一起来，做出全面的计划和安排。既要反对只重视传授知识而忽视思想品德教育的倾向，又要反对脱离教材内容，牵强附会地进行“贴标签”“穿靴戴帽”式的空洞的政治说教；充分挖掘教材中的教育因素，使学生受到科学的世界观和方法论教育；恰当的教学方法对启迪学生的思想方法、培养学生严谨的科学态度具有重要的意义。

文章提出，教师以身作则的表率作用和模范作用更是重要的教育因素。教书育人，为人师表，首先要做个合格教师，热爱教育事业，积极承担并努力完成教育和教学任务；懂得教育规律，知道怎样通过教育实践来达到教育目的；有较坚实的基础知识和教学能力，有对学生进行教育和训练的本领；有良好的师德，做学生的知心朋友和学习表率。每位教师，都应是严师、良师，争取成为名师，成为学者加教育家，自觉地担负起教书育人的光荣职责。

4月4日　在毕业生工作会议上说，今年毕业生分配的特点是，到基层矿区中学，机关一律不留；建议性计划比往年多50%；3%出煤炭系统，可有偿分配；本校老系基本不留，新系可适当留些。我们要根据新形势、新特点做好分配工作，既要执行政策、坚持原则，又要面对实际、灵活处理，为学生努力到最后一分钟，最大限度满足学生志愿。

5月20日　在全校干部大会上，中煤总公司教育培训部副主任于世海宣布调整淮北煤炭师范学院领导班子决定，我作简短发言说：“作为一校之长，责任重大，使命光荣，一定本着团结、务实、科学、民主理念，全心、全意、全力，履职尽责，把煤师院办成自己满意，师生满意，社会满意的大学。第一，高举团结旗帜，同全校师生员工一起，齐心协力，为实现我们的办学理想——出名师，育英才而团结奋斗。团结就是力量。团结出人才。团结出干部。团结能成事。第二，坚持求真务实作风，讲究实际，不求浮华，脚踏实地，自强不息，真抓实干，努力奋斗，推动学校发展。第三，弘扬科学精神，学会科学治校，通过教学、科学研究和社会服务，培养人才、发展学术、追求真理，促进我国社会主义现代化建设，为人类社会文明进步做出应有贡献。第四，发扬民主精神，推进民主管理。全心全意支持师生员工广泛参与校务管理；重要决策从群众中来，到群众中去；坚持民主集中制，先民主，后集中，集中的主体不是个人而是领导集体；坚持依规办事，违规必究，制度面前人人平等，纪律面前人人平等。

5 月 24 日　上午，出席党委会议，就计划外招生讲几点意见。第一，为什么要搞计划外招生？理由是：（一）有政策根据，即 1988 年成人高校招生改革试点工作的几点意见；（二）完成国家招生计划；（三）社会需要，人民渴望；（四）学校有余力、有条件保证人才培养质量；（五）缴费上大学是趋势，我们应顺势而为，回应经济社会发展和人民的需求与愿望。第二，计划外招多少？根据摸底，招四百零九人（校内班二百零二人，校外班二百零七人）。第三，几个具体问题：收入分配，本校教工子女收费标准，以什么名义开展工作，择机讨论。总的精神是，对外更加开放，对内更加放宽，对下更加放权，对事更加负责。会议同意上述意见。郭福善主持会议。下午，主持召开系主任会议，传达党委会议内容并听取系主任意见。

5月中旬至6月中旬　为进一步做好人才培养工作，调配人员对煤师院1981届以来历届毕业生进行全面跟踪调查。调查结果表明，毕业生胜任本职工作，绝大多数用人单位对我校毕业生满意或比较满意，并提出一些有益建议。为增强学生毕业后的适应能力，必须调整和改革课程结构，合理压缩必修课时，增加选修课和自学时间，拓宽基础知识，加强教师职业技能训练。

6月7日　召开党改联席会议，讨论同意物理系1987年级实行学制分流改革。

6月15日至18日　在学校首届教职工代表大会上做《艰苦创业，深化改革，为更好地培养煤炭基础教育合格人才而奋斗》的工作报告（节录收入《教育的理念与追求》，中国矿业大学出版社，2000年版，题目改为《坚持社会主义办学方向，坚持为基础教育服务》）。报告提出基本办学思路是：（一）坚持正确的办学方向，即坚持社会主义方向；坚持为基础教育服务方向。（二）努力提高教育质量。教育质量是生命线。学校的教育质量，最终体现于它的毕业生质量。提高教育质量，必须树立全面质量观，对学生进行全面发展教育；必须坚持“师范性”与“学术性”统一，加强实践性教学环节；必须加强学科建设和课程结构改革，提高学生的适应能力；必须推进教学内容和教学方法改革，提高教学质量和效益；必须进一步加强教学管理，向管理要质量；必须加强科学研究，人人都要结合本职工作进行科学研究，探索新知，寻求规律，提高教学、管理、服务水平；必须加强师资队伍和管理队伍建设，老教师要满腔热情地帮助青年教师成长、成才，把机会给青年，鼓励青年超过自己。（三）加强和改进思想政治工作。改革开放形势下，加强和改进大学生思想政治教育尤为迫切和重要。

课堂教学是对学生进行思想品德教育的基本形式。教师是教书育人的主力军。每位教职工都是教育工作者，都要把自己的本职工作和育人联系起来，自觉地把思想教育渗透到本职工作中去。（四）实行科学治校，民主办学。各级负责人要增强科学治校、民主办学意识，全校教职工要增强主体意识和主人翁责任感。学校的重大工作，从决策到实施都要增加透明度，贯彻公开性原则。重要情况，让群众知道；重要问题，请群众讨论；重要决策，经党委集体讨论决定；行政职责范围内的重要工作，也要依靠集体智慧，实行科学决策、民主决策，使民主办学制度化。

6 月 28 日　在煤师院 1988 届毕业典礼上做《为学、为人，做青年表率》致辞，提出两点希望与同学们共勉。

第一，认清形势、认清责任，投身于改革。我国的改革正处在一个关键时刻，困难多，矛盾多。关键时刻，要求每位同学，无论是为国家命运着想还是为个人前途考虑，都应当识大体，顾大局，讲安定，讲团结，面对现实，着眼未来，采取积极态度，正确对待改革中的困难和矛盾，坚定地站在宣传改革、维护改革、推动改革前列。中国的未来系于改革，民族的振兴系于改革，人民的幸福系于改革。“天下兴亡，匹夫有责。”作为青年知识分子，一定要珍惜机遇，在改革开放的伟大实践中，领会改革的深刻含义，自觉提高自身承受能力。不要发牢骚，不要埋怨，不要泄气，不要悲观。要和全国人民一道，意气风发，斗志昂扬，风雨同舟，艰苦奋斗，为推进改革，振兴中华，实现四化大业贡献自己的青春年华。

第二，献身人民教育事业，做青年师表。教育是未来的事业，在社会和人类的发展中起着基础性、关键性、先导性作用；教师是人类知识和文明的传递者，在人生的航程中发挥着启航、导航和推进作用。在我国，当教师是比较清苦的。但是，你们根据自己的家庭背景、个人爱好和对生活的认识，选择了教师职业。这是一个光荣的选择、伟大的选择。服务教育，就是面向明天，播种希望，走向未来。为了未来，你们要集教学、研究和管理于一身，集治学、教书和育人于一身，既教学生为学，又教学生做人。为此，你们首先要做一个有志气、有骨气、有正气的中国人，做一个有理想、有纪律、有追求的中国人，心中有祖国、荣誉、责任，做一个好的人师。同时，又要做一个开明认真、严谨求实、学识渊博、乐于奉献的中国人，做一个不断追求新知、具有独立思考和创新精神的中国人。任重道远，希望你们不辱使命，为学，为人，做青年的表率、朋友和导师。

9 月 10 日　出席庆祝教师节暨开学典礼大会并讲话。会上表彰四十四名教书育人先进工作者。中国社会科学院、铁道部、北京师范学院、长沙水电师范学院五位专家、学者和淮北市有关领导到会祝贺。

9 月 16 日　主持召开院长办公会议，讨论决定：（一）加强临时工管理；（二）差旅费报销实施细则；（三）成人招生问题；（四）成立居民领导小组；（五）关于抓好早操课间操的规定；（六）关于认真执行人事管理制度和劳动纪律问题。

9 月 28 日　出席党委会议，研究决定：为加强学生思想政治工作和组织管理工作，各系配一名党总支副书记兼副主任，分管学生工作。郭福善主持会议。

10 月上旬某日　出席党政联席会议，研究接收毕业生事宜。定下几条原则：（一）定编比较紧的单位原则不进人；（二）要研究生，控制进本科生，最好不进本科生；（三）急缺专业教师可多进。

10月12日　在全校中层干部会议上讲话。强调青年教师培养问题。提出，抓教师的培养与提高，是提高教学和科研水平，提高人才培养质量的关键和保证。一定要下大功夫，动真格地抓好青年教师培养。所谓抓好，就是一要关心好，二要培养好，三要使用好。要关心青年教师的实际需要，如生活需要、工作需要、学习需要、发展需要，尊重需要，理解和认同需要等。培养青年教师要思想政治与业务一起抓，给青年教师定专业方向、定目标任务、定具体要求、定培养措施。要使用好青年教师。关心和培养青年教师的出发点和落脚点是使用，对青年教师要大胆用、放手用，给他们机会，给他们舞台，给他们压担子，让他们登台亮相，在教学实践、科研实践、工作实践中增长才干、锻炼成长。培养青年教师不光学校要抓，各系都要有计划、有组织、有步骤地落实到人，切实做好青年教师培养工作。

10月14日　出席学院首届教书育人经验交流会并讲话强调，教书育人是教师的天职和使命，中外教育家历来都重视教书育人。《礼记》讲："师也者，教之以事喻诸德也。"韩愈说："师者，传道、授业、解惑也。"德国赫尔巴特认为："教学如果没有进行德育，只是一种没有目的的手段。道德教育如果没有教学，就是一种失去了手段的目的。"我们党和国家的教育方针，从来都把德育放在首位。我是学师范的，我一直把从教德为本，为师爱为魂作为座右铭。我们有个光荣称号：人类灵魂工程师，人民教师。这个称号昭示：教师首先要传马克思主义、社会主义、共产主义之道，对学生进行思想政治和品德教育，教育学生做好人，做有理想、有道德、有文化、有纪律的人。

教书和育人是密切相连，辩证统一的。不论教师在教学中是否意识到这种联系和统一，教书必然育人，只教书不育人的教师是不存在的。区别只是自觉还是不自觉用什么思想、政治、品德育人。中国社会主义教育要求我们，坚持用社会主义思想、社会主义政治、社会主义美德教育学生，引导学生树立正确的世界观、人生观、价值观，做社会主义的建设者和接班人。

我们多数人都是学科专业教师，而不是政治理论课和思想品德课教师，不从事直接的思政课和品德课教学。我们是通过学科教学间接的、渗透式地对学生进思政和品德教育，比直接的、专门的思政品德教育范围更广泛，更具活力。如果说思政课教师是一支精干的小部队，那么学科教师就是一支千军万马的大部队，主力军，二者合力施教，教书育人必能收获丰硕果实。

10 月 20 日　主持召开院长办公会议，研究期中工作检查问题。会议决议：（一）检查内容：教学上，着重查教风、学风，侧重教学纪律、学习纪律；着重查公共外语教学；着重查成人大专班管理和应用学科的实践教学及能力训练。服务上，着重查办实事。（二）检查目的：总结办学经验，解决实际问题，推动工作不断前进。（三）检查方法：各系各单位普遍自检，学校进行重点检查，不搞繁琐，不搞形式，注重实效。

10 月 26 日　会见英国布拉德·费尔德大学化学化工学院研究生部主任琼斯教授及其夫人。琼斯教授介绍了英国高等教育概况。他说，英国有五十所大学，学校规模在三千人到一万一千人不等，与美国比规模小，美国大学一般每校三万人。一所大学对当地文化是有影响的，规模小，可以分布广。大学与技术学院有区别。大学是综合性的，技术学院侧重于自然科学与应用学科，英国有三十所。英国工业比较密集，发展技术学院有好处。高等教育学院具体数字不清楚，大约有一百所，全日制学习，培养教育学学士，可学三年或四年，出来当教师。

教育学院可以学两科相近的专业。教物理的要学体育。一半的时间学习教育科学。有教育实习。教育学院毕业生一般是教小学，五岁至九岁的学生。九岁至十三岁的学生是由技术学院毕业生教。十三岁至十八岁的学生由大学毕业生教。技术学院和大学的毕业生需要学习一年教育科学方能当教师。英国一般大学都有教育学院。教育学院可以搞教育科研，参加教育实习。英国小学规模很小，一所学校二三百人，分布在居民区。九岁至十三岁学真正的科目。十三岁至十八岁是中学、高中，规模大一些，一般两千人。十六岁（高中）的学生有档案袋，记载学生的爱好和进入大学的志愿，然后输送到各个学校。先由各系考察，再通过考试。学校可以选择学生，学生也有四个学校可以选择。考不上大学的可以录入技术学院、教育学院。

11 月 1 日　主持召开院长办公会议。会议通过关于学生违纪处分条例的补充规定，关于职工教育的暂行规定，关于加强考勤和劳动纪律的管理规定。

11 月 19 日　主持召开院长办公会议，听取总务工作汇报。指出，总务工作是管吃住行的先行工作。同志们克服困难，勇于开拓，有新进展、新成绩、新经验。食堂改革抓成本核算、抓卫生、抓民主管理，提高了饭菜质量。学生伙食费月均二十八元至二十九元，学生比较满意。住宿方面，新生实行公寓化管理，环境、卫生、秩序都有改观。水电承包，经济效益明显。困难和问题，一方面通过改善办学条件来解决，需要投入，只能逐步来。另一方面就是改革，提高科学管理水平和民主管理水平，提高透明度，公开办事制度，把办事依据、程序、时限、结果公布出来，让师生知道。第三方面，就是提高人员素质，改善服务态度，尽可能地满足师生要求，和和气气地回答问题。不要耍态度，受点嘴头子气没什么，气量大点就是了。服务工作做到人人满意、事事满意，很难，但要尽心尽力做。

11月25日　中煤总公司教育培训部批准增设历史学、生物学专业。出席学生工作指导委员会和党总支书记会议，审议学生素质综合测评办法。

11月26日　出席党政联席会议，听取审计报告。指出，这次审计比较全面，比较认真，找出了问题，有助于改进财务管理。有几项工作要做：（一）复查几个单位；（二）建立健全制度，加强银行开户管理；（三）开展经常性、随机性审计；(四) 公开审计结果，加强群众监督。

11月29日　上午，出席党政联席会议，研究人事调配和校庆活动。下午，听取化学系、体育系期中工作检查汇报。

12月2日　出席党政联席会议，研究期中工作检查通报。在会上提出要着力抓好整顿学校秩序，治理育人环境；深化教学改革，提高教育质量；加强师资和管理队伍建设，提高队伍整体素质。

12月29日　主持召开校友座谈会，征求校友对母校培养人才的意见和建议。校友的意见和建议，概括起来就是，发扬坚持理想信念教育，重视基础课、专业课教学的好传统；进一步加强教师职业技能训练；注重适应性，多开一些选修课，培养学生适应新环境、解决新问题的能力；加强实践性教学，培养学生解决实际问题的能力等。

1989年　五十四岁

是年提要　1. 教·学·服主体。2. 访问美国。3. 师资队伍建设要朝三个方面努力。4. 培养学生适应能力的根本之策。5. 重视课程、教材、教法研究。6. 领导教学首先是教学思想领导。

1 月 19 日　主持召开院长办公会议，教务处、总务处、图书馆负责同志参加。听取与会者意见后提出：（一）要加强以学籍管理为主的管理工作；（二）要加强以中青年教师培养和结构优化为主的师资队伍建设工作；（三）要加强科学研究和学术交流，浓厚学术气氛，提高学术水平。

2 月 17 日　主持召开院长办公会议，研究设立生物学系、历史学系的筹备工作。

3 月 11 日　上午主持召开院长办公会议，通过差旅费管理办法和经费预分方案。下午，召开民主党派人士座谈会，听完大家对教学工作的发言后讲话指出："教学是学校的中心工作，做好教学工作，需要共同努力。校方提供教学服务，我是总服务员，服务做得我自己都不满意。教学设施有的老旧，有的不达标。解决好需要资金。资金来源，一是煤炭部拨款，定额加专项。定额包括基建费、事业费、人员工资，一分也不会多给。专项费需要争取，学校会尽最大努力争取。二是靠创收。创收不是我们的强项，但必须搞。能创收多少、怎么创收，谋事在人，成事也在人。我在想如何根据我校的优势和特点，围绕人才培训搞创收，请大家贡献智慧和力量。教师是教的主体、主导，实际决定教的方向、内容、方法、质量。只要牢记自己的身份、使命、责任、荣誉，以做一名合格教师、优秀教师为人生追求，爱教、乐教，就一定能不断提高教学水平。学生是学的主体，只要端正学习态度，主动学习、自主学习、虚心学习，学而时疑之、学而时问之、学习时习之，就一定能提高学习效率和质量。干部是服务的主体，是为师生员工服务的仆人。服务是宗旨、义务、责任。服务要全心、全意、全力，不能三心二意，藏奸耍滑。教的质量、学的质量、服务的质量，合起来就是教学质量。要时刻把提高教学质量视为生命，挂在心上。”

4月7日　在全校中层干部会议就以下问题做动员和说明：（一）办学水平评估；（二）经费使用问题（基建经费、事业经费、工资总额）；（三）引进教师工作。

4月7日至12日　为检阅我校教学成果，表彰先进，以展促教，提议并成功举办“优秀教学成果申报材料展”。

4月15日至28日　受国家教委委托，中煤总公司教育局局长鲍恩荣率代表团赴美国考察高等教育。代表团成员有：中国矿业大学校长郭育光、淮南矿业学院院长冯震海、淮北煤炭师范学院院长王彦坦、华北煤炭医学院院长赵伯阳、华东化工学院副院长吴东棣、鞍山钢铁学院副院长龙占魁、中煤总公司教育局高教处处长冯克庄、北京煤炭干部管理学院外语系主任陈卞之（女，兼译员）、福建测试研究所所长杨先生（名字忘记了）。15日上午9时55分，北京机场乘中国国际航空公司747型客机981航班，于11时35分到上海虹桥机场。13时35分从虹桥机场起飞，到美国旧金山机场是北京时间16日1时。美国时间15日下午1时由旧金山乘飞机抵芝加哥，住33街333A楼，晚饭后看两家超市。16日上午到密歇根湖畔观澜，登谢尔斯大厦（110层）俯瞰芝城全景。是日为星期天，上午市民多到教堂做礼拜，商店不开门，街上行人很少。下午到唐人街观光，3时在一家名叫七宝饭店的中餐馆吃叉烧面，三美元一碗。3点30分离开33街，7点57分乘飞机，9点20分到田纳西州首府纳什维尔。西肯塔基大学理学院院长一行六人到机场迎接，分乘两台面包车到西肯塔基大学，住施耐德大厦403室。

4月17日　上午，理学院院长顾基拉致欢迎辞，简介学院情况，副院长休士顿带领参观理学院十一个系，边看边听介绍，华人留学生张女士做翻译。看完六个系，休息吃点心，喝咖啡。又看五个系。中午在译员陪同下于公共卫生系用餐，吃盒饭，主食米饭，一份蔬菜加一个鸡腿。

4 月 18 日　上午，理学院院长主持讨论会，潘伟平做翻译。鲍恩荣团长讲演三十分钟，代表团成员每人讲演二十五分钟，主旨介绍各自学校情况和交流与合作意向。下午，分三组讨论。各系介绍自己的优势学科、研究方向和交流兴趣，其中分子生物学的教学与研究给我留下的印象比较突出。晚上，应邀到潘伟平博士家小叙。潘系助理教授，负责联络对华交流，住房面积约三百平方米，一栋独立别墅。

4 月 19 日　上午，在理学院会议中心同理学院院长、副院长及各系主任进行深入交流和讨论。

（一）潘伟平博士就接收留学生、访问学者做详细说明，包括时间、程序、条件、待遇、学位等。

（二）理学院院长介绍理学院概况并答问。他说，学校有商学院、教育学院、人文社科学院、理学院、研究院。理学院有 11 个系，200 名教授，70% 有博士学位；学生 4000 人。全校有教授 600 名，学生 14000 人；西肯塔基大学是区域性大学，80% 的学生来自 200 英里范围之内，20% 的学生是从其他 20 个州和 40 个国家来的。教育方针是肯塔基州定的，主要是教育下一代青年人；除了以教育为主外，还大力推动研究，特别着重应用科学研究；第三是公共服务。实行 333 制，即教学、研究、公共服务。每位教授都要兼具三样工作。

理学院的特点：其一，设有工业研究中心。通过中心，教授带领学生为工业界解决一些问题。现在美国渐渐走向经济发展，所以学校也要走向经济发展，帮助工业界解决问题。其二，大部分系都有研究所，研究科学技术，探索新知识。其三，成立资优大学生科研组，从大一开始训练做研究工作，这是不同于其他学校的。

关于办学经费来源。四分之三的经费来自州政府，余下的靠学费解决。研究、服务经费是公共资助，学校也有一笔经费。关于333 制时间分配。教授每周有 12 学时的课，其中70%—80%时间用于教学，其余 20%—30%时间应做研究与服务。如果教授拿到研究资助，教学可减少到 6 学时甚至 3 学时。

关于招聘教授。先有位子，然后在报纸登招聘广告。求职者提供自传、经历，系专门委员会过滤出三位给院长，院长向副校长报 1 位，副校长报给校长，最后由董事会签字。

关于学生入学成绩。一般学生 17 分，资优学生 28 分。1 学分，即 1 周上 1 节课，上 1 学期。资优生有奖学金，免学费，住宿也包，全包，大二找到一个教授共同研究。这是一个非常好的计划，这部分学生可占到 20%，应扩大。

（三）对各系做介绍。

公共卫生系：口腔卫生专业可发执照，副学士修 75 学分，二年完成学业。学士可半工半读学完，也可全日制学完，四年一个暑假修完毕业。

农业系：在美国有 20% 的人工作与农业有关，销售量最大的是马。现有 24 名教员，300 名学生。

生物系：有生态学、细胞学、生物化学。基因重组是美国仅有 6 个中的一个，有 30 个学生。发展生物学、分子生物学研究有特长。

卫生安全系：有教育、公共卫生、健康监护、驾驶员安全。

工业与工程系：须修满132个学分方可毕业。

计算机科学系介绍。

化学系：化学系有70名学生、化学研究所有12名学生，9名获全额奖学金。其中4名从中国来。学生可在假期到工厂实习，也算入学分。化学教育硕士，16学分从化学系拿，16学分从教育学院拿。从化学系拿需要写论文，从教育学院拿不要写论文。

地理地质系介绍。

数学系：有26名全职教授，3名半职教授。学科全校最多，每年秋季有大型研讨会。有17个课程，其中1个是为工程系设计的。

护理系介绍。

物理天文系：入学分数最高，每年毕业8至10人。

下午　代表团成员与西肯塔基大学校长托马斯·麦瑞迪斯博士会面。中煤总公司教育培训部、淮南矿业学院、淮北煤炭师范学院、华北煤炭医学院、华东化工学院、鞍山钢铁学院、福建测试研究所与西肯塔基大学签订交流协议。接下来，在理学院副院长陪同下参观学校图书馆。馆藏图书70万册，馆员34人，职员60人，半天工作的学生100人。每年图书经费可增添三千册新书。馆内空间宽敞，阅览桌之间距离较远，单人阅览书桌较多，非常安静，是读书学习的好地方。

晚上　麦瑞迪斯校长设家宴宴请代表团一行。应邀出席家宴作陪的有：格灵市市长（女，高中教师）、校董事会成员，四院（商学院、教育学院、理学院、人文社会科学院）院长等50余人。吃自助餐，不设座席，宾主不拘形式，手端餐盘，在客厅里走着、站着，边吃边谈，自由随意。饭菜简单，有油炸糕、蛋糕、巧克力、饼干、圆子、水果制品、橘子果汁等十来个品种，没有烟、酒。校长住房宽大，配有专车，有补助费。据说各种宴请，一年不下200次，由学校派厨师制作。全校只有校长一人可享受这样的待遇。一旦卸任，就要搬出去，专车、补助费也随之取消。副校长均不配车。

4月20日　上午，专题讨论访问学者交流问题。赴该校访问，最少6个月，前3个月的生活费由中方学校负责，每月500美元。后3个月的美方学校负责，每月500美元。访问学者如能讲英文可安排实习课，每月可获得300美元至400美元的课时津贴，用英语教中文，每月津贴500美元，够生活费。对等访问，美方学校有困难，学者在中国生活、工作6个月语言有困难，他们一般都不会讲汉语。英语、生物化学、煤化学、遗传学、数学专业有钱，欢迎访问学者。参加讨论的美方人员有该校校长麦瑞迪斯，教务副校长汉斯，理学院院长顾其拉、校董事会会长、相关专业负责人等11人。

下午，先参观鲍林格灵汽车厂。该厂有980名工人，220名管理人员。工人每周工作5天，每天工作8小时，每小时工资14美元，另外还有奖金、福利等。工厂实行订单式生产，专门组装赛车，不生产零件，零件来自6个国家。工厂远离市区，周围没有居民。厂内工作环境、生产秩序、产品质量俱佳。离开汽车厂，到肯塔基大学农场参观。农场面积788亩，养有奶牛、肉牛、肉猪和赛马等。销售量最大的是赛马。全场只有5个全职工人，10个半职工人由学生兼任，每日工作半天。

4月21日　上午，游玛瑙斯洞；下午，参观购物中心。晚上，理学院院长顾其拉设家宴招待代表团成员，亲自下厨烤牛排，并招呼我们观赏。

4月22日　从纳什维尔乘飞机抵达华盛顿，下榻我国驻美大使馆对面一家旅社。稍息，便“走马”观白宫，登华盛顿塔，在唐人街高东酒家与留学生和访问学者共进晚餐。夜12点半入睡。

4月23日　上午，代表团成员分乘2台面包车驶向五角大楼，在大楼前草坪漫步，观光。9时许到议会山参观。出议会山，先后参观航天博物馆、艺术博物馆。

4月24日　上午，访问美国大学。该校建于1891年，现有在校本科学生12000人，其中45%是全日制。教师400人，96%具有博士学位。学校有文学院、法学院、公共关系学院、商学院、国际服务学院。国际服务学院全美最大，几个学科全美有名，是学校的骄傲。除商学院都可授博士学位。全校有研究生4000人，外国留学生占30%。来自中国的有68个硕士生，50多个博士生。申请入学要有2名教授推荐，读语言学托福需600分，其他学科可低些。心理学竞争特别激烈，300人申请，只收5人。留学生需学完9个学分。1个学分交399美元，1年交1700—1800美元，包括学费。可以申请奖学金。每年9月入学，2月需把材料送来。大学生一、二年级住校，一是因为年龄小，生活能力差，需要照料。二是培养适应学校、适应新环境的能力。三、四年级走读。以上是该校教育处咨询人员、外事办公室主任和一位工作人员的介绍，三位均是女士，其中主任是黑人。接着，带我们参观图书馆，重点看了期刊室，杂志种类、数量很多，足可供师生参阅。微索室有视听座位98个供师生使用。

4月25日　凌晨3点我们抵达旧金山，入住爱利斯街519号新美华酒店。下午，参观游览了以下地方：旧金山市府大厦、联邦调查局西部大楼、联合国第一次会议所在地——今日大剧院、旧金山太平洋沙滩、金门公园、金门大桥、双指峰、旧金山艺术中心。这么多地方，只能走马观花，看看表面而已。

4月26日　上午，到中国城（唐人街）观光。下午，访问加州大学伯克利分校，通称伯克利大学，1868年建立，始称伯克利学院，1873年加入加州大学。现有14个学院，45个学系，3万多学生。优异的师资中，有十几位诺奖得主，100多位科学院院士，60多位工程院院士。人文社会科学和自然科学并进，物理生化方面获得诺贝尔奖的人最多，文学及经济学也有诺奖得主。学校非常重视教学，每年都评出几位优秀教授，颁发杰出教学奖。院系也对教学优良的教师进行表彰。重视研究是学校传统。学校以研究而知名。很多研究因课堂上的讨论而深入，教学质量因研究获得的新知识、新材料而提高。良好的教学可以是富有启发性的演说，也可以是能让学生追问而弄清问题的课堂讨论。

对学校做简短介绍后，主人引领我们参观图书馆。这是全美四个最大的图书馆之一，图书馆系统包括道尔图书馆、莫非图书馆和十几个特殊学科的分图书馆。全馆藏书800多万册，期刊9万多种，图片40多万件，6万种录音带、6千种缩影片，几十万种政府档案，以及教师手稿、上课教材和试卷等。我们看的是道尔图书馆。管理严格、有序、开放，为师生学习与研究提供服务。接下来参观采矿实验室，宾主边看边交流。

主人还说，学校有个东亚研究所特别有名，全美第一，有中国、日本、韩国研究中心。在中国史和中国语言学研究方面居全美最前列。边走边聊，来到钟楼（又称伯克利塔），登顶环视校园，眺望远方，真像是一个都市中的花园绿洲。一位毕业生捐造的钟楼，高高地耸立于校园，非常抢眼，几乎是每一位访客都要登临的景观。

离开伯克利大学天色已晚，但是导游还建议我们去看圣玛丽亚教堂。赶到教堂前，映入眼帘的是一栋雄伟的建筑，而步入教堂一看，真是美轮美奂，令人叹为观止。它是美籍华人建筑设计大师贝聿铭献给人类的一座高大华丽的艺术品。

4 月 27 日　上午，在新美华酒店做访美总结。我的收获有几条：

第一，是共享的，教育培训中心和院校、研究所七家单位与西肯塔基大学经过深入讨论，达成共识，签署协议，积极推动交流合作。

第二，访问三所大学，各有特色，各有优长，各自在自己的类型上办出最好水平。

第三，三所大学的办学理念、使命和目标，存在明显差异，但都重视教学，重视培养人才。科学研究因校而异。伯克利大学注重研究、理论与应用，期待长期见成果。而西肯塔基大学则以应用为主，讲求快见效果。

第四，三所大学都具开放性、兼容性、多样性，对吸收留学生充满热忱，为促进学生多元化而持续努力；对赴境外交流怀有很大兴趣和激情，愿意和同行分享研究乐趣；学生选课和利用时空的自由度、灵活度很大。

第五，大师、实验室、图书馆的高富有度和先进的理念是办好顶尖大学的必备条件，办好一般大学也需要在这几个方面提供基本的支持。

第六，他们都重视对师生进行价值观和道德教育，而且感性直观，形式多样。例如，在西肯塔基大学会议中心显著位置雕刻着在战争中牺牲的学校教职员的名字，以及在这所学校工作二十五年的教师的名字，让一代代学生和教职员铭记历史，忠诚于国家，忠诚于学校，继续前进。

第七，接触工人、农民、学生、市民和不同岗位的服务人员，他们的言谈举止文明、礼貌。例如，我们照相，他们止步；我们走路，他们礼让；有人买鞋，服务员俯下身子帮助试穿；有人登机，两手提着行李，机票插在上衣袋里，服务员取下，检完票放回原处，微笑放行，而乘客则道声谢谢！

下午，代表团一行离开旧金山，乘飞机于28日回到北京。我于30日上午回到学校。

5月13日　中国统配煤矿总公司党组决定，宋福祯任煤师院党委书记，郭福善调任北京中国煤炭干部管理学院党委书记。

5月18日　在北京学潮影响下，煤师院一些学生经劝阻无效，于当日凌晨上街游行。此后一个月学校正常教学秩序受到影响。6月中下旬逐步恢复正常。

印发《课程建设实施方案》，促进课程建设进一步适应基础教育发展的需要，进一步适应学生发展的需要，进一步符合提高教学质量的要求。

7月11日　出席党政联席会议，主要议题是：传达党的十三届四中全会文件；起草党政工作回顾和打算；修订学生守则工作；定编工作；职称工作；党委民主生活会等。

7月19日　参加关于工作回顾和打算研讨会。关于回顾，提出九条进展，五条不足。关于打算，提出，在指导思想上，要加强各项工作的导向性，注意各项工作的可行性，重视各项工作的效益性；要明确政治是首位，教学是中心，纪律是保证。在目标任务和措施上，要贯彻十三届四中全会精神，坚持办学的社会主义方向；加强教学管理，提高教育质量；加强后勤管理，提高服务质量；抓好办学评估，提高办学水平；加强师资培养，提高教师素质；加强德育、体育和劳动教育，促进学生全面发展；加强调研论证，制订“八五”发展规划；加强制度建设，坚持依法办学，科学治校；加强思想政治工作，维护学校稳定，保证计划顺利实现。

7月26日至30日　参加石关安徽高校工作会议。我在分组讨论时围绕培养什么人、怎样培养人发言，提纲是：把坚定正确的政治方向放在第一位，做好培养社会主义事业接班人工作；必须加强马克思主义理论学习和教育，让马克思主义理论占领思想理论阵地；树立正确的教学思想，贯彻教学的教育性原则，扎实开展教书育人工作。

9月9日　在全校庆祝教师节大会上发表讲话，题目是《抓好教师队伍建设，提高办学水平》。教师队伍建设是第一位的基本建设。没有一支好的教师队伍，提高办学水平就是一句空话。建设教师队伍要朝三个方面努力：一是数量足够。我们离足够有距离，有的专业教师很不够，应按师生一比十五补充教师。没有足够的数量也就谈不上质量。二是结构合理。目前结构也不理想，要争取合理，逐步优化。首先提高学历水平，使学历结构日趋合理、优化，然后逐步优化职称结构。要避免出现新的年龄断层、新的近亲繁殖。三是素质优良，即德高、学富、能力强。建设这样一支教师队伍，是提高办学水平的根本大计，须持续努力，不可须臾懈怠。

9月27日　出席党委扩大会议，讨论通过关于加强学生和教工思想政治教育的意见，并传达学习高校后勤会议精神。

10月6日　上午，出席党委会议，讨论通过成立清理公司领导小组，王彦坦任组长，孙承柏、孙明贤任副组长，成员有张慕贤、李香玲、赵琴芳。办公室设在纪委，主任孙明贤(兼)；通过关于民主评议党员的意见；决定吴法岐任附中校长；同意两名预备党员转正。

10月9日　上午，主持召开清理公司领导小组会议，学习相关文件，明确任务、要求，研究工作方法、步骤，安排时间表等。下午，出席党政联席会议，研究基建工作。一致认为，确保图书馆等在建项目；合理安排明年计划；争取调整概算。

10月12日至13日　出席淮南安徽省煤炭工业企业管理协会成立大会，被推选为理事。

10月17日至20日　与宋福祯一起出席北京中国统配煤矿总公司教育工作会议。

10月24日　在全校中层干部会议上传达中国统配煤矿总公司教育工作会议精神，并提出以下贯彻意见：（一）学习领会这次会议的主要精神，把思想统一到“稳定规模，调整结构，充实内涵，提高质量和办学效益”的方针上来；（二）根据这个方针和学校实际安排明年基本建设计划，编制“八五”发展规划；（三）抓好学校治理整顿工作（重点整顿教学秩序，严格教学管理，加强“三基”教学；整顿清理公司；整顿学校治安，维护学校安全）；（四）深入进行政治教育和法制教育。

10月25日　召开系主任会议，研究加强基础课教学工作。强调树立基础质量观念，切实加强基础课程的教学。随着我国经济社会日新月异的发展，培养学生适应和创新能力的重要性越发明显。而怎样培养这种能力则见仁见智。有的主张根据社会需要设课程，社会需要什么，就教什么；有的主张多开一张应用性、技术性课程，教给学生一些技能。这固然重要。但过度关注现实和技术层面的东西，而不注重基础知识的学习和研究，以形成深厚的技术之源和科学的思想方法，很难培养出适应性强，具有独立思考和创新精神、实践能力的优秀人才。

培养学生适应能力和创新能力的根本之策，是加强基础课教学，打牢基础知识，搞好思维训练，培养学习能力，合作能力和非智力因素。

基础知识是相对稳定的最基本、最本质的知识。它是学科之源；它是新知识、新理论、新思想之源；是创造性学习、工作的基础；是学习新技术、开拓新业务的基础。

加强基础课教学，提高基础知识质量，必须抓好基础课程建设。优秀课程造就优秀人才。基础课程建设应重在反映本学科的基本事实，基本规律，及其独特的思想和方法，体现本学科的最新成就，体现出宽基础，厚知识。基础课程建设的基本要素，一是配齐配强教师。安排品学兼优、德高学富的教师给一年级学生讲基础课，以人格魅力影响学生的理想、情操和品格；以学识魅力影响学生的科学视野、思维方法和治学态度。二是教学内容要关照全面性，即知识性、思想性、科学性、系统性、前沿性；突出基础性，即科学的世界观、方法论和能力，特别是学习能力，合作能力，思维能力。一个不会学习，不善于合作，不敏于思维的人很难适应社会需要和变革，很难进行创造性工作。三是选好用好教材。要多本比较，选用最好的教材。教师要把主要精力花在用教材上而不是编教材上。高水平的先进教材是在反复钻研教学和深厚学术积累基础上编写的。目前我们在这方面还准备不够。瞄准先进，实行“拿来主义”，比较符合我们现在的实际。

11 月 13 日　召开系主任会议，研究课程建设。课程建设是教学工作的核心，优秀课程造就优秀人才。首先要研究优化课程结构。根据我们学校的培养目标，我以为课程结构，应本着拓宽基础课（公共基础课，即公共理论课，上级已定，要按照水准认真实施。我们要在专业基础课上用心，改革提高老的基础课，增设新的基础课），提高专业课，加强教育实践课，新开一些应用性、工具性、人文性课程供学生选修。其次，改革教学内容。教材是教学内容的载体，一定要选用高质量教材。在教材上，我现在信奉“拿来主义”，认真钻研、消化、用好。力戒使用学友为评职称合编互荐匆忙推出的一般教材。其三要研究教学方法，启发提问，引导讨论，授人以渔，提高学生自我获取知识的能力。

11 月 29 日　同各学科教学法教研室负责人讨论教育科学研究问题。提出，高师教育区别于其他大学的一个重要点在于设有教育学科。因此，我们要加强教育科学研究，包括理论、实践和实验。教育科学研究不应脱离基础教育，应关注基础教育改革实践，总结基础教育改革经验，给基础教育改革以理论和实践指导。要加强课程教学研究，包括教学思想、教学内容、教学方法的研究。要组织好队伍，充实加强教育学科教师力量，积累优势，形成特色。

是年，撰写《论高等学校的教学指导思想》，载于《淮北煤师院学报》社会科学版 1989 年第 4 期。提出，“组织和领导高等学校的教学工作，首要的也是根本的一条，便是确立正确的教学指导思想，并引导教师切实实施。那么，在我国，作为社会主义的高等学校应确立什么样的教学思想才符合教育的社会主义方向呢?”“我认为，传授知识，培养能力，陶冶思想，增强体魄，这样四句话，应该是指导和组织我们高等学校教学工作的基本思想。我们的一切教学领域和教学过程必须贯彻这样的教学思想，才能培养出全面发展、面向实际的社会主义事业建设者、接班人。”

文章通篇阐释这四句话是一个完整的辩证的统一体。知识是基础，能力是核心。知识是能力的基础，但知识不等于能力。能力的发展有它自己的规律，要靠培养和训练。把传授知识和培养能力有机结合起来，才能使学生的智能得到充分开发。思想比知识和能力更重要，是第一位的，决定教学内容的方向和能力的有益运用。强健的体魄是完成前三项任务的物质条件，是做一切工作的本钱。四者是相辅相成，互生互长，密切相连的统一体。树立这样的教学指导思想是时代的要求，是贯彻党的教育方针，培养全面发展的社会主义事业建设者和接班人的需要。

1990 年　五十五岁

是年提要　1. 优化育人环境。2. 与学校共命运。3. 要像培养教师那样培养干部。4. 学校因师而名，因生而名。5. 促进学生全面发展。6. 晋升讲师新规。7. 诚聘“三高一好”教师。8. 抓好常规管理。9. 积累学科、课程、师资优势。10. 为什么学，怎么学，学什么。11. 把机会留给青年。12. 再谈科学治校。

1 月 11 日至 14 日　全国煤炭系统中小学教师队伍建设座谈会在煤师院召开。其间，出席座谈会并讲话，阐述教师成长发展，要立德为先，师学、师能、师爱、师责并重，本着育人为本，德育为先，全面发展与个性发展、多样化发展相统一的理念施教。

2 月 19 日　主持召开院长办公会议，研究检查办学水平评估工作和举办教育管理讲习班，提高管理人员素质问题；决定成立校风校纪检查组，促进良好校风建设。

2 月 21 日　主持召开校风校纪检查组会议，明确目的、要求和任务，强调近期重点检查教学纪律，优化育人和学术环境。提出由表及里，由一到二，逐步深入，抓严抓实，抓出成效。

2月26日　召开各系、处、部、室党政负责人会议，部署职称复查工作、工资调整工作、清理整顿和校风校纪检查工作，并就工作作风和工作方法讲了意见，强调要密切联系群众，到师生中去，了解师生情绪，了解师生需要，从关心爱护出发，解疑答问，谈心交流，解决实际问题，努力做好服务。强调对待批评建议要持欢迎态度，正确的要接受，片面的要解释，对错误的言论要采取疏导的方针，以理服人，不能采取简单的方法，压服的方法对待。

2月28日　召开民主党派和无党派民主人士会议，通报党政工作情况，听取对工作的意见和建议。

3月3日　召开党办、院办、宣传部、团委、教务处、保卫处负责人会议，研究宣传贯彻高校学生管理规定和行为准则问题。提出，总结经验，制订实施细则；本月第4周在学生和教师中进行集中学习和宣传教育。以后列入新生入学教育，形成制度，一直抓下去。

3月9日　检查校风校纪治理。

3月11日至14日　出席安徽省教育工作会议，并在高校组讨论发言，以为高校的根本任务是通过教学与研究培养人才。提高人才培养质量，必须重点开展教学改革与研究，根据人才培养目标，改革教学思想，更新教学内容，改进教学方法和教学管理制度。包括教学在内的内部管理体制改革也是为搞好教学，培养人才服务的。不论在什么时候，教学都应是关注的重点，把它放在中心位置。

3月20日　出席党政联席会议，讨论的主要议题有：（一）毕业生分配计划；（二）关于人员借调的若干问题；（三）关于实施《普通高等学校学生管理规定》；（四）关于选派出国访问学者。

3 月 27 日　签发院行字（1990）08 号文件《关于学习、宣传和贯彻〈普通高等学校学生管理规定〉等三个文件的通知》，进一步整顿学校秩序，优化育人环境，加强学生管理和思想品德教育。

3 月 31 日　召开各系、各处负责人会议，部署以下工作：（一）进一步做好学校稳定工作；（二）做好学习、宣传和贯彻《普通高等学校管理规定》的实施工作；（三）做好迎接办学水平评估准备工作；（四）继续治理整顿教学秩序、工作秩序、校园秩序；（五）坚持抓好师资队伍建设，加强师德建设，优化教师队伍学历、职称、年龄、学缘结构，鼓励中青年优秀教师脱颖而出；（六）认购国库券。

4 月 17 日　迎接中国统配煤矿总公司煤炭高校办学水平评估专家组：组长：原煤炭部教育司副司长李维统；副组长：山西矿业学院前院长郑翔；成员：阜新矿业学院前院长吴大章、焦作矿业学院党委书记罗开顺、山东矿业学院前院长田景瑞、中煤教育局高教处长钱仲德、安徽师范大学副校长文秉模、中国矿业大学前副校长吴震春、中煤教育局左秀柏。

4 月 24 日　上午，听取评估专家组报告办学水平评估意见。下午，陪同文秉模教授同政治理论课教师座谈理论研究与教育问题。

4 月 26 日至 28 日　出席曲阜淮海地区五所高等院校协作会第二次会议，并就加强教育教学管理和提高教育质量，加强师资队伍建设，提高师资队伍整体素质，同兄弟院校交流信息。

5 月 3 日　出席党政联席会议，研究办学水平评估整改意见。提出发扬优点，纠正缺点，出台措施，狠抓落实的整改思路，并重点讲了几条意见：（一）增强煤师院意识。煤师院人为煤师院的建设、发展做出了积极贡献，为提高办学水平，迎接评估，付出辛勤努力。煤师院兴衰，煤师院人有责。煤师院人要与煤师院共命运，关心煤师院，爱护煤师院，建设煤师院，发展煤师院，为煤师院尽责，为国家效力。（二）抓干部培训与提高。办学思路确定之后，干部是决定因素。要像培养教师那样培养管理干部，提高管理干部的思想政治素质和业务素质。（三）抓教师队伍建设，提高教师队伍的整体素质。提高教育质量和办学水平，教师是关键，师德、师业、师能的提高尤为重要，要抓教师素质的全面提高。抓教风促学风。通过要抓教研活动，抓观摩教学，抓课程建设，抓教学质量评估，抓奖惩等推动良好教风建设，并以良好教风影响学生的学习风气，提高学生的学习自觉性和自主性。（四）抓落实。有些工作没有达到预期目标，原因之一，是失之于作风不过硬，工作抓得不紧、不实、不得力、不一贯。要少讲空话，多办实事，知行合一，不能“决心在嘴上，行动在会上，落实在纸上。”（六）要不断总结经验，在反思失误、纠正缺点、克服困难、解决问题中前进。

5 月 9 日　在学院全体教职工大会上，通报办学水平评估意见，提出进一步提高办学水平的措施，要求各系各部门认真贯彻落实，努力把学校办好。

5 月 11 日至 12 日　赴扬州师范学院，出席华东地区师范学院院长协作会成立大会。十二所师范学院院长、五所职业技术师范学院长与实际工作者参加了这次大会。扬州师范学院院长吴骥陶主持大会并致辞。会议围绕学校情况 、办学经验、思想政治教育与教育教学改革进行交流与讨论；审议通过了协作会简章。协作会不成立理事会。协作会议每年举行一次，各校轮流承办。承办会议学校主持会议。本年会议决定下年会议时间、地点和内容；决定编印信息资料（概况介绍、数据统计）。蒋传光同行。

5月23日　主持召开系主任会议，研究深化教育改革，提高教育质量问题。强调说，深化教育改革，目的是提高教育质量。提高教育质量，要更新人才培养观念，树立全面发展质量观念、基础质量观念。要改革教育质量和人才评价制度，有利于促进学生全面发展，促进基础质量提高的，要坚持；不利于全面发展和基础质量提高的，要坚决改革。希望各位施展才能，勇于探索，以改革促进发展，以改革提高质量。

5月29日　主持召开文科青年教师座谈会，听取对学校管理意见后发言说："你们希望学校为青年教师发展创造好环境，学校希望你们成为人民好教师。我们的想法一样，目标相同。我心目中的好教师，理想远大，道德高尚，知识丰富，教学有方，爱生乐教，精心育人。青年教师好，学校就有希望。青年教师强，学校就会强。我愿与青年朋友们共勉之，携手把煤师院发展好、建设好。"

5月31日至6月1日　中国统配煤矿总公司总经理胡富国一行视察淮北煤炭师范学院，向其汇报学院改革、发展、稳定工作和经费困难问题。胡总经理同意拨专款六十万元购置学生食堂炊具、餐桌和图书馆阅览桌椅。

6月5日　与宋福祯一起带领党校学员到淮北矿建公司三十处"猛虎掘进队"施工工地参观学习。全国劳动模范、"猛虎队"队长陈登明给学员上党课。

6月19日至21日　出席学院首届教代会二次会议，并在开幕式上做《坚持方向，团结奋斗，为进一步提高人才培养质量而努力》的工作报告。强调德育放首位，教学为中心，科研是基础，师资是关键。提出，要出严师、良师、名师。在参加分组讨论时强调，我们的一切努力，都是为了培养出好学生。教师和学生成就学校，学校因师而名，因生而名。归根到底，学校好名声靠一代代学生创造。教师的好成果，学校的好成果，就是培养出好学生。我们应以培养出好学生为己任、为首任、为天职。

6月21日　在学院首届优秀教学成果奖励大会上讲话指出，坚持教学为中心，全面提高教学质量是学校工作的永恒主题，任何时候都要坚持，都不能动摇。其他工作都要为这个中心提供支持、提供服务。要面向全体学生，促进每个学生全面发展，人人成才。教学要坚持德教为先，结合学科教学深入进行职业道德教育、爱国主义教育、理想信念教育，引导学生树立正确的世界观、人生观、价值观；要着力提高学生自觉自主学习能力，勤奋学习先进知识、技术和文化，为未来做一名好教师打下扎实知识基础；要加强学生身体锻炼，上好公体课，抓好早操、课间操、课外体育活动和心理健康教育，增强学生体质，养成健康人格；要利用艺术学科优势，广泛开展美育，提高学生艺术修养，陶冶学生审美情操；要重视和改进劳动教育，培养学生的劳动观念，劳动态度，养成劳动习惯，提高劳动技能和社会实践能力。

7月2日　全国煤炭系统暑假英语教师培训班在煤师院举办。三名外籍教师任教，三十八人参加培训，历时四十九天。其间，同培训班学员座谈煤炭普教与师资队伍建设。

7月19日至23日　与宋福祯一起，出席中国统配煤矿总公司在南戴河召开的煤炭高等学校领导班子建设座谈会，提交《坚定、团结、清廉、实干》为题的班子建设经验交流材料。会议明确煤炭高校实行党委领导下的院长负责制。实行院长负责制的院校结合换届逐步向党委领导下的院长负责制过渡。

7月25日至28日　与宋福祯一起，出席中国统配煤矿总公司在南戴河召开的煤炭高校首次学生思想政治工作会议。会议决定，今后定期表彰“三好学生”和学生工作干部，并设立学生思想政治工作基金。

8月11日至12日　出席淮北安徽省高师教育研究会首届年会并致辞。出席会议的有来自全省十七所师范院校的五十名代表。淮北市委书记王成法、淮北矿务局局长韩忠德出席开幕会。

8月29日　起草《关于加强教学管理提高教学质量的指导意见》，经党政联席会议讨论，印发实施。

9月5日　出席党委会议，决定设立常设党校、学生工作部、监察审计室、历史系、生物系。

9月13日　出席庆祝教师节暨新生开学典礼大会，表彰先进教育工作者并讲话。指出，先进教育工作者的共同特点是：严谨治学，敬业爱生，教书育人，为人师表。让我们以他们为榜样，履职尽责，赢得属于自己的个人成就和荣耀。

9月22日至26日　应邀访问内蒙古乌达矿务局、宁夏石炭井、石嘴山矿务局，调研矿区基础教育对师资的需求。王继华同行。

10月6日　主持召开系主任会议，部署职称评审工作，提出教师中级职称任职条件增加一条，即一门专业课或基础课的完整讲稿，意在考察教师的教学态度和教学水平，导向重视教学和教学质量而不仅仅看教学工作数量。讲师首先要讲好课，教好学，保证教学质量，提高教学的学术水平。高级职称的评审权在省不在学校，所以教授、副教授的任职条件，没有提这一条，但这不等于说教学不重要。教学是教师的天职。教授更应重视教学，对教学充满热情，把教学工作做得更优秀，激发学生的求知欲，引导学生更好地发展。

10月8日　到生物系现场办公，对以下问题做出回应：（一）建立健全组织机构，系里提出建议报告，学校审定。（二）教学行政用房，按此前与化学系商定的意见划转。（三）师资是关键，拟定进人计划，起点要高，把关要严。要注重引进高学历、高职称、高水平、人品好的教师，只要水平高、人品好，不是高学历、高职称的也要。新系要有新要求、新气象，办出新水平、高水平。（四）材料费和办公用品，开个单子，逐步解决。

10月18日　在历史系现场办公时提出，万事开头难。今天办历史系，怎么起好步、开好头很重要。我以为有几点要关注：一是起点要高，引进高学历、高职称、高水平、人品好的教师，这是关键，要用心做好。二是风气要好，培养好的教风、学风、作风。教学要教书育人，研究要求异创新，做事要求真务实，一步一个脚印往前走。三是做好发展规划，提出目标、任务、要求和措施。四是加强实践教学，发挥历史的资政育人作用。选择西安作为专业实践基地，我给我的学兄袁仲一（西安兵马俑博物馆馆长）写封信，请他帮助安排。

10月23日至27日　出席煤炭教育顾问团高教分团镇江年会。

10月29日至30日　访问华东师范大学，张瑞昆副校长应邀介绍华东师范大学师资队伍管理经验，并就为淮北煤炭师范学院培养教育管理干部问题进行商量，达成合作意向：在合适时候，以合适形式，举办教育管理干部培训班。具体方案另行商定。沈维珉同行。

11月16日　在附中现场办公时强调，一定要把附中办好，让附中成为煤师院的名片。为此，一要充分认识办好附中的意义；二要加强管理，全面贯彻教育方针，全面提高教育质量，把质量搞上去，以质量立校；三要搞好内外关系，依托母体，面向社会，利用一切可以利用的教育资源，创造相对优势，乘势而上；四要做好教师队伍的充实、调整、提高，把教师团结起来，发挥教师的主动性、积极性、创造性。教师是办好一所学校的决定性力量 。重教必先尊师。

11 月 20 日、21 日　听取体育系、艺术系、政教系期中教学检查汇报后提出，抓教学，一要抓常规管理。常规管理具有基础性、规范性、稳定性，抓好常规管理具有奠基意义、导向意义、长远意义。常规管理常抓不懈，必有成效。二要抓重点建设。学科、课程、师资是三大重点，对这三大重点要有规划、设计，一年又一年地抓下去，把学科建设好，把课程建设好，把师资队伍建设好，积累优势。三要抓教学改革。首先要改革教学思想，用先进的教学思想指导教学改革。只要勇于实验，勇于探索，善于学习，善于总结，就能有所进步，有所提高，有所创新。四要加强实践教学，包括实验、实习、专业实践、社会实践等，通过实践教学，训练提高学生能力，树立能力为重的观念。

11 月 21 日　下午，主持召开学生座谈会，听取对教学的意见建议，并就一些问题同他们进行交流。（一）进入大学，首先要明确学习目标，要把自己培养成什么样的人。我们不反对合情、合理、合法的个人利益，不反对学习含有为个人、为父母、为家庭的动机。但是，光是想到这些不够，要有大胸怀、大志向，要为国家富强、民族振兴、人民幸福而学习，为中华崛起而学习。有我更要有人，有家更要有国。总之，要做国家栋梁，为家、为国、为人民。二要勤奋学习。煤师院是一所发展中的新建院校，各方面条件还不尽如人意。师资、图书、实验室不足，管理一时还跟不上。这些都给学习带来不便。但有一条可以补缺，就是勤奋。学校的差距重要的不是条件，而是学风；人的差距重要的不是天赋，而是勤奋。优良学风能够成就一所学校。勤奋成就人才。课堂受业于同一老师，无差别。课余时间，勤奋程度不同，差别就大了。学习，有的上去了，有的下去了，差别就在课余时间做什么，就在勤奋不勤奋。（三）同学们关心的几个问题。一是马克思主义理论课。这是指导和决定我们行动的灵魂和思想理论基础，也是学习各个学科专业的指导思想和理论基础。同学们不论学习哪门学科专业，把马克思主义这门大学问学好，掌握它的基本立场、观点和方法，对你们的生命和事业会有重要的影响。二是外语课。不少同学感到难，压力大。但要知难而进，把压力变为动力，尽力把外语学好，更好地面向世界，学习先进的科学文化知识。三是选修课。学校正在研究，争取多开一些，供同学们选修。四是要学会学习、学会听课。一堂课有一句话，一条资料，一个观点对你有所启发也就可以了。无论哪位老师也做不到满堂课都是新知识、新观点。但是，你要得到那一句话、一条资料、一个观点，你就要认真听那一堂课。五是考试问题。改革考试内容、考试方法势在必行。我们在做改革试验，研究建立试题库，部分课程试行开卷考试或口试等。

11 月 23 日　主持召开十个系青年教师代表座谈会，听取对学校管理的意见建议，并同他们进行交流。（一）学校管理千头万绪，最重要的是教学管理和师资管理。管理主要是服务。为师生服务是学校的职责和义务。在服务上我们做了努力，但做得不够好，我这个总服务员有责任。接受大家的意见，想方设法，进一步做好服务工作。管理是通过服务实现的，服务不好管理就不上去。我们争取管理上台阶，实际上就是服务工作上台阶。我们愿意随时随地听取大家的批评建议，把管理服务工作做好做优。（二）青年教师是学校的希望，学校的未来寄托于青年教师。青年教师强，则学校强。培养青年教师是学校的战略选择和战略重点。怎样培养？通过什么方式、什么途径培养？回顾既往，有委托培养研究生，助教进修班，访问交流，教学与科研实践，社会实践等。概括说，形式有脱产和在职两种；途径有读研、访学和教学实践、科研实践、社会实践、开放交流等。目标是不断提高教师的业务素质和思想政治素质，成为好教师、优秀教师。机会是有的，谁占先机，靠公平竞争。谁考上研究生就支持谁去读。一年考不上，两年、三年能考上也好，也支持。读研是学习，做教学、科研和社会服务也是学习。实践出真知，实践出人才。学的目的是用。要学用结合，在学与用中增长才干。（三）为了培养青年教师，我们已经挤出了可观的经费，还将投入更多的经费；我们已经出台了一些激励政策，还将继续出台一些激励政策，大力支持你们勇敢攀登学术高峰。总之，把机会给青年，希望青年超过老年。这样，我们的学校才有希望，我们的国家才有希望。

11 月 24 日　主持召开系处负责人会议，研究有偿服务工作。研究的思路是：面向全国煤炭系统，面向地方，签订校企协议，校地协议，举办专业技术培训班、专业证书班、函授班、自费生班等，开展有文化、有知识、有技术含量的有偿社会服务。打算从有关部门抽出专人负责此项工作。

12 月 7 日　在讨论民主办学自查报告时进一步强调科学治校，民主办学主张。指出，鉴于对历史和现实的考察，以为提教授治校不如提科学治校。治校同治学有不一样的理论与实务。教授大都长于治学，不一定都善于治校。有的学术型校长，在治校上与人们的期待相差甚远，非不努力也，乃不科学也。科学治校是按高等教育规律办学，实现教育思想、教育技术与教育管理的现代化。它的主要指向是，不论教授还是一般师生员工，只要思想主张符合高校办学规律，就接纳。否则，即使是教授说的也不盲从。教授当校长一定要把主要时间、精力投入研究高校管理理论与实务，接纳或提出先进治校理念，做科学有效的管理者。科学治校和民主管理密不可分。没有管理的民主化就不会有管理的科学化、现代化。实现管理科学化、现代化，必须群策群力，走群众路线，坚持民主集中制原则。

12 月 15 日　在研究教学管理总结时提出，徐德璋副院长关于“共性虚写，个性实写”的意见非常好，总结要充分体现这个意见。总结要反映管理实际。最大的实际，一个是严格，一个是活泼。为什么严格，如何严格，是不是严而有理、有据、有度；活泼，主要是思想活泼，学习活泼，学术管理民主，学术活动自由。在这两个方面理一理，有什么经验教训值得记取，有助于进一步做好教学管理工作。

12 月 25 日　校学术委员会成立，任主任，主持召开院学术委员会会议，评审 1986 年至 1989 年科研成果奖。经评议和无记名投票，评出特等奖一项，一等奖三项，二等奖五项，三等奖七项。

1991 年　五十六岁

是年提要　1. 民主办学要义。2. 树立煤师院意识，建设班风好、学风好、作风好班集体。3. 怎么抓工作计划的实施。4. 心有质量，心忧质量。5. 培养青年教师的做法。6. 树立工作研究观念。7. 留人留心，放人要有气度。8. 同党员青年教师讨论五个问题。9. 新阶段，新目标。10. 加强理论课教学的六点意见。

1月6日　在听取学校工会汇报省高校检查组检查煤师院民主管理情况时说："检查过程和结果，有助于认识校情、校势，认识自己；有助于取长补短，学习兄弟院校先进经验；有助于深化管理改革，推动民主办学。民主办学，要义是师生、家长、社会平等参与学校管理和学校管理平等。民主办学是手段，也是目的。教育民主与政治民主密切相关。在民主办学过程中，培养具有民主素养的人，是现代大学教育之旨归。强化民主办学意识非常必要，也非常重要。一定要抓好民主办学。"

1月28日　上午，中煤总公司干部局薛浩处长到学校宣布中煤总公司决定：江传恕任淮北煤炭师范学院副院长、孙承柏任华北煤炭医学院副院长、马建任淮南矿业学院副院长。下午，与宋福祯、高成业一起，向薛浩汇报学校后备干部队伍建设情况。

2月1日　在喻道安传达中煤总公司关于院校学生生产实习工作的意见时说，实习事关人才培养质量，总公司如此重视，我们要认真落实。(一) 召开一次教育实习工作会议，传达总公司关于实习工作的意见，研究贯彻落实措施；(二) 邀请有关矿务局教育处、地方教育局负责人和中学校长，开一次教育实习咨询会议，争取他们支持，听取他们对教育实习的意见、建议；(三) 可否聘请一些有经验的中学教师做教育实习兼任指导教师；(四) 每年将有千余名学生教育实习、专业实习，拟恢复教育实习科，加强实习管理；(五) 充实学科教学法教师，加强学科教学法教学与研究，抽调足够教师指导教育实习；(六) 进一步建立和扩充教育实习基地，依托基地，积累经验，提高教育实习质量。

3月2日　在学生干部培训班上即席讲话，谈两个问题。（一）树立煤师院意识。煤师院意识有两层含义：一是树立爱煤、学师、从教的专业思想，做一名终身热爱教育的教师；二是树立校荣我荣、校辱我辱、以校为家、爱生乐教意识，担起学校改革、发展、稳定的使命和责任。（二）强化建设意识。建设是一个常青的永恒的主题。我们必须强化校园建设意识，一切立足于建设，着眼于建设，把广大师生员工的积极性、主动性调动到创造性的建设上来。就学校来说，要搞好班子建设、队伍建设、校风建设。具体到每一个班级就是要建设一个班风好、学风好、作风好的班集体。班风好，就是：第一，形成一个团结协作，方向坚定，积极进取，乐于为同学服务的好的班干集体；第二，形成一个团结友爱，互助互敬，人人奋发向上的班级集体；第三，形成正确的舆论导向，引导人人向好、向上、向前，争先创优；第四，形成一个互帮互学，共同进步的好风气。学风好，就是：第一，勤奋学习；第二，积极实践，学以致用；第三，求实、求真、求是；第四，努力创造。唯有创造，才有前进。同学们个个都要有创造的志气，创造的毅力，创造的思维，创造的精神。作风好，就是：第一，艰苦奋斗；第二，举止文明；第三，尊师敬友；第四，助人为乐。

3月4日　主持召开院长办公会议，研究工作计划的实施。做领导就是不断地说话、演讲、造舆论，实事求是，以身作则，动员、宣传、鼓舞并带领师生员工实际干。具体讲了六点意见：（一）抓舆论，做好宣传动员工作；（二）抓调研，实事求是地解决工作中遇到的问题；（三）抓重点，以点带面，做好各项工作；（四）抓案例，发挥典型的引领和警示作用；（五）抓创收，为改善教工待遇和办学条件，积累财力基础；（六）抓检查，促行动，促落实，实现计划。

3 月 6 日至 11 日　与宋福祯一起，出席北京全国煤炭工作会议。

4 月 6 日　给党校学员讲党课，题目是《坚持党的工人阶级先锋队性质》。

4 月 11 日　出席党委扩大会议，研究修订学校“八五”计划和十年规划。王彦坦提出，修订计划和规划，指导思想明确后，重点考虑发展目标，包括规模、专业结构、师资结构、教育质量、办学效益等。确立目标要从实际出发，既要符合国家发展战略要求，又要符合学校条件和可能。经过努力奋斗能达到的就提，拼了命也达不到的暂时不提，作为办学理想去追求。我们办学，追求什么？心忧什么？追求卓越，心忧质量。教学与科研要持之以恒地抓质量。要心有质量，心忧质量，常抓质量，培养高质量人才。质量要确保合格，争取优秀。没有非常高的质量，谈何卓越。追求不等于达到，但必须朝着这个理想目标努力。

5 月 20 日　上午 8 时，到历史系听期中教学检查汇报时强调，常规管理要抓住不放，教师培养要抓住不放，教学质量要抓住不放。9 时 30 分，到生物系听取期中教学检查汇报时强调，新系要花点血本，下番功夫，培养教师；要千方百计，抓好教学，提高质量。

5 月 21 日　在党委中心组学习会上说：“目前形势下，办好煤师院的事情，一要正确把握办学方向，二要努力提高教育质量，三要抓好内部管理，四要做好社会服务与创收工作。”

5 月 22 日　召开党政联席会议，讨论通过水电、食堂、汽车、浴池承包协议。出席淮北煤炭师范学院与华东师范大学研究生院合作意向书签字仪式。双方就加强协作，培养研究生商定八条意见。

5月24日　出席党委会议，讨论通过调整学生工作指导委员会、青年教师工作指导委员会、保密委员会、知识分子工作领导小组；决定王继华任党委办公室主任、王新华任院长办公室主任、李敦志任财务处处长（兼）。

5月28日至31日　出席曲阜全国高师教育研究会第二次学术年会暨高师教育管理专业委员会第九次学术年会。会上以《培养青年教师的决策和实践》为题发言。提出，新建高师院校在师资队伍建设上，理想主义要不得，悲观主义也要不得；急躁不行，坐等也不行。一定要从战略高度出发，立足当前，着眼未来，抓住机遇，自己培养，探索出一条有自己特点的新路子。（一）立足现实，着眼未来，制定培养青年教师的战略规划。（二）统筹安排，精心培养，改善青年教师学历层次和知识结构。（三）提供舞台进入角色，锻炼青年教师教学和科研实际能力。（四）严格要求，抓好导向，提高青年教师政治素质和道德水准。

6月10日　主持召开系主任和有关处室负责人会议，讨论科研课题申报、学术带头人、教学科研骨干评审和管理问题。会上提出，科研是全面提高教育质量，提高人才培养质量，服务经济社会发展的重要途径和手段。必须把科研作为学校的一项基本任务，确立有限目标，实行重点突破。做好这项工作，一靠干部的谋划和组织，二靠建设一支高水平的教师队伍。

6月13日　听取安徽省教委专家组对《数学分析》课程评估意见通报：评为A级课程，总分以0.2分之差，位列全省本科师范院校第二。最深刻的印象是，管理有方，不亚于老大学。年轻教师茁壮成长，乔建永是代表，堪称教学、科研与管理的典范。

6月18日　在全院干部教师大会上发表讲话，强调，要结合政治理论课教学，对学生进行历史和国情教育，引导学生养爱国之情，立报国之志，成长为自觉的爱国主义者，进而研习马克思主义、毛泽东思想，出一些青年马克思主义者。要红专并进、为人师表，培养优良校风，以校风影响世风。要依法办学，从严治校，认真履行教育教学职责和管理职责，违法必治，失责必究。要充分调动教职工干事业的积极性、齐抓共管，形成合力，主动地、生动活泼地做好育人工作。要从实际出发，实事求是，扎根淮北，面向社会，依托煤炭行业，按照我们的办学宗旨和理念，探索煤师院的办学之路，形成煤师院的办学风格，办出煤师院特色、煤师院优势。要有好的工作作风，我们提倡办学校、干事业，要具体指导，不要形式主义；要认真工作，不要虚于应付；要雷厉风行，不要办事拖拉；要实事求是，不要弄虚作假；要求真务实，不要空发号召。

6月19日　到化学系现场办公，就如何加强化学学科应用研究提出意见，目前自己建厂，学校财力不足。是否可先在实验室试验，取得成果，向企业、地方推广，走出实验室，探索校企、校地联合研究开发路子。

6月21日　召开民主党派代表座谈会，听取对学院“八五”计划和十年规划的意见。

6月23日　会见美国西肯塔基大学科学卫生技术学院副院长、生物学教授马丁·豪斯顿夫妇。

7月2日至6日　调研检查各系教师考核和学生创建“三好班级”活动时指出，教师对考核反应强烈，有震动，有压力。考出了积极性，希望多上课、上好课；要求搞科研，出成果，争取下次考核出佳绩。学生的学风、作风、班风明显好转，向学、向好、向美之风日渐浓厚。实践证明，行动比讲话管用，实践比想法有效。学校管理，班级管理需要坐而言，更需要起而行。行胜于言，一步实际行动胜过一打纲领。

7月18日　在主持传达全国高校党建工作会议精神的全院中层干部会议上提出，（一）充分认识高校面临的形势，做好克服困难的准备。（二）把班子建设成坚定、团结、清廉、实干的领导集体，努力办好学校的事情。（三）坚定不移地建设一支好的教师队伍，教书育人，为人师表。（四）牢记根本任务，努力培养社会主义事业建设者和接班人。（五）认真学好江泽民总书记“七一”讲话，用讲话精神指导行动，指导工作。

8月22日　听取李敦志汇报财务工作时提出，钱少，用钱的地方多，怎么办？一要面对现实，保持收支大体平衡。二要留有余地，再难也不能分光吃光。三要坚持生活先行，教学为主，兼顾其他的原则花钱。四要提高认识，钱是基础，人是关键，制度是保障，保持一支笔不动摇。

8月30日　在全院中层干部工作交流会上提出，要树立工作研究观念。高校的一切工作同人类社会其他事物一样，都有它发生、发展和存在的理由，都有自己的区别于其他事物的性质、特点和规律。大到党的建设，治校方略，小到水、电、食、宿等具体的后勤管理，莫不如此。而事物的本质却隐藏在事物发展、变化的现象之中。只有通过调查研究，才能弄清真相，透过现象，看到本质，揭示这种那种工作的规律。我所说的工作研究，就是研究教学、科研、思政、师资、学生、后勤等管理的原则、制度、方法，揭示这些管理工作的性质、特点和规律，实现高校管理的科学化、现代化。

研究是做好一切工作的基础。一切工作都要研究。人人都要做工作研究。要研究本职或本行工作的性质、特点和规律，研究本职或本行工作在学校的地位、作用和从事这种工作的意义，研究在一定时间、地点、条件下，根据工作的特点，进行创造性工作。缺乏研究的管理工作容易陷入盲目性、事务性，流于一般化，很难做出特色，名位先进行列。

教师做教学研究的意义不言而喻。管理人员做工作研究，揭示本行工作发展变化的规律及其与其他工作之间的联系，不仅有助于提高学校管理的整体水平，亦可成就自己成为高校(高教）管理学者、专家、教授，为发展我国高等教育事业做出更大贡献。

9 月 7 日　会见南京大学研究生院副院长孙义燧教授，出席淮北煤炭师范学院与南京大学研究生院合作培养研究生意向书签字仪式。

9 月 9 日　在庆祝教师节大会上宣讲《淮北煤炭师范学院优秀青年教师选拔和培养试行办法》《淮北煤炭师范学院学科带头人选拔培养试行办法》。大会表彰了教书育人先进工作者、先进集体和优秀政治辅导员。

9 月 10 日　国家教委人字（1991）61 号文件通知，王彦坦被评为全国优秀教育工作者，并获国家教委、国家人事部颁发的“全国优秀教育工作者”奖章。

9 月 23 日　同魏捷、张伦俊谈人事工作。在大学，人事工作就是人才工作，人事处就是人才处。做人事工作的一个重要任务就是礼聘人才，培养人才，用好人才，留住人才。我们这样的学校礼聘和留住人才比较难，但要想办法挽留。留人要留心、暖心、有温度，让人舍不得走。实在挽留不住就放，不要闹翻，要以礼相待，让人走得愉快，留下友谊和记忆。煤师院应有这样的风格和气度。

10 月 7 日至 10 日　到特殊凿井公司中学、淮北市一中、矿建公司中学检查教育实习。

10月11日　召开党政联席会议，研究资金管理。提出鼓励创收，藏富于系，进一步调动系的创收积极性，改善教师待遇和工作条件。

10月某日　给全校学生演讲《中国共产党是领导中国革命建设改革走向胜利的核心力量》。

11月4日　赴北京办事。5日，到中国统配煤矿总公司干部局请示干部工作，同意我校人事处副处长、组织部副部长人选；到劳动工资局为李冀平、吴义君女儿争取劳动指标，安排工作。6日，到教育局向鲍恩荣局长汇报中小学校长培训之建议，鲍局长即刻电话成人教育处列入计划。同时汇报专业设置、基建和干部问题，均获支持。7日，在喻道安的努力争取下，国家教委核准设置音乐专业。

11月15日至16日　出席北京中国煤炭教育协会成立大会，当选为理事。1996年12月增补为常务理事，至2004年4月换届卸任。

11月16日　签署文件对我校体育代表团通报嘉奖。此前在安徽省第七届大学生运动会上，我校代表团获得金牌13枚，银牌6枚，铜牌4枚，专业组获团体总分第二名，公体组获团体总分第4名，男篮第4名，并获道德风尚奖。

11月27日　在党员青年教师读书研讨班结业座谈会上讲话，谈了几个问题：

政治与业务。同志们有两个身份，一个身份是共产党员，一个身份是人民教师。共产党员、人民教师一定要讲政治，讲四项基本原则。四项基本原则是最大的政治。政治是统帅，是灵魂，是管方向的，是举什么旗、走什么路的问题。不讲政治，不抬头看路，成天埋头业务，容易迷失方向，走到邪路上去。政治是搞好业务，发挥业务服务人民，服务社会主义现代化建设的保证。政治和业务是对立物的统一。一定要把政治和业务结合起来，统一起来，把政治落实到业务中去，努力钻研专业、技术，用先进思想、先进科学技术，培养社会主义建设者和接班人。

理论与实践。理论来源于实践，指导实践，接受实践检验，并在实践中不断创新、发展。我们的实际是书本上的理论多于实际经验。能适时地多了解一些国内国外政治、经济、科教方面的实际，将书本上的理论应用到实际中去，从理论和实际的结合上对一些历史和现实问题给以马克思主义的解释，应当成为我们努力的方向。

教学与科研。处理好这对关系，关键之一在认识。教学质量源于教师质量，教师质量源于学习和科学研究。研究题目，一方面从教学中来，一方面从社会实践中来。既要对学科领域中的问题进行研究，又要对学科教学进行研究。并注重将学科领域的研究成果补充到教学中去，将学科教学研究成果付诸教学改革实验，促进教学与科研互生互长。关键之二在时间。应按教学第一，科研第二分配时间。教师的天职是教学，学校的中心工作是教学，教师的主要时间和精力应投入教学。教学与科研发生矛盾，科研服从教学。绝对不能牺牲教学搞科研。

工作与学习。我们全力支持青年教师读研、进修。读研要考，是一次人才选拔。进修是普遍提高，我们会分期分批送你们去进修。进修是学习，很重要。但工作也是学习，而且是更重要的学习。工作（包括教学、科研、管理、社会服务）是应用知识。用然后知不足。需要读书、读书、再读书，学习书本知识；更需要实践、实践、再实践，学习实践知识。向书本学理论，向实践学知识，都要重视总结经验。总结经验是学习和应用理论的过程，也是理论和实际相结合产生新观念、新思想、新理论的过程。同时要研究工作，找出本职工作的特点和规律，按照规律办事。这是理论的应用，也促进理论发展。进修、工作与学习，通过理论与实际结合做到了统一。

自由与纪律。近年学校出台了一些新的规章制度，强调纪律，以维护学校正常的教学、工作、生活秩序，给师生营造一个安静的读书与治学环境，而不是紧箍咒，限制自由。自由是相对的，不是绝对的。自由不能以牺牲秩序为代价。自由不可缺，纪律不可无，秩序不能乱。它们是矛盾的统一。制度和纪律是规范和约束行为，维护秩序的，不是限制学术自由的。秩序是一种文明，与美德并存。我们会遵循学术发展规律，让科学艺术上的不同学派，在良好的校园秩序中享受学术自由、创作自由，于各自的研究领域推陈出新，自由竞秀。

11 月 28 日　在学校二届一次教代会和工代会上做《把淮北煤炭师范学院的发展和改革推向新阶段》的报告强调，新阶段就是全面提高教育教学质量。提高质量是教育的永恒主题，是我们的希望，是我们的生命线。全面提高办学质量，一要把德育作为一项系统工程，建立德育网络，采取激励机制，从政策上、组织上、制度上保证德育的首要地位；二要继续加强“三基”，本科部分专业试行主副修制，培养一专多能复合型人才；三要加强教学实践环节，培养学生教育教学技能技巧；四要加强和改革教育学科课程教学，增加应用教育课程在选修课中的比重；五要加强课程建设，实行课程评估制度；六要实行育人、教学、科研奖励制度，推动广泛开展育人活动；七要努力建设好教育实习、专业实践、社会实践基地；八要大力开展科研，鼓励全体教职员工结合岗位进行研究，以研究促教学、促管理；九要实行《教师课时津贴》《干部岗位津贴》，并开展有偿服务，逐渐提高教职工收入；十要广泛开展群众文体活动，丰富业余文化生活；十一要努力建设一支又红又专，德才兼备的教师队伍。以教师队伍建设为战略任务，以青年教师培养为战略重点，花大气力抓好。要努力营造校园小气候，使老年教师舒心，中年教师安心，青年教师有信心，共同为煤师院的兴旺发达努力奋斗；十二要努力办好附中、附小、幼儿园，为教职工子女就学解后顾之忧；十三要继续抓好基建、后勤工作，改善教学、工作、生活条件，为提高教育质量提供物质保障；十四要坚持科学治校，民主办学，严格管理，认真整顿学风、教风、作风，形成良好校风，以校风影响世风。

12 月 4 日　出席教代会工代会闭幕会，在接到全国优秀教育工作者证书时说：获此殊荣，其实难副。我将珍惜这个称号。这个荣誉属于煤师院，属于煤师院领导集体，属于煤师院师生员工。煤师院人成就了我。没有大家的支持与合作，我决不能赢得这个光荣。谢谢各位代表，并通过各位代表向全院师生员工表示谢意。

12 月 6 日　与宋福祯一起，同政教系、教务处、学生处负责人研究加强公共政治理论课教学。我讲点意见。各门政治理论课都有自己的理论体系，知识体系，研究方法和功能。加强政治理论课教学，必须抓住根本，加强基本理论、基本知识、基本方法和功能教学。具体讲：（一）加强马克思主义基本理论教育，发挥理论在思想政治工作中指引性、基础性作用；（二）加强基础知识教学，发挥基础知识陶冶人、唤醒人、养育人作用，促进学生成人成才；（三）加强基本技能教学，使学生具有从事专业工作所必需的基本方法和能力；（四）注重社会调查、群众工作、思想工作、宣传工作能力的训练，提高适应能力；（五）开展科学研究，重点研究教学中的疑难问题和群众包括学生关心的现实问题，努力做出马克思主义的回答；（六）理论课、思政课教师是马克思主义理论的宣传者，要以对马克思主义的坚定信仰感染教育学生，帮助学生在思想上、政治上健康成长。

12 月 11 日　召开全院教师干部大会，传达中煤总公司和安徽省职称改革工作会议精神，并发表讲话强调，对职改工作要提高认识，加强领导，保证职称评聘经常化工作沿着正确的方向稳步前进。一要提高认识，明确职称评聘转入经常化的核心是精心选拔人才，合理使用人才。二要进一步明确职改经常化的指导思想是，坚持聘任制原则，健全制度，完善措施，实行系列分流，评聘分开，单位分类，职务分级，建立具有中国特色的学术技术职称考评制度和专业技术职务聘任制度。三要进一步研究制定学校岗位设置方案，明确岗位职责。四要严格掌握任职条件，确保评聘质量，使努力工作，埋头苦干的专业技术人员有前途、有奔头，促进人才竞争和成长。五要认真做好准备工作，逐步向经常化过渡。六要立即筹办基础外语培训班，提高专业技术人员外语水平，专业外语各系负责。七要创造条件，争取于明年上半年评几个系列的中级职称，并做好申报高职评审准备。八要在工资总额允许的范围内，解决任职资格人员工资兑现问题。

是年　与部锦强合作《严格管理，提高质量》，载于《煤炭高等教育》1991 年第二期。与吕绳振合作《我院切实加强青年教师工作的基本做法》，载于《煤炭高等教育》1991 年第 4 期。

1992 年　五十七岁

是年提要　1. 推进聘任制等改革。2. 办好附中的意义和主意。3. 红专并进，为人师表。4. 大学管理本质是文化管理。

5. 大面积培养管理干部。6. 办出个性，办出特色。7. 让青年超过老年。8. 校企校地合作。9. 自我封闭，必定落后。10. 不能偏离大学使命。11. 藏富于系。

1 月 22 日　召开党政联席会议，讨论以“红专并进、为人师表”为校训，征询意见。

1 月 26 日　召开党政联席会议，讨论决定举办华东师范大学高等教育学专业硕士课程进修班，大面积培养管理干部 。

2 月 13 日　在书记院长同有关部门负责人共议学校改革时发言，强调解放思想，实事求是，从煤师院实际出发搞改革，以改革促发展。

2 月 15 日　书记院长碰头议事。工作有所侧重，王彦坦抓改革，宋福祯抓基金会，江传恕抓创收，徐德璋、韩福海抓常规管理。决定成立校内管理体制改革办公室。

2 月 20 日　在全校处级干部和政治辅导员会议就学校内部管理体制改革构想发表讲话。

讲话提出，学校内部管理体制改革的指导思想是，以办好有特色的淮北煤炭师范学院为出发点，以多出人才、出好人才为目的，改革的政策、措施要有利于坚持四项基本原则；有利社会主义现代化建设；有利于为煤炭基础教育服务；有利于增强学校内部活力、调动基层和教师积极性、创造性；有利于建设一支又红又专教师队伍，不断提高教学科研水平；有利于促进各类队伍整体优化和拔尖人才脱颖而出。

讲话指出，改革的思路是，要有领导、有计划、有步骤地进行，综合运用政策导向、思想教育、物质激励等手段，保证改革方向和效益。改革要整体设计、先行试点、分步到位，要瞻前顾后、实事求是、稳步前进。

讲话提出，改革的主要内容是，一是实行教育目标责任制。进行目标分解，落实到单位，责任到人，并进行年度、任期评估与考核。二是进行人事制度改革。强化编制意识，完善定编、定岗、定职、定责工作。教师科研人员实行聘任制，分全聘、半聘、缓聘、不聘四类，可低职高聘、高职低聘，聘任与利益分配挂钩。管理干部实行任期目标责任制，任期目标不达标者，解除使用或予以免职。工人实行合同制。聘余人员由学校人才交流中心妥善安排。三是进行分配制度改革。实行校内结构工资制，由基本工资、补贴工资、课时酬金（岗位津贴）及奖励工资构成。四是坚持校内公费医疗改革。五是与淮北市同步进行住房制度改革。六是继续推进教学改革，提高人才培养质量。这是办学的永恒主题，专题进行再研究。

讲话提出，为保证学校内部管理体制改革顺利进行，拟采取以下措施：一是进一步健全、完善校内领导体制，加强领导班子和干部队伍建设，为改革提供坚强的组织保证。二是加强学习，统一认识，解放思想，实事求是，宣传改革，研究改革，实验改革，为改革创造良好思想舆论环境。三是研究制定改革的政策和策略，加强管理和指导，为改革提供制度保证。四是抓科技开发、校办产业、有偿服务，增强造血功能和创收，为改革提供物质保证。五是抓改革试点，校领导分工负责，下到试点单位，抓试验，抓总结，稳步推进。六是成立学院内部管理体制改革办公室，指导和协调全校内部管理体制改革，沟通信息，研究问题，提出建议，为改革提供服务。

2 月 21 日　召开全校处级以上干部会议，就学校内部管理体制改革方案、以“红专并进，为人师表”为校训建议，征求意见。

2 月 26 日　出席党委扩大会议，讨论同意《学校内部管理体制改革方案》，决定先试行，后推广。

2 月 28 日　召开党政联席会议，听取艺术系内部管理体制改革意见。

2 月 29 日　同附中领导班子谈话指出：（一）办好附中是人们的共同期盼和愿望。对煤师院来说，附中是实验实习基地，是一张名片，其质量、声誉和煤师院、煤师院教职工密切相关。办好附中是煤师院广大教职工的希望，也是煤师院引进优秀人才的一个重要支撑。淮北教委、淮北地区人民也希望多办一些好的中学，为淮北多出人才、出好人才奠基。放眼全国，凡附中，多为名校。把煤师院附中办成名校的任务交给你们了。重任在肩，使命光荣。

挑起办好附中的重担，首先要把班子自身建设好。加强班子建设，就是提高班子成员的基本政治素养、岗位知识和岗位能力。加强班子建设，可从制度建设做起。首先建立学习制度。学习政治，学习岗位知识，学习先进经验，总结和反思自己的办学实践，不断提升办学能力和水平。

其次建立合理规范的管理制度。如议事制度，办公制度，廉政制度，各种（德育、教学、教研、总务等）管理制度等。按制度办事，制度面前无例外。将校务公之于众，接受群众监督。

办好附中要有科学的规则、可行的计划、切实的行动。想和做要统一起来。凡事要多想、要想到，连想都想不到，自然也谈不到做。想到、说到就要争取做到。不要说空话，要做实事。多做实事，做好实事，成就事业，人们自然就会拥护你、支持你。

办好附中最重要的是建设好、组织好教师队伍，既严格要求，又充分尊重，采取切实措施激励并支持教师发挥教育教学的主导作用。只要教师脚踏实地地干，学校前途就一片光明。

解决几个具体问题。一是立旗杆；二是年内把厕所修建起来；三是修建围墙、操场，写个专项报告批一下。

3月1日至7日　同宋福祯一起，出席北京全国煤炭工作会议。会议传达邓小平南方谈话，部署统配煤炭企业改革。王彦坦就学校内部管理体制改革在大学组发言。

3月9日　同宋福祯、王继华一起，访问北京煤炭工业学校。同日，三十五名中小学校长参加的首期全国煤炭系统中小学校长培训班开学，为期四个月。其间，给学员讲教育管理。

3月10日　同宋福祯、王继华一起，对北京师范学院进行访问，考察校内管理体制改革。

3月12日　召开党政联席会议，传达全国煤炭工作会议精神。王彦坦在发言时指出，这次会议主题是改革，灵魂是邓小平南方谈话。谈话提出许多新观点，在思想理论上有重大突破。我们要学习邓小平南方谈话，解放思想，实事求是，统一认识，进一步讨论修改学校内部管理体制改革方案，推进各项改革深入发展。

3月19日　召开党政联席会议，审议艺术系内部管理体制改革方案，本年秋季开学实施。

3月22日　听取安徽省高校体育课程评估专家组对学校体育课程评估情况的通报。获91分，排名全省高校第三，评为省级优秀学校。

3月25日　在全校教职工大会上做《解放思想，实事求是，团结一致搞改革》报告，再次通报学院内部管理体制改革的指导思想、基本思路、主要内容、主要措施，动员全体教职工学习邓小平南方谈话，解放思想，实事求是，想改革，议改革，搞改革，奔改革。改革有风险。我们是风险共担、工作同做、利益共享的命运共同体。改革是一个过程，需要付出艰苦努力；改革是群众的事业，靠大家做，达到目标需要大家团结奋斗。

3月26日　召开党政联席会议，讨论通过1992年预算方案。强调指出，资金使用原则是，生活先行，教学为主，留有余地，适时微调，加强指导，加强监督。

3月31日　出席党委会议，讨论同意艺术系内部管理体制改革试点方案。

4月3日　召开党政联席会议，听取总务处工作汇报。指出，总务处工作，分门别类，实行单项承包、切块管理、自收自支管理模式，工作有起色，改革见成效，形势很喜人，问题还不少。主要是如何处理服务与创收的关系。我很赞成宋书记的意见：服务第一，创收第二，二者有矛盾，创收服从于服务。总之，要团结起来干工作，团结起来搞改革。在工作和改革实践中，积累经验，增长才干，推进工作再上新台阶。

4月7日　出席学生三好班级建设经验交流会并讲话。讲话指出，今天的经验交流，实际上就是班级文化、校园文化交流。大学是知识高地，文化之都，其本然属性是文化。班级管理本质上是文化管理，一所大学的管理更是如此。其根本特点是知识管理、文化管理。文化管理是大学最高境界管理。大学文化的核心是精神文化。精神文化是不断创造、积淀、发展的过程，对校园人的理想信念，道德情操，思想意识，行为方式，学风校风，无时无刻不在产生潜移默化地影响和教化作用。这就是我提倡煤师院意识，煤师院校训深意之所在。谢谢同学们为建设煤师院文化做出的创造性努力。

4月15日至20日　出席在杭州师范学院举行的华东地区师范学院院长协作会第三次会议。会上作交流发言，介绍煤师院改革设想。

5月11日　听取赴东北、西北煤炭系统调研人才培训情况汇报时提出，要千方百计办好校长培训班、师资培训班。函授要拓宽思路，广设站，低收费，扩生源，提高社会效益和经济效益。这是我们的强项和优势，要把握机遇，乘势而上。

5月12日　主持邓伟志教授关于《学习邓小平南方谈话体会》报告会。

5月17日至20日　苏鲁豫皖（黄淮海地区）六校协作会议在淮北矿务局黄山职工休养院举行。作为会议主办方，王彦坦首先介绍煤师院改革情况和设想。李维统教授应邀到会介绍美国高校教学、科研、社会服务以及管理概况。与会者对高校改革与发展进行交流研讨。

5月28日　党委会议研究决定，以“红专并进，为人师表”为校训，并请启功先生题写校名和校训。

6月8日　上午，出席华东师范大学在职人员高等教育学专业硕士课程进修班煤师院班开学典礼并致辞。指出，管理是科学，也是生产力。提高办学效益靠管理。有效的管理人才靠培养。希望同志们虚心学习他人的经验，注重总结自己的经验，勇于创造新鲜的经验，做有效的管理者，争取成为高校管理的专家、学者、教授，为提高我们的办学水平做出更大贡献。这就是我们办这个班的目的和愿望。此班连办两期，六十余名青年管理干部、二十余名青年图书情报工作人员参加学习。下午，请华东师范大学研究生院副院长钱洪教授，高等教育研究所所长薛天祥教授就高等教育问题同学校干部进行座谈。

6月20日至24日　学校召开教学工作会议。王彦坦做《面向基础教育，办出师范特色》讲话。讲话提出：

（一）全面贯彻教育方针，培养德智体全面发展的中学师资。办好煤师院，总结我们的经验，全面贯彻教育方针，就要紧紧抓住三个问题，一个是方向问题，一个是质量问题，一个是途径问题。方向是解决为谁服务的问题，是关系到祖国命运和前途的大事。质量是解决更好地服务的问题，是关系到煤师院的声誉和希望的大事。途径是与劳动和社会实践相结合，引导学生面向实际，走与实践相结合的成才之路。抓方向，必须加强德育工作。德育内涵至少包括四个方面，一是正确的政治方向；二是马克思主义的思想观点；三是社会主义的道德情操；四是健康向上的心理素质。抓质量，就要树立全面发展质量观，核心是抓好课程建设、课堂教学质量。因为，教育目的是通过一定的教学活动实现的。教学上质量，关键在教师、在认真。抓途径，就要抓好符合我校实际的社会考察、调查研究、劳动课、军训课、社会服务及其他形式的实践活动。

（二）面向基础教育，扎实抓好几件事，办出煤师院特色。我们是煤炭行业办学，一定要在煤炭二字上下功夫。我们又是师范学院，也一定要在师范二字上做文章。煤炭师院，既有行业特点，又有师范共性。我们培养的学生，应该成为既热爱煤炭教育事业的中学教师，又成为教育方面的专家；既会教书育人，也能从事教育管理，又有一定的科学研究能力。为此我们下定决心，排除困难，做几件实事。一是常规管理要常抓不懈。日前我们重申了五条管理措施，是有很强针对性的，希望切实把它落到实处，千万不可松劲、不可动摇。二是教师职业技能训练。我们把教师职业技能训练列入计划组织实施，在煤师院是第一次。这是一项塑造人类灵魂工程师美好形象的基础工程。要在全校大造舆论，同心协力，齐抓共管，形成训练的浓厚气氛。三是大抓大学英语教学，使学生的外语水平有较大提高。四是抓课程建设，这是提高教学质量的关键环节，也是教改的重要突破口，我们要在这方面下功夫，花力气，力争三五年内使我们培养出来的学生在整体素质和综合能力上有明显提高。

（三）主动适应经济和社会发展需要。我们要抓住时机，主动适应，发展自己。目前有几项工作应当考虑：一是在国家计划和市场需要指导下，搞好委培生和自费生教育。自费生是适应新经济体制的新事物，是有生命力的。二是改革和拓宽专业，培养适销对路人才。三是有计划地发展技术师范教育专业；四是量力而行，尽力而为，注重应用性项目研究与开发，投入经济建设主战场。凡是不利于解放和发展生产力，不利于科技成果转化，不利于调动教师积极性的条条框框都要敢于改革；只要是有利于促进产业开发，科技开发，释放知识分子能量的事，能宽则宽，能活则活，要放松，不要卡紧。五是制定有利于科研立项的措施，鼓励教师争取科研经费，并按一定比例提成给个人。同志们提出的问题我们也想到了，有许多该办想办的事，由于钱紧不能办。关于青年教师不稳的问题，怎么解决，怎么留住，光用行政的办法来控制，人才是难以留住的，即使留下来心情也不舒畅。根本的办法，一是思想教育；二是改善待遇；三是让他们有充分施展才华的机会和条件。三管齐下，来增强凝聚力和吸引力。

6 月 27 日　召开党政联席会议，讨论决定：(一) 奖励从事教育工作三十周年、从事煤炭系统工作三十周年人员；(二) 支持在职人员读硕士、博士学位，每人资助两千元；(三) 同意杨烨调入，张静露调出。

7 月 6 日　召开党政联席会议，讨论分房方案，决定：先进工作者，校级奖励一分，厅局级奖励三分，省部级奖励五分，国家级奖励七分；获奖，校级奖励一分，省部级三分，国家级七分；女，二十五周岁，未生育，奖励三分。

7 月 9 日　召开党政联席会议。上午，在研究 1993 年基建计划时发言指出，基建缺项不少，困难不少，怎么办？我们的思路是充实、提高、发展。经济要发展，教育要先行，要主动适应，主动服务。不仅要适应和服务经济社会发展，还要适应煤炭职业教育发展，培养职教师资，政策上给点倾斜，给点支持，我们的潜力和优势很快就能突显出来。为了加强学生的教师职业技能训练也需要配套设施；为了引进和留住人才也需要配套设施；校本部和附中危楼改造加固也迫在眉睫；图书馆、实验室急需充实内涵等等。总之，我们有不少理由申请补套资金。我们的策略是，舆论先行，左右求援，把管计划、管钱的领导请进来，让他们看不足、看缺项、看困难，争取同情和支持。其次先花补套资金，适度突破一点计划，然后再申请补套资金。请院办和基建处共同起草论证报告，争取实现我们的计划。下午，在研究大学生社会实践工作时发言说：开展大学生社会实践活动是全面贯彻教育方针，实现培养目标的有效途径；是理论联系实际，了解国情、民情，增强社会责任感、历史使命感的有效方式。我们应实行首长负责、多方配合、团结互助、严明纪律、保证安全的工作方法做好这项工作，并且留下实践记录。

7 月 24 日　主持召开系主任会议并讲话。略谓：抓住机遇，发展自己。目前形势，是四句话，改革开放，竞争激烈，机遇难得，关键要干。我们的对策，一要主动适应，主动服务，不以主观愿望决定做什么，要以客观需要决定做什么。二要立足煤师院，走出煤师院，办好煤师院，发展煤师院；三要不妄自菲薄，在教学科研上要敢攀高峰，敢搞学科前沿研究。四要坚持改革开放，不断地走出去，请进来，广泛地进行学术交流。五要大胆地信任青年，使用青年，提高青年，给青年创造条件，让青年超过老年。

7 月 28 日　到濉溪县，与县委、县政府洽谈办学工作，达成合作意向。8 月 3 日签订办学协议，培养县域紧缺人才。

8 月 31 日　听取艺术系内部管理体制改革试点情况汇报。实行聘任制，有两人未聘，两人转岗，一人缓聘，三人低职高聘，并兑现岗位津贴。

9 月 9 日　在庆祝教师节暨表彰教书育人先进工作者大会上讲话强调，把内部管理体制改革和教学改革结合起来，形成互相配合、互相促进格局；要立足煤师院，走出煤师院，发展煤师院；要实行一校两制，用教育规律指导办学，用市场规律指导校办企业；要树立攀登意识，敢于搞学科最前沿、最先进的东西；要开放兼容，求是创新，不要自我封闭，抱残守缺。自我封闭就是自我封杀，必定落后。

9 月 21 日　召开系主任和党总支书记会议，落实自费生录取和管理工作。讲话指出：（一）增强共识。这是学校改革与发展的一次重要试验，顺应人民群众日益增长的渴望接受高等教育的需求，必须本着对国家、对人民、对学生负责的精神，把事情办好；（二）加强管理。在管理上要做到和公费生一样，突出一个严字，注重一个实字，坚持一个恒字，力争管理的更好些；（三）职责到位。谁办班谁负责，责任到系、到人，实行系主任负责制。

10 月 15 日　同霍山县政府商议为其培训普高、职高教师事宜。煤师院与会者有付承云、赵桂章、江北、马长安。

10 月 24 日　主持召开系主任会议，研究自费生教学与管理工作；布置迎接学生管理工作检查，并提出要求：（一）实事求是，力争一流；（二）软硬兼顾，各具特色；（三）以校为家，荣辱与共；（四）专科重能力、本科理论能力并重；（五）明确思路，突出重点，从加强计划管理、加强质量管理、加强纪律管理、加强组织管理上做准备。

11 月 11 日　召开党政联席会议，研究决定：（一）离退休教职工生活补贴就高不就低，能靠就靠，能搭车就搭车。（二）在职人员按档案工资调资，校内工资照发，争取将校内工资转为档案工资。（三）通过三个渠道筹集资金建教工住房。

11 月 17 日至 21 日　出席西安煤炭高校教学工作会议。会议着重讨论了加强教学工作、提高教学质量，加强师资队伍建设和学科建设等问题。其间，访问西安交通大学、西安矿业学院、陕西师范大学。

11 月 26 日至 12 月 4 日　应邀对乌达矿务局、灵武矿务局、中国精煤公司东胜分公司进行访问，商谈人才培养培训工作。刘振义、王新华同行。

12 月 14 日　向省高校工委李向荣处长汇报高校如何适应市场经济问题。基本观点如下：首先，思想要适应，要从旧体制中解放出来，树立新观念，如服务观念，“两全”观念，自主办学观念，竞争观念，质量观念，效益观念等。要敢于冲破“禁区”、“盲区”、“难区”、敢闯、敢试。其次，行动要适应，即办学规模要适应，专业设置要适应，办学层次要适应，办学形式要适应，校办产业和科技开发要适应。

12 月 19 日　出席第二期全煤系统中小学校长培训班结业典礼并讲话，强调教育的实践性很强，要搞教育科研，更要搞教改实验，把理论和实践结合起来，在实践中总结提高。

是年　邓小平南方谈话公布后，全国出现了新一波机关干部、知识分子“下海”经商热潮。煤师院则出现学生在上课时间练地摊、烧煤球炉煮面条卖等景象，并呈发展之势。遂召集各系干部开会，指出，我们任何时候都不可忘记，不可偏离，大学的使命是通过教学与研究培养高级专门人才，发展学术文化，追求真理，造福人类社会。请大家劝导学生准确领会邓小平南方谈话精神，沉静下来，潜心读书，学好知识和本领，将来走出校门，在各自的岗位上，可尽情展示才能，服务社会，实现人生价值。随后，校园经商之风渐止。

同郭金创合写《论科学治校与民主办学》，载于《教育咨询》1992 年第 1—2 期合刊。文章指出：根据对历史和现实的考察，有的专家、教授长于治学，不一定善于治校。治学有卓越贡献，治校甚至能做出有违高校办学规律的行与事。因此提出科学治校、民主办学的主张和理念。科学治校是指高校的管理工作应该一切从实际出发，实事求是，按高等教育客观规律办事；用先进的科学技术力量装备和武装高校管理，用先进的科学方法从事高校管理，实现教育思想、教育观念和教育方法的现代化。科学意味着严格、严谨、求是。从严治校，要严而有格，严而有度，适度则科学，过度则不科学。一味的宽会出问题，一味的严也会出问题。不实事求是，则宽严皆失。科学治校涵盖从严治校。科学治校对教授治校、从严治校有扬有弃，树立和坚持科学治校理念应该成为我们的追求，更应该努力践行。

文章强调，坚持科学治校，必须实行民主管理。科学和民主是不可分的，没有管理的民主化就不成其为管理的科学化和现代化。现代科学管理的精髓是人的管理，而民主管理的主要目的正是为调动人的积极性和创造性。这不仅是领导方法问题，更重要的是坚持历史唯物主义的大问题，是群众路线和组织路线问题。要办好一所高校，光靠几个管理者是不行的，必须全心全意依靠广大师生员工，充分调动他们的积极性和创造性，发挥他们的聪明才智和主人翁作用。不论教师、干部、工人，还是学生，只要你说的对，我们就采纳。只有这样，才能使高校的管理更加完善、更加科学、更加富有成效。科学治校要建立在民主管理的基础上。只有民主的基础上加以正确的集中，才能达到科学治校的目的。只有充分发扬民主，让大家说话，然后才能进行正确的集中。只有认真地听取不同的意见，认真地吸取来自群众的有益养分，认真地对于复杂的情况和不同的意见加以分析，才能做到决策科学化，实现科学治校。只有当我们正确地表现群众所意识到的东西时，我们才能管理。

文章提出，落实民主管理的措施：一是建立和完善民主管理规章制度；二是完善决策程序，提高决策民主化、科学化水平；三是充分发挥高校工会和教代会作用；四是为政清廉，办好实事，取信于民。高校领导干部要取信于教职工，不可威加于教职工。威信，重在信。动辄训人，不办实事，威再大，民不信，民主办学也就成了一句空话。

同王继华合写《红专并进，为人师表》，载于《淮北煤炭师范学院学报》（社会科学版）1992 年第 3 期。作者 1990 年建议以“红专并进，为人师表”作煤师院校训。经过两年酝酿，1992 年 5 月 28 日校党委会议研究，决定把“红专并进，为人师表”定为煤师院校训，并请著名书法家启功题写校名和校训。此文就是为使煤师院人“知其理之当然，责其身以必然”，对这条校训作的阐释。要旨是，红是政治要求，专是业务要求。并进就是把政治与业务统一在办学指导思想、人才成长过程中。学高身正，为人师表，乃育人之追求。重点诠释四条：其一，它符合煤师院办学的社会主义性质，体现党和国家全面发展的教育方针和把德育放在首位的要求。其二，它符合红与专、政治与业务对立统一的规律，潜移默化地影响煤师院人沿着坚定正确的政治方向和业务精深的专门人才，努力并进。其三，它提示煤师院人不要忘记：为人、为学、为师，做表率。其四，它宣示育人是立校之本，是中心任务，教师应守本尽责，不辱使命，引导学生全面发展，健康成长。

是年　提出放水养鱼、藏富于系原则，创收分配大幅度向系里倾斜，系里得大头，学校拿小头。

1993 年　五十八岁

是年提要　1. 共享劳动成果。2. 面向市场经济办学构想。3. 学校发展要走自己的路。4. 解决两个发展瓶颈问题。5. 用好独立评审副教授政策。6. 首次申报硕士授权单位。7. 十二字回顾。8. 创造了历史。9. 科研是源，教学是流。

1 月 7 日至 10 日　同宋福祯一起，出席在北京西郊宾馆召开的全国煤炭工作会议。

1 月 17 日　召开党政联席会议，讨论收入分配方案。会议认为，总的原则是按劳分配，多劳多得，向教学一线倾斜。收入少的三个系给予适当补贴。机关拿平均数。1992 年及以前退休人员拿在职人员的二分之一或三分之二，1993 年退休人员和在职人员一样享受劳动成果。

1 月 18 日　主持召开院学术委员会议，评审通过学院首批五名学科带头人：陆联星、吴志葵、石影、乔建永、吕绳振。

2 月 1 日　草拟学校发展构想提纲。（一）解放思想，更新观念。树立主动适应、主动服务观念，树立“两全”观念，树立自主办学观念，树立竞争观念，树立质量效益观念。（二）深化改革，提高质量。着力于内部管理体制改革、教学改革、学科建设、课程建设、师资建设、学生职业技能训练和常规管理。(三) 优化结构，提高办学效益。合理确定办学层次（本科为主、专科为辅、争取发展研究生教育，本年申报硕士授权单位)、形式（全日制教育为主，积极发展非全日制教育)、规模、学科专业结构（巩固提高基础教育师范类专业，积极发展职业技术教育师范类专业，灵活设置非师范教育类专业)。(四) 加强基础科学、应用技术科学研究，提高学术水平和科技开发能力，促进经济社会和人的发展。(五) 积极创办发展校办产业，开展具有技术与教育含量的社会服务。(六) 多方筹措资金，加强基础设施建设，为学校发展创造物质条件。(七) 加强校园文化和精神文明建设，为学校发展提供精神支撑。

2月19日　在全校中层干部会议就学校改革与发展发表讲话。

讲话强调，认真学好弄通邓小平建设有中国特色社会主义理论和党的十四大精神，以武装头脑，指导行动，进一步解放思想，实事求是，树立主动适应、主动服务观念；树立全面贯彻教育方针、全面提高教育质量观念；树立自主办学观念；树立竞争观念；树立质量和效益观念。进一步深化改革，以改革促进发展，提高质量，靠质量占领市场，参与竞争。具体抓好几项工作：一是深化内部管理体制改革，继续抓好艺术系改革试点工作；增加数学系为改革试点单位；推动后勤企业化、社会化，小机关、大服务、多实体；重点抓好分配制度改革，最大限度地发挥经济杠杆作用；精简机构，提高效率，搞好优质服务。二是深化教学改革，始终把教学改革摆在突出位置，把提高教学质量摆在突出位置。质量是学校生命线，是立校之本。抓教学改革、教学质量，要从抓常规管理着眼，常规管理要常抓不懈。常规管理要全校步调一致，严禁各吹各的号、各唱各的调；要合理设置办好三类专业，即巩固提高基础教育师范类专业（这是发展职业技术教育师范类专业和非师范类专业的基础和依托）、积极发展职业技术教育师范类专业（以适应职业技术教育之急需）、灵活设置非师范类专业（适应经济社会发展需要）；要紧急行动起来加强学科建设，确立方向，明确任务，组织队伍，抓出成效；课程建设要按照既定部署，抓紧抓好；要注重能力，学生的职业技能训练，只能加强，不能放松；要重点加强骨干教师队伍建设，这是决定教学改革，提高教学质量成败的关键。千抓万抓，抓好教师队伍尤其是骨干教师队伍建设最重要。三是加强统筹规划，宏观管理，正确处理规模，结构、质量和效益，需要和可能，主观和客观，自发和自觉的关系，合理确定办学层次和形式，确保学校健康发展。四是各系、各单位结合自身特点和优势，积极开展科学研究工作，提高学术水平。五是积极创办和发展校办产业。六是加强班子和干部队伍建设，要讲团结、讲大局，要廉政勤政、勇于负责，要实事求是、真抓实干，要谦虚谨慎、崇尚先进，要艰苦奋斗、无私奉献。

2月20日　召开党政联席会议，讨论校地、校企联合培养人才问题。会议认为，根据需要和条件，可以适度地、有控制地开展此项工作。既要有市场意识，又要有质量意识，保证人才培养质量。学历教育统管、管住，非学历教育放开。按照合同进行管理，责任共担。

2月23日　出席党委扩大会议，研究落实本学期工作。会议认为，计划确定之后，关键是落实，是实施，是实干。实行任务分解，切块落实，责任到人的措施，确保完成任务、实现发展目标。

2月24日　召开党政联席会，研究后勤改革方案。会议认为，后勤改革的指导思想、基本思路、改革内容、方法、步骤是好的。在目前条件下有些项目如何改才更有利于服好务，经费总额度怎么定才比较合理，怎样一步步走向社会化等问题须进一步研究，请你们根据会议意见，发挥集体智慧，对方案作进一步修改后再做讨论。

3月3日　召开党政联席会议，讨论通过委托培养人才若干规定；决定成立核查资产领导小组和添置小轿车；审定四名学生由本科转入专科，实行学制分流。

3月4日　召开党政联席会议，在听取和审议数学系教学改革方案时强调，教学改革要在课程建设、科学研究、学术梯队上下功夫，并落实到促进学生发展上，为国家培养栋梁之材。

3月9日　在党委中心组学习《中国教育改革和发展纲要》时发言说，高校改革的前提是换脑筋，即解放思想，转变观念，走自己的路。不应该担心有更多的人自费读大学，不要怕大学毕业生待业。大学毕业生待业比中小学毕业生待业好。大学毕业生不当干部，而去创业、去经商、去自谋职业，是对传统就业观念，即对统分统配当干部就业观点的一种突破。不转变传统的就业观念教育活不了。大学教育老是停在精英阶段，既满足不了人民群众日益增长的接受高等教育的需要，也不适应经济社会发展要求，不利于调动社会力量和群众办学积极性。传统的办学体制和招生分配制度应该改革。

高校改革的核心是教学改革。高校的中心任务是育人，教学是育人的基本途径，育好人才必须深化教学改革。联系煤师院培养目标，深化教学改革应该着力抓好课程建设。学科生成专业，专业由课程组成，课程造就人才。培养优秀人才必须建设优秀课程。一是加强公共理论课、德育课建设。教师要吃透两头，功力用在摸清实际，讲透理论，提高学生应用理论解决实际问题的能力上。二是加强专业主干课程建设。要按照省级优秀课程标准建设。每个专业至少确定四门课程进行重点建设，力争优秀。三是加强应用性课程建设与开设，实施“三个全员化”教学，即所有专业的学生都要学习计算机课程，都要参加四级外语考试，都要参加职业技能训练。每个专业都要创造条件开出两门以上新的应用性课程供学生选修。四是加强通识性教学，继续开好大学语文、高等数学等课，争取开设艺术类选修课，理科学点文，文科学点理，向着造就完人的目标努力。五是加强实践教学，培养学生的实践能力。中学教师是传授知识的应用型人才，一定意义上讲，能力比知识更重要。能力包括应用能力，也包括创新能力。能力强的教师随时随地都可以把知识转化为教育形态，有效地开展教书育人工作。

3 月 18 日　出席党委扩大会议，研究同意数学系从 1993 至 1994 学年度第二学期开始进行教学管理改革试点。

3 月 21 日　在中煤总公司总经理王森浩一行视察煤师院时向其汇报学校工作，请示支持解决几个问题，如基建配套、充实内涵、交通车辆、稳定师资、北三楼拆迁，以及爆破研究所搬迁后房地产划拨或购买等。车辆问题，总经理当场请淮北矿务局韩忠德局长给予支持，并很快解决。

3 月 23 日　在党委中心组学习《中国教育改革和发展纲要》的会议上发言说，煤师院贯彻落实发展纲要有很多工作要做，当前要进一步解决两个发展瓶颈问题：一是教师队伍建设。办好学校靠教师。班子的一个重要责任和任务就是招聘和培养教师，使用教师，留住教师，而教育的改革和发展对教师提出了更高要求，教师重任在肩。我们应采取特殊政策，加大力度引进高学历（硕士、博士），高职称（教授、副教授）、高水平人才；对学科带头人、对骨干教师、对硕士博士采取倾斜政策，做出突出贡献者给予特殊津贴。二是办学经费筹措。办好学校人才是关键，经费是基础。改善办学条件，改善生活条件，引进和留住优秀人才没有足够的经费不行。我们的办学经费主要靠政府拨款。但政府拨款仅够吃饭和维持，发展很难。发展要靠政府，也要靠社会、靠改革。我们要用改革的精神千方百计开拓筹措经费渠道：第一，力争扩大招生规模，提高规模效益。第二，向学生合理收取一定费用。大学不是义务教育，缴费上大学是发展趋势。第三，发展校办产业。第四，开展社会服务。第五，争取社会力量支持。第六，设置校内银行，融通资金。我们要在务虚的基础上抓务实。实干兴校。

3 月 25 日　主持召开各系和有关单位职改负责人会议，布置副教授评审工作。强调，这是学校有权首次独立评审副教授，一定要端正指导思想，评好、评成功，不能评乱；一定要把握好政策界限，求真、求实、公平、公正，做到大家满意；一定要按照统一标准，统一规划，回答和处理问题。此项工作由职改办公室负责，其他人不做回答。

4 月 1 日　主持召开各系各单位行政负责人会议，学习贯彻煤炭部直属高校深化改革，扩大办学自主权的若干意见，并就深化教学改革，加强学科专业建设、师资队伍建设、筹措教育经费以及招生、培训、基建、分房等工作讲了意见，提出了目标要求和落实措施。

4 月 23 日至 24 日　主持召开学校教师高级职称评审委员会会议评审副教授。严格按照标准、程序、经过委员评议、讨论和无记名投票，四十六名讲师晋升为副教授，五十六名助教晋升为讲师。评委认为，此次评审，指导思想端正，材料工作扎实，态度严肃认真，确实按章办事，树立了榜样，起到了检阅、激励、导向作用。抢抓机遇，首评成功。

6月11日　召开党政联席会议，研究基建工作。会议认为，要坚定信心，齐心协力完成本年度基建计划。解决资金缺口，一是向部里要钱，二是向银行贷款，三是靠创收，四是收回借款，五是艺术楼采取慢而不停策略缓和资金压力。

6月18日　签发《关于贯彻〈中国教育改革和发展纲要〉的意见》提出学校改革和发展十大目标。首要目标是，发展成为基础教育师范类专业为主，职业技术教育师范类专业和非师范类专业为辅的高等师范院校，教学质量、学术水平和管理水平达到省内同类院校先进水平。

6月23日　出席职称改革领导小组会议，审议批准李永建等七十二人具有讲师实验师任职资格，四人具有中教一级、两人具有小教高级、一人具有幼教高级任职资格；认定张文友等七名硕士具有讲师任职资格。会议决定以下引进人才政策：硕士聘为讲师，分给二室一厅套房，配偶子女随调随迁，服务五年，去留尊便；博士聘为副教授，分给三室一厅套房，提供科研经费，文科一万五千元，理科两万元，配偶子女随调随迁，服务五年，去留尊便。

7月2日　召开系主任会议，布置申请硕士学位授权单位工作。并随即组织乔建永、王磊、张国宪、纪健生、李耀研究和撰写基础数学、分析化学、中国古代文学、教育技术学四门学科申报材料。指出，这是一次练兵，目的是，第一，达到组织、动员、宣传作用，认识申报时于学科建设和学校发展的意义。第二，认清相对优势，针对存在问题，配置资源，开展学术研究，提高学术水平和人才培养能力，为达到我们的办学理想和目标积累条件。首次申报，通过煤炭部初审。

7月7日　参加党委民主生活会，对以下问题进行回顾与反思：(一) 学习。重视学习中国特色社会主义理论，并用以作为治校理政的行动指南。(二) 务实。从制订贯彻《中国教育改革和发展纲要》意见，到学科建设，师资队伍建设，基建，收入分配，分房，资金筹措等都注重脚踏实地，切切实实，认认真真解决问题，推动学校发展。(三) 团结。坚持团结就是力量，团结出效益、出干部、出人才之理念。强调党委是团结的核心、书记是党委的核心。书记院长团结一心、学校就政通人和，兴旺发达。(四) 进取。工作力争有所作为，有所进取，同班子集体、同广大干部和教师齐心协力，推动学校发展上质量、上水平、上档次。(五) 改革。学校发展中遇到的困难和问题，要靠改革解决。用集资、借款建设学校是改革，引进人才政策是改革，收入分配、校内津贴办法也是改革。抓改革，促发展，以发展，求解困。这是经验，也是出路。(六) 开放。要面向世界、面向现代化、面向未来开放办学，要立足煤师院，走出煤师院，面向市场，面向社会办学，走开放兼容、综合创新之路，不能走封闭僵化之路。这是对问题的认识和理性思考，但实践不够，践行显得乏力。今后须在力行实践中锻造能力，完善制度，把学校发展好，建设好。

7月9日　召开党政联席会议，研究校办企业工作。会议认为，校办企业要按照事企分开原则来办，学校管三条，一是总经理任免；二是国有资产保值增值；三是实行合同管理。会议提出，校企人员要加强学习市场经济知识、企业管理知识，树立市场意识、经营意识、风险意识。会议提议，成立校办产业办公室，统管校办企业。

8月2日至5日　同宋福祯一起赴北京向煤炭部副部长濮

洪九和干部司、科教司、基建司、财务司汇报工作，包括江传恕请示调动。扩招、增设专业，为边远矿区培养人才、专项费等，均得到积极回应。王继华、王新华同行。

8月7日至9日　访问黑龙江双鸭山矿务局，商谈人才培训工作。王继华同行。

8月10日至12日　访问黑龙江矿业学院。王继华同行。

8月15日至19日　出席哈尔滨全国高师教育研究会第三次学术年会暨高师教育管理专业委员会第十次学术年会。王继华同行。四十六所高师院校代表与会，顾明远等十二位代表做大会发言，王彦坦发言的题目是：《普通高师院校适应社会主义市场经济的几个问题》。

9月8日　在庆祝教师节暨表彰先进教育工作者、优秀辅导员大会上做题为《励精图治，共同努力，为学院再上新台阶而奋斗》的讲话，宣布学院发展十大目标，全面实施并强化“三个全员化教学”，即全员参加四级外语考试，全员学习计算机基础课程，全员强化职业技能训练。教学思想表述为：德育为首，教学为主，融传授知识、培养能力、陶冶思想、增强体魄、发展个性为一体。

9月14日　上午，在党委中心组学习会上就收学杂费问题发言指出：（一）高等教育属于非义务教育，学生上大学原则上都要缴费。（二）收费有时间界限，从1992年级开始收费，此前学生不收费。（三）国家统招生收费，非统招生不收。（四）师范专业不收费，非师范专业收费也有区别，文秘专业收学杂费三百元，住宿费六十五元；其他专业收学杂费二百五十元，住宿费六十五元。（五）家庭有困难学生可适当减免。（六）会计核算使用“特殊资金”科目，下设“学杂费”“住宿费”，对收支进行明细核算。（七）使用有明确规定，用于与学生学习和住宿有关支出，不得挪作他用，不得用于福利奖金支出。下午，召开党政联席会议，根据学制分流改革试点，同意物理系一名学生由专科升入本科，一名学生由本科转入专科。

10 月 4 日　出席河北煤炭建筑工程学院四十年校庆开幕会，并会见煤师院校友。马长安同行。

10 月 5 日　上午，对邢台矿务局进行访问。该局希望定向培养人才。下午，对邯郸矿务局进行访问。该局亦希望与学校直接签订定向培养人才合同。两局都说，煤师院毕业生好。教学好，敬业精神好，最大特点是朴实。

10 月 6 日　上午，对峰峰矿务局进行访问。该局缺音体美教师，说煤师院学生朴实，教学基本功好，受欢迎。一中有三名煤师院毕业生，一名做团委书记；一名教外语，是全煤系统百节课比赛二等奖获得者；一名教高三，很受学生欢迎。之后与两名毕业生见面交谈。下午，对鹤壁矿务局进行访问。该局介绍，来此任教的大专生取消实习期，工资高定一级，并再三说，煤师院两年没有分毕业生来了，希望分一些来。

10 月 7 日　对河南师范大学进行访问。会见校长王绍令。王校长说："在改革上，按教育规律办，做清醒的改革者，立足于增事，不立足于减人。"对曰：这是不同于减人提效的另一种改革思路，使人人有事做，避免内耗，调动人人积极性办学。该校以理科见长，生物标本室、化学实验室印象深刻。

10 月 8 日　到焦作矿业学院进行访问。会见党委书记罗开顺、副书记石廷轩、副院长袁世鹰。他们详细介绍了学校的改革和发展，可资借鉴。校地合作举办实用人才专业班，既有经济效益，又有社会效益，是一项有益试验。同日，会见焦作矿务局教育处处长苏静（华东师大地理系 1967 届毕业）、宣传部副部肖长春（华东师大历史1967届毕业），就中小学教师培养培训交换意见。该局中学教师超编，结构不合理，缺生物、地理、英语教师。

10月20日　召开党政联席会议，讨论本年基建面积与投资。会议指出，煤炭部下达计划校舍面积3418平方米，实际建9744平方米，超面积6331平方米；计划拨入基建费150万元，实际需投入651.7万元，超概算501.7万元。其中，音美楼计划1709平方米，实际建2630平方米，超面积900平方米。会议认为，基于提高办学规模效益、开展有偿教育服务能力和引进、留住人才的考虑，决定多方筹集资金，加快建设与学科专业和师生规模相适应的教学行政和生活用房，面积超计划，投入超概算，没有及时请示汇报，步子迈得大了一点、快了一点，做个认真说明和检讨，请示理解与支持。

10月26日至29日　同韩福海一起，出席合肥全省高等教育工作会议，回顾与讨论高等教育改革和发展。韩福海做题为《煤师院加强领导班子思想作风建设的做法和体会》的发言。

11月6日　出席总支书记会议，讲三句话，坚持以教学为中心不动摇，坚持抓德育工作不动摇，坚持抓常规管理不动摇。

11月10日至12日　同宋福祯一起，出席北京煤炭高校工作会议，做题为《办好学校靠班子，学校出名靠教师》的大会发言。

12月2日至4日　出席阜阳苏鲁豫皖六院校第五次协作会议。与会者交流四省一部领导对高等教育改革和发展的构想、举措及各校的教育行动、实践。河南省给河南大学十一项政策，河大“活”了，“富”了。山东省放权力度较大。曲阜师大建立孔子文化学院，对内称孔子研究所，具有鲜明地域特色、民族特色。会议期间，就班子、师资、学科、住房四项建设和学生管理工作发言，交流煤师院治校理念和实践。王新华同行。

12月13日　上午，召开院长碰头会，研究食品价格上涨形势下做好学生工作，维护学校稳定问题。商议的结果是：(一) 稳住一头，放开一片。稳住一头，即大食堂饭菜本学期不涨价；放开一片，即个人承包摊点随行就市。在哪里就餐，学生自愿选择。(二) 拓宽采购渠道，尽可能采购物美价廉食品，保证供给。(三) 大食堂调整放宽开饭时间，避免用餐高峰拥挤。(四) 做好宣传解释工作，价格改革势在必行，有利于我国人口大多数——农民。要学会适应，有意见通过正常途径反映，不得闹事，不得动手打人，不得砸摊点。要遵守校规校纪，维护校规校纪。(五) 向淮北市政府反映，请政府给学校以关照。下午，召开全院学生干部会议，传递上午院长碰头会的意见。

12月14日　淮北市副市长吴孝雨率粮食、物价、财政等部门负责人到学校与学生座谈，讲改革形势和粮油涨价原因，并采取特殊政策帮助煤师院学生解决近期生活困难。

12月20日　召开党政联席会议，宋福祯传达省委扩大会议精神。同意乔建永师从杨乐做博士后研究。正式宣布免收房建基金，分给马忠贤三室一厅住房一套，聘为艺术系副教授，以示对其作品《徽乡遗韵》获全国首届中国山水画展览银奖(中华人民共和国成立后安徽首枚银奖获得者) 进行表彰奖励。

12月27日至31日　在学院首届科学工作会议做题为《发挥学科优势，立足煤炭行业，为提高我院科学技术水平而努力》的报告。报告提出："高等学校科学研究工作是'源'，教学工作是'流'。科研工作搞好了，学术水平上去了，教学质量才能真正上去。""搞好学院科技工作的总原则是'确定有限目标，集中优势力量，组织协调攻关，实行重点突破'。""实行教学、科技、生产三结合，有计划、有重点、多层次、多形式地开展基础研究、应用研究、开发研究和科技服务，注重不同类型、不同学科的科研工作相互衔接、互相促进、协调发展。""教师、专职科研人员、高年级学生、科研管理人员、实验人员以及管理干部都是科研队伍的组成部分，要有计划、分层次、有针对性地培养和引导。"会议审议了《科研工作暂行规定》《科研发展基金管理条例》等八个文件，此后印发实施。

12 月 30 日　出席党委扩大会议，讨论学校综合改革方案第四稿，并研究二十周年校庆和成立学校董事会事项。是日，省高校教师高级专业技术职务评审委员会通过刘振义、丁梦周、张国宪、陆军、乔建永、熊天仪、王磊、叶树声（研究馆员）具有教授任职资格。其中张国宪（三十九岁）、乔建永（三十一岁）、王磊（三十一岁）由讲师破格晋升教授，占全省破格的四分之三，创造了历史。

是年，在调研和论证基础上，经煤炭部和安徽省教委批准、备案，增设工艺美术、计算机科学教育、法学、教育管理四个本科专业，文秘档案、食品与发酵工程、经济法、艺术装潢设计、俄语、财会、电子技术、工业分析、电化教育十个专科专业。

是年　与郭金创合写《普通高师院校适应社会主义市场经济的几个问题》，载于《高等师范教育研究》1993 年第 5 期。1995 年获中国高等师范教育研究优秀论文一等奖。该文提出，“普通高师院校要改革，要发展，关键是要转换脑筋，换掉那些不符合客观实际的陈旧过时的思想观念，换掉那种对于马克思主义的某些原则的教条式的理解，换掉那种对于社会主义的不科学的甚至扭曲的认识以及那些超越社会主义初级阶段的不正确的认识，从传统的、旧的、束缚生产力发展的观念中解放出来，从过去那种高度集中、高度计划、高度统一的教育体制中解放出来，敢于冲破‘禁区’、‘盲区’和‘难区’”。

（一）树立与社会主义市场经济相适应的办学观念。

1. 树立主动适应、主动服务观念。要从社会主义市场经济的大环境、经济建设的大格局、改革开放的大趋势着眼，主动适应改革开放和现代化建设的需要，适应社会主义市场经济体制和政治、科技、文化体制改革的要求；主动为以经济建设为中心的社会主义服务，促进经济和社会的全面发展。在这方面，既要解放思想，又要遵循教育自身的基本规律，而不能简单套用市场经济规律来指导办学。要防止将教育的目的和过程完全置于商品关系和商品行为的支配之下。

2. 树立“两全”（全面贯彻教育方针，全面提高教育质量）观念。紧紧抓住政治方向、基本途径、培养目标以实现教育的目的和任务。“两全”在任何时候、任何条件下都不能动摇，不能放松，不能削弱。

3. 树立自主办学观念。改革单纯依赖国家办学和政府拨款的观念，争取更多地办学自主权，建立自我发展、自我调控、自我约束的运行机制，以多种形式和途径发展高师教育。

4. 树立竞争观念。竞争观念是反映和适应社会主义市场经济体制的观念，应当根据教育本身特点认真加以吸取。将来生源有竞争，学生就业有竞争，教职工上岗有竞争，薪酬有竞争、人才培训市场有竞争，所以要建立鼓励竞争的办学机制和管理体制，自觉地适应和参与竞争。

5. 树立质量观念。在市场经济条件下，高师的生命力、竞争力来自质量，质量是学校的生命线。要把提高教育教学质量摆在突出地位，靠质量占领人才市场，参与市场竞争，赢得办学信誉，加快学校发展。

6. 树立效益观念。人才出效益。效益包括经济效益、社会效益、质量效益等。第一位的是质量效益。质量效益是综合效益，保证了质量和效益，就增强了学校竞争能力。

（二）如何适应社会主义市场经济呢？

1. 办学规模要适应。高师的办学规模普遍偏小，整体效益不佳。只有达到一定的招生规模，才能避免人力、物力、财力的浪费，产生最佳规模效益。应积极创造条件，逐步扩大招生规模，增加在校学生数量。

2. 专业设置要适应。占领市场靠质量，适应市场则靠专业。我们强调三句话：一是巩固加强基础教育师范专业；二是积极发展职业技术教育师范专业；三是开放搞活非师范专业。以基础教育师范专业为依托，发展职业技术师范教育专业和非师范专业。立足师范，发展应用，强化特色。

3. 办学层次要适应。实行多层次办学，有利于提高办学综合效益。在搞好本科教育的基础上，适度发展专科和研究生教育，做到师范教育与非师范教育，学历教育与非学历教育，常设专业与非常设专业三管齐下。本科突出师范性，专科注重技能性，研究生强调学术性。

4. 办学形式要适应。主要指变国家化教育为社会化教育，变单一形式为多种形式，有国家办，有企业办，有民间私人办，有中外合作办等，使公费生、委培生、自费生并举，以满足社会各方面的需要。

5. 校办产业、科技开发要适应。按照“一校两制”模式，鼓励和支持一部分教师和干部流向校办企业和科技开发，增强服务社会和创收能力。

6. 校内管理体制要适应。学校内部运行必须遵循科学规律和价值规律。科学规律在管理上要求明确职能，合理分工，有效协调，奖惩分明。价值规律要求责、权、利统一，贡献与收益的统一。同时要建一种激励和评价机制，激励和支持普通高师院校要形成和发展自己的办学特色，校长要形成自己的教育风格，教师应有自己的教学特色，学生要注重个性培养。没有个性发展，就谈不上适应市场经济发展的要求。

是年　教职工附加工资，实行就高不就低原则，凡能靠的就靠，能搭车的就搭车，合计约增加原平均工资的三分之一。

1994 年　五十九岁

是年提要　1. 综合改革。2. 学习之旅。3. 学习把握邓小平教育思想。4. 举办管理人员硕士课程进修班。5. 做什么，怎么做。6. 谋划两校联合。7. 与书为友，以人为师。8. 抓好德育首位工程。9. 友谊、交流、合作。10. 从严治校带来的变化。

1 月 7 日　在学校二届二次教代会做《抓住机遇深化改革加快发展》工作报告。

报告总结八条成绩：一是领导班子建设不断加强、决策水平不断提高；二是办学规模扩大，效益显著提高；三是教师队伍建设成效显著；四是学生管理工作迈上新台阶；五是科学研究工作健康发展；六是内部管理体制改革和教学改革初见成效；七是校办企业经营状况有起色；八是教职工生活待遇明显改善。

报告指出五个方面的问题：一是宏观调控能力需要加强；二是教育经费投入不足，资金依然十分困难（去年建房用去六百万元，煤炭部仅投资一百五十万元，虽经努力筹措，仍负债三百万元）；三是教风、学风、纪律仍需加强，必须时刻注意防止教学质量滑坡；四是对科研投入精力、财力不够，部分教师没有把主要精力放在教学和研究上；五是还存在不安定因素，仍要居安思危。

报告提出，改革要从过去侧重突破旧体制转向侧重建立新体制，从过去注重单项推进转向突出综合配套，所以本次会议的主题是审议学校综合改革方案。

报告指出，根据国家经济社会发展大背景和学校小环境，开展学校综合改革是必要的、可能的。综合改革的指导思想是：以邓小平建设有中国特色社会主义理论为指导，坚持党的基本路线，面向现代化，面向世界，面向未来，把培养社会主义事业合格的建设者和可靠的接班人作为根本任务，按照有利于贯彻党和国家教育方针，有利于人才培养，有利于总体效益提高，有利于调动师生员工积极性的要求，转变办学观念，增强开放和竞争意识，管理与经营并重，拓宽办学路子，加快学校发展。综合改革的基本思路是：使内部管理体制改革和教育教学改革接轨，以管理体制改革为突破口，以教育教学改革为核心，整体规划，突出重点，加强领导，分步实施，确保综合改革积极稳妥地向前发展。综合改革的总目标是：建立适应经济社会发展的专业体系、管理体系和运行机制，使学校在20世纪规模有较大发展，专业结构日趋合理，教学质量、科研水平和办学效益明显提高，总体实力迅速增强，成为一所能够主动适应改革开放和现代化建设需要，适应社会主义市场经济体制和政治、科技、文化体制改革要求，适应煤炭事业发展而又具有自己特色的综合性师范高校，为21世纪的进一步发展打下坚实基础。

报告指出，改革的基本内容，一是全面贯彻教育方针，深化教育教学管理改革。进一步改进和加强德育工作，把坚定正确的政治方向摆在首位，全面实施德育、智育、体育、美育、劳动教育，培养又红又专人才。强化激励机制、竞争机制、淘汰机制，调动教与学两个积极性。实行教考分离、淘汰制、自费试读制和重读制，试行学分制，实行课堂教学奖励制。深化毕业生分配制度改革，扩大双向选择、自主择业比重，实行优生优分。改革奖学金实施办法，打破平均主义，激发学生成才内动力。继续狠抓“三基”（基础理论、基本知识、基本技能）、“三全”（全员参加四级英语考试、全员普及计算机基础知识、全员强化职业技能训练）、“三能”（教学能力、班主任工作能力、学习和创造能力）教学和训练。改革成人教育管理体制、成立成人教育学院，人员、经费相对独立，充分利用成人教育办学自主权，发展成人教育。

二是优化专业结构，加强重点学科和课程建设。调整专业设置，优化学科专业结构，在办好法学、教育学、文学、历史学、理学等学科专业的同时，增设经济学等学科专业，实行主副修制、双专科制、争取试办第二学位班，增设应用性课程。制订学科建设规划，确定学校首批重点学科，进行重点建设。实行课程评估制度，建设优秀课程，以优秀课程带动其他课程建设。逐年增加对图书和实验室建设投入，以适应教学和科研需要。

三是建设一支数量足够、结构合理、素质优良的教师队伍。培养和引进教师既要关注学历、职称、学缘、年龄结构，更要注重人品和思想。倡导尊师重教，为人师表，又红又专，与时并进风尚。培养造就一批严师、良师和名师。建立和完善以聘任制为主的教师管理制度，引入竞争机制，实行合理分流，不断优化教师队伍。

四是加强科研工作，提高学术水平。改革科研管理体制机制，变行政管理为项目管理、经费管理。逐步形成以科研经费定科研编制的管理模式。设立学校科研发展基金，建立科研工作量制度、学术论著登记制度，优秀科技成果奖励制度，鼓励教师和其他种类人员开展基础理论研究、应用开发研究和学校管理研究。

五是增强开放意识，面向社会拓宽办学路子，利用一切可以利用的社会资源为办学服务，同时开放学校教育资源，拓展服务对象，努力为社会提供教育服务。其中，成立并发挥好学校董事会作用至为重要。

六是深化人事管理制度改革。强化编制意识，完善定编工作，建立编制与人员流动、职务结构、人才培养引进、校内分配相配套的制度。完善教学、科研和其他人员聘任制、干部任期目标责任制、工人合同制、校内津贴制，激发广大教职工投身学校事业发展的积极性。

七是加大后勤改革力度。按照小机关、多实体、大服务思路、组建管理型科室，半企业化实体，企业化实体，变行政管理型、福利服务型为主为经济管理型、经营服务型为主、逐步向后勤社会化过渡。实行事企分开，校办产业建立与市场经济相适应的管理体制机制。加强财务管理，完善审计制度，逐年增加对教学、科研、师资和重要建设项目的投入。与地方同步进行住房制度改革。完善医疗制度改革。

八是理顺管理体制，完善校系两级管理。精简机构，提高效率，将一些经营性、服务性、业务性机构从机关分离出去，对性质相近、业务交叉的机构，或撤销，或合并，或实行合署办公。合理划分校系职责权限，进一步扩大系的办学自主权，教学、科研、学科和课程建设的主体在系，管理重心下移。加强法治观念，完善监督机制。加强民主管理，提高决策科学化、民主化水平。

报告强调，开展学校综合改革，必须加强和改进党的领导。一是坚持和完善党委领导下的院长负责制，坚持民主集中制，建立和完善党委工作制度和议事制度。党委对重大问题进行讨论并做出决定，同时保证行政领导充分行使自己的职权。二是进一步加强各级领导班子思想作风建设，充分发挥各级党组织的政治核心作用、战斗堡垒作用和共产党员的先锋模范作用。三是成立党委书记和院长为首的学校综合改革领导小组，统一领导全校的综合改革。领导小组下设以院长为首的改革办公室，协调和组织各职能部门制订各项实施细则，区别轻重缓急，分步实施，不断完善，总结提高。

1月8日　召开党政联席会议，讨论决定：（一）成立文印中心，市场化经营；（二）年终分配按学院37号文执行，量入为出，留有余地，统筹兼顾，适当安排。机关没有创收的单位给点补贴，创收少的体育、生物、化学系给予补贴，离退休人员给点补贴，既体现劳动成果共享，又体现按劳分配、向教学一线倾斜的原则。会议还对三年康居工程做了安排。

1月11日至15日　出席北京全国煤炭工作会议。分组讨论时，我就学校开展综合改革，全面提高教育质量做发言。何伯庸司长对煤师院的改革举措给予积极肯定和支持，说可以先做起来，遇到问题再解决。并宣布，去年下放给学校教授和副教授评审权不再执行，需重新申请，报国家教委审批。

1月17日　在北京与宋福祯会合向科教司汇报、请示工作。回答：凡属学校内部自主权的事自己定就可以了，并很快同意函授教育举办双专科。王继华、王新华同行。

1月24日　召开全校处级干部扩大会议，传达全国煤炭工作会议精神，布置十项工作。指出，今年是实施学校综合改革方案第一年，改革、发展、稳定的任务很重，要抓紧、抓实、抓好。抓而不紧等于不抓，抓而不实白费力气，抓而不好效益不高。十项工作，就要从现在抓起，一抓到底，抓出成效来。

2月21日　召开党政联席会议扩大会议，研究扩招生毕业班工作。会议指出：（一）1992年扩招自费生、委培生，是我们在学习理解邓小平南方谈话背景下，适应市场需要，顺应群众愿望，在办学过程中突破旧的办学体制和框框，摸着石头过河的一种尝试，没有先例可循。我们闯了一下，冒了一下，把认识变成行动。（二）这是协议办学，学校和学生及其家长，同委培单位和地方政府，事先商定并明确，学生学习期满，学习成绩合格，发给学业证明系“内部粮票”“地方粮票”，单位和地方承认。学校没有许诺发给国家承认学历的毕业证书。（三）我们是有追求、干事业、负责任的教育工作者。学生进校后和计划内学生一样实行规范管理，并且举债建筑教学、生活用房，让学生住在校内，迄今平安无事。1993年，我们贯彻教育主管部门决定，一个没招，是听招呼，守纪律的。我们要以高度负责的精神，善始善终，做好教学和管理工作，以无愧于学生、家长和社会。（四）将本次会议精神传达到全校中层干部。

3月1日　出席蚌埠皖北片高校校长会议，汇报三个问题：（一）1992年计划外招生情况和处理意见。表示，省里如果有统一处理意见，我们将遵照执行。（二）学生思想动态和对策。总体看，学生思想比较稳定，学习积极性较好。关注国家和学校的改革发展，对物价上涨，社会上的腐败现象、拖欠教师工资反应敏感。高年级学生关注的重点是就业，低年级学生关注的焦点是饭菜价格。均无异常现象。但心存忧患意识，管理不敢懈怠，建立并落实目标管理负责制，把稳定作为头等大事来抓。强调一级抓一级，一级对一级负责。学校出事学校负责，系里出事系里负责，班级出事辅导员负责。各级干部要把主要精力和时间放在学生管理和学习上来，帮助家庭有困难的学生解决生活问题，维护学习秩序和学校稳定。（三）贯彻省高教工作会议情况。在传达学习的基础上制订贯彻落实会议精神的综合改革方案，进一步明确了改革的思路和目标，发展的思路和目标，管理的思路和目标。

3 月 8 日　参加党委中心组学习。联系办学实际谈体会，略谓：改革，要把内部管理体制改革这个突破口和教学改革这个核心紧密地结合起来。前者注重解放生产力，后者意在提高生产力，结合起来就能提高学校竞争力。要探索发展新路子，以普通师范为主、职业技术师范、非师范为两翼，研究应用高深知识，新知识，新技术，实用知识，实用技术，简称高新实。管理与经营，我们一直讲科学管理、民主管理，加上经营二字，学会经营、善于经营，学校管理就活了。我们对高校经营不适应，不到位。立个目标，在学校经营中学会经营，进一步提高办学效益和水平。

3 月 16 日　拜访省教委陈贤忠主任，向其汇报工作。王继华同行。

3 月 17 日　看望宋安澜同学，对其夫、省教委主任、我的高中同班同学朱仇美逝世表示沉痛哀悼。仇美全心全意致力人民教育事业，白天忙，晚上忙，节假日也不得休息，深受群众拥戴。事业未竟，身已已然。深望节哀顺变，善自珍重。王继华同行。

3月18日　同王继华抵海口，参加煤炭高校校院长工作会议，考察海南经济特区。

3月24日至25日　同王继华一起，对华南师范大学进行访问。会见管林校长、王开发副校长，请其介绍办学经验。

3月26日至27日　对深圳中煤公司进行访问并参观华侨城（锦绣中华、中国民俗文化村）。

3月28日　上午，对深圳大学进行访问。会见深大党委书记、校长蔡德嶙，党委副书记王宗荣、副校长梁桂彝。他们详细介绍了深大的创立、发展。深大是特区改革开放的产物，当年建校，当年招生。邓小平说，这就是深圳速度。深大有辉煌成就，也有沉痛教训。教学、科研、社会服务、人事制度改革、分配制度改革、住房制度改革、思想政治工作，都明显具有与内地不同的特区色彩。教职工实行聘任制，学校聘系主任，系主任聘教师，可以炒教师鱿鱼。市里一年给教师发十六个月工资，最低月薪一千六百元，一般干部月薪两千多元。房补和工资差不多。学校建有福利房、微利房、商品房。讲师大都住九十多平方米的房屋。蔡校长陪同参观校园，边看边谈，说深大有办学自主权。在内地你有办学理念、主张往往实行不了。我在这里实行的，很多都是在安徽大学想到的。在这里能够做到知行合一。下午，参观蛇口工业区，到赤水湾看了当年林则徐抗击英军的左炮台。蛇口到深圳三十一公里，深大居其中，距离深圳十七公里。

这是一次开放之旅，学习之旅，解放思想之旅，体验改革实践、享受改革成果之旅。走出学校看学校，跳出教育看教育，高等教育改革的步子应该迈得大些，再大些，快些，再快些，变被动适应为主动适应，发挥其应有的引领社会发展的作用。

4月7日　在《邓小平文选》第三卷读书班上做《学习邓小平的立场、观点和方法》的辅导报告。

4月13日　在学习《邓小平文选》第三卷读书班讨论会上发言，交流对邓小平关于时代、历史、理论、矛盾和任务的理解，关于解放思想、实事求是、独立思考的认识，认为教育是生产性基础产业。高校要做好开放、搞活文章，要包容各派，百家争鸣，繁荣学术。

4月16日　在《邓小平文选》第三卷读书班结束时发言指出，根据大家在学习交流会上的发言和本人体会，这次读书的主要收获是：首先，全面、系统地把握了什么是社会主义、怎样建设社会主义这个邓小平理论的最核心、最基本的理论问题。第二，对邓小平理论的精髓是解放思想，实事求是有了深刻认识，这是邓小平理论的活的灵魂。进一步提高了坚持党的基本路线不动摇的自觉性、坚定性。第三，联系办学实际，学习邓小平教育思想，对邓小平教育思想有了比较系统地了解和认识。比如，教育优先发展的战略思想；教育是第一生产力的基础，是产业；“三个面向”的教育发展战略；尊重知识、尊重人才的人才观；培养“四有”新人的教育观；改革开放的办学观；教育为社会主义建设服务的价值观等。

4月23日　召开党政联席会议，同意《古籍研究》复刊，纪健生任编委、副主编，其他编委由纪健生推荐。

5月4日　举行全校干部会议，宋福祯传达煤炭高校党委书记会议精神，王彦坦主持会议并讲话。提出：（一）切实加强对维护学校稳定工作的领导。要正确认识和处理好改革、发展、稳定的关系，牢牢把握抓住机遇、深化改革、扩大开放、促进发展、保持稳定这一全党全国工作的大局。学校的各项工作都要服务于这个大局。要居安思危，在思想上和工作上做好可能出事的准备，力争不出事。要落实领导责任制。维稳的第一负责人是总支书记，书记不在时是系主任，分管学生工作的副书记、副主任要直接抓、经常抓。（二）认真抓好计划外学生工作。这是维护学校稳定的重要一环。要按照学校已有部署，多做沟通疏导工作，劝导安心学习，顺利完成学业。（三）抓好常规管理，主要是教学管理、伙食管理、治安管理，不要因管理不善而引发事端。（四）做好 1994 年招生工作。规模是学校发展的重要指标，要力争扩大招生规模，尤其是成人教育招生规模。把第二专科规划好、发展好，为计划外学生多开一条通道。（五）有条不紊地做好工改工作。工资改革正在按照省里的布置有计划、有步骤地进行，没有中断、更没有不搞的说法。我们的方略是，上下多调研，工作向前赶，上报向后放，争取主动权，争取向高靠。学校考虑到物价上涨，从 1993 年 10 月至 1994 年 5 月，每人每月发三十元生活补贴。

5 月 12 日，对枣庄矿务局进行访问。会见伊长顺书记，商谈成人教育和校董事会事宜，顺利达成合作意向。王继华同行。

5 月 14 日　召开党政联席会议，讨论发展成人教育工作。会议提出，根据煤炭部有关成人学历教育文件规定，抓住机遇，加快发展成人教育，力争 1994 年各类成人教育招生规模有较大发展。积极探索管理机制改革，改革和完善收入分配办法，调动学校和社会力量，促进成人高等教育发展。

5 月 16 日　召开各系党政负责人会议。主要议题：（一）

学习煤炭部、安徽省有关成人教育文件。（三）抓住政策比较宽松的机遇（第二专科免试入学，数量不限），加快发展成人教育。组织生源，以从业人员为主；招生专业，以现设专业为主；教育形式，以不脱产为主；办学设点，以校外为主。按标准收费，也可协商收费。谁办班谁受益。收入分配老班老办法，新班新办法、新办法要好于老办法。

5 月 17 日　上午，召开外语系教师代表座谈会。指出，教育改革是群众的事业，要相信群众，依靠群众，走群众路线，和师生商量，和干部商量；要实事求是，从实际出发。涉外办学要科学地论证，按规矩、按程序报批，不能直接同外国驻华使馆打交道，说办就办。

5 月 27 日　参加党委廉洁自律专题民主生活会。检查称，常以公生明、廉生威自律。自信做到并能继续做到身正、公正、清廉、实干。

6 月 1 日　煤炭工业部成立煤炭普通高校专业设置评议委员会。科教司司长何伯镛任主任，副司长金学林、中国煤炭教育协会理事长辛镜敏任副主任，王彦坦等任委员。

6 月 6 日　上午，邀请华东师范大学薛天祥教授、谢安邦博士同学校领导成员座谈，介绍高等教育改革发展的新趋势、新动态、新信息。下午，出席华东师范大学高等教育学（高校管理方向）硕士课程进修班结业典礼。八十多名管理人员获结业证书。徐德璋主持典礼。廖传忠、郜锦强发言。谢安邦对进修班做总结。戴明月老师宣布优秀学员名单。薛天祥教授讲话指出：淮北煤炭师范学院办这个班是一项有远见、有战略眼光的高瞻远瞩的工作，意在培养学校管理人才，提高高校管理水平，对学校发展和个人成长都有很大意义。一个人的成长，一要领导支持，自己努力；二是条件和机遇；三有适合社会需要和自己发展的合适的目标。简单说，就是客观环境加主观努力。淮北师院的环境是有利于人才成长的，希望青年朋友努力。

6月10日　召开党政联席会议，讨论工资改革方案。会议认为，在学习政策、访问调研，联系校情，具体问题具体分析基础上，制订出两套方案，一套严，即认认真真不走样，严格按照政策套；一套宽，即合情合理用足用活政策，居高临下高套、宽套。严的方案不损害教职工利益；宽的方案不违反上级政策。会议决定，为教职工多谋点利益，为掌握工作主动权，按严的方案公布，接受公议和监督；按宽的方案上报，争取获批。

6月22日　同宋福祯一起到中国矿业大学，向何伯镛司长、金学林副司长汇报与中国矿业大学联合的意向和设想。

6月23日　金学林副司长到校检查指导工作。在调研考察后发表讲话指出："院长的治学、治校精神，书记团结一班人，确实不简单。师资队伍建设，我曾不相信，到这一看，确是这样，真了不起，研究生比例相当可观。引进人才措施了不起，站得高，看得远。管理队伍这样培养独此一家。三名破格教授，在全煤系统，除了矿大，就是你们一家。取得这样的办学水平很不容易。鸡西反映，你们的毕业生不错，但太少，弄不到你们的毕业生。何司长到鸡西、七台河，听到对你们的反映也很好。"金副司长指出："专业调整、学科建设有很多工作要做。我赞成何司长的意见，可以以师范教育为主，积极发展职业技术师范教育，适当增加为地方服务的非师范专业。办一个专业不容易，要保证质量，办出你们的特色。"金副司长说："关于与矿大联合办学的想法很好。你们的师资队伍相当了不起，文理强项在你们这里。你们办学的精神、思路对其他学校是通用的。你们很有战略眼光。”

6月24日　听取科研处、中文系、数学系关于同徐州师范学院联合招收培养硕士研究生的意见。同意，并提出以科学态度，用学术标准遴选导师，不搞照顾，扶持青年，快做、做好这项工作。

6月25日　上午，听取外语系关于师资队伍状况的汇报，并与之讨论加强师资队伍建设工作。

7月5日　在党委中心组学习全国教育工作文件的会上发言提出，高校改革发展面临新的机遇和挑战。我们应该做什么，怎么做？我以为，要重点抓两项工作。（一）管理体制改革。拟主动谋划同中国矿业大学联合办学，提升办学层次和水平，改善办学环境，促进学校发展。同时要做好划转到地方的准备。这是政府意志。若联合不成，必须服从划转。我们要做两手准备，争取联合，服从划转。（二）走内涵为主的发展道路。要用心做好引进、培养、使用高学历、高职称、高水平、人品好师资人才工作，尽可能留住他们，用政策导向把他的精力、注意力引导到教学、科研、育人工作上来。优秀人才乐教育人，学校就会桃李芬芳，誉满天下。要下功夫抓好学科建设，提高人才培养质量，出好人才，出好成果。质量是立校之本。质量上去了，实力提升了，人才有竞争力，将来不论留在煤炭系统，还是划转地方，都能很好生存和发展。把学校办好、发展好最重要。要大力加强和改进德育工作，把学生培养成有理想、有道德、有文化、有纪律，服务教育、服务社会的国家栋梁之材。不论在什么时候，什么情况下，我们都应坚守德教为先、育人为本的办学信条，做好培养人的工作。

7月6日　对皖北矿务局进行访问，会见马德久局长，邀请马局长出任煤师院董事会董事，马局长欣然同意并草签意向书。

7月11日　出席党委会议，讨论决定：成立教育系，由教育学心理学教研室、电化教学中心、煤炭普教研究室、高教研究室、思想政治教育教研室组成，保留煤炭普教研究室、思政教研室牌子。即一套班子，三块牌子，相对独立，过渡一段时间。

7月21日　同宋福祯一起，对中国矿业大学进行访问，郭金创同行。会见郭育光、沈通生、罗承选，邓传淮参加。双方就联合办学问题举行会谈，达成一致意见，并向金学林副司长报告两校联合意见。金副司长说："两校联合方向是对的。能做到优势互补，既提高矿大，又保住煤师院。问题是跨省问题怎么解决，教育部坚持师范不能丢怎么解决。你们打个报告，带到北戴河向范维唐副部长、何伯镛司长做个汇报。这个事要抓紧办。"

8月2日至6日　出席北戴河煤炭高校院校长务虚会。会上，我就煤师院机构改革、学科专业建设、办学思路做交流发言。其间，何伯镛司长对郭育光、王彦坦说："两校联合问题，已给范部长汇报，同意。准备在矿大'211工程'中写上。部党组研究后，老王（彦坦），你们做好安徽的工作。"

8月19日　罗承选、王悦汉、谢和平来访，就中矿大和煤师院联合办学进行座谈，在资源共享、学科共建、优势互补等方面，达成一致意见。

8月29日　召开党政联席会议，听取教育系、音乐系工作汇报。会议指出：（一）两系开端良好，干部、教师敬业、创业，探索办系新路子的事业心、使命感值得肯定，认真负责的精神要发扬。（二）师资建设是工作的重中之重。要采取培养、引进、外聘等办法解决。主动权在你们手里，学校积极扶持。(三) 办系的物质条件，采取利旧、调配、购置等措施逐步解决，急用先办。经费暂按已经安排的意见执行，适度倾斜。

8 月 30 日　召开党政联席会议。会议同意调入音乐教师张雷 (声乐)、孙建国 (作曲)、余浜 (指挥)。

9 月 2 日　召开党政联席会议，讨论后勤改革。会议指出，这次后勤改革的指导思想、基本思路、实施步骤是好的、积极的、可行的。

9 月 9 日　在庆祝教师节大会上讲话，殷切希望各位老师、各位未来的老师做严师、做良师、争做名师。对心目中的严师、良师、名师做了描述。严师要严于自律、严于治学、严格要求、严格管理；良师要传播知识、传播真理、播种文明、教书育人；名师不可多得，要争取。名师至少要做到三高：德高、学高、功高。

9 月 13 日　在学校专业设置讨论会上强调，专业设置是学校基本的教学建设。每设置或调整一个专业，都要着眼于适应经济、科技、教育和社会发展的需要，也要遵循教育自身的规律，处理好需要和可能、数量和质量、当前和长远、特殊和一般的关系。基于这样的认识，我们提出了专业设置的三个方向，即巩固加强基础教育师范类专业，积极发展职业技术教育师范类专业，灵活设置非师范类专业；课程建设要瞄准高 (高深知识)、新 (高新技术)、实 (实用知识技术)，提高三个全员化 (外语、计算机技术、教师职业技能) 教学水平。

9 月 15 日　在新生开学典礼致辞指出，同学们选择师范教育是选择爱与责任，选择光荣与担当。人们说，教师是第二个太阳。这个比喻形象而又灵妙。全国煤炭系统九百所中学期待着你们去担当重任；十万名煤炭职工子弟期盼着你们去传授知识、启迪思想、开发智力、完善人格。希望同学们不负人民的期望，在校与书为友，做一名合格大学生；入世以人民为师，做一名忠诚教育的人民教师。

10月4日　召开党政联席会议，宋福祯通报与矿大联合办学情况：部党组讨论，濮洪九副部长首先发言支持，韩英副部长接着发言支持，其他同志也同意，王森浩部长总结，同意。会议还研究了其他工作。

10月7日　召开各系各单位负责人会议，布置校庆和董事会事宜。提出两会主题是友谊，交流，合作；要求两会开得隆重、高雅、简朴；服务做到热情、周道、耐心，安全、卫生、有序，展示煤师院的风格、风貌、风气。

10月11日　在党委扩大会议上就学习贯彻省委扩大会议精神发言提出：（一）抓首位工程，加强和改进德育工作。高师院校是教师的摇篮，与其他高校相比，德育工作地位更加重要突出，个性色彩更加明显。面临世纪之交，我们必须站在历史的高度，以战略的眼光来认识高师院校德育工作的极端重要性，树立大德育思想，坚持全方位教育、全面教育、全过程教育，以切实有效的措施来做好德育工作。首先，整体规划学校德育体系，分阶段、分系统、分块块开展德育工作。其次，科学规划各阶段、系统、块块德育工作内容。分阶段，即分年级实施理论课、德育课教学、着重对学生进行马列主义、毛泽东思想和邓小平理论教育、法制教育、职业道德教育等。分系统，即宣传系统、团的系统、学生会系统以爱国主义、集体主义、社会主义教育为主旋律，着重对学生进行世界观、人生观、价值观教育。分块块，即分系、分专业，按照不同学科特点，促进学科教学与德育的有机融合，着重对学生进行科学精神、创造精神、献身精神教育。其三，拓宽德育途径。课程教学，特别是两课教学是德育的基本渠道。同时要拓宽实践渠道。如与生产劳动相结合，与社会实践相结合，与实验、实习相结合，与读书生活相结合，与校园文化活动相结合，与学科管理相结合，与家庭、社会教育相结合等。（二）抓主体工程，搞好学科专业建设，培养科技、教育、经济社会发展需要的人才。高师院校的主体工程是培养教育人才和经济、科技、社会发展需要的其他专门人才。为此，必须适时设置和调整专业。首先要办好师范教育这个主体专业，不断扩大师范教育内涵。其次要在师范教育专业基础上培育、生长、发展应用类新专业，培养适合经济社会发展需要的非师范类应用型人才。培养人才要在适合、适应上下功夫。适合需要、适应岗位的人才就是好人才。我们开展三个全员化教学，实行主辅修、双专科制，就是为了提高学生的适应能力，培养复合型应用型人才。

10 月 13 日　上午，在庆祝淮北煤炭师范学院成立二十周年大会上发表讲话指出，经过二十年的建设，学院已经发展成为一所学科门类比较齐全，有自己特色，有相当规模的高等学府。回顾既往，总结七条基本成绩；展望未来，提出十大发展目标。讲话强调，友谊、交流、合作是这次校庆活动的主题。友谊是交流合作的基础，是连接人与人之间、单位与单位之间感情的纽带。友谊比什么都重要。交流是桥梁，把煤师院和社会连接起来。煤师院的进步离不开社会，社会的进步呼唤煤师院的参与。通过交流，我们参与社会，加入社会竞争与发展的洪流。合作是发展的需要。加强高校与企业的合作，是高校改革和发展的必然趋势，也是企业竞争和发展的必然要求。我们欢迎更多的朋友与我们合作，携手并进，共创未来。下午，在淮北煤炭师范学院董事会成立大会上发表讲话，报告办学理念、思路和董事会宗旨、权利、义务等。大会推举王彦坦为董事长。

10月18日　主持召开学术委员会会议，审议推荐乔建永、张国宪、吕绳振、王磊、叶树声为省政府特殊津贴候选人。

10月20日至22日　出席安徽省历史学会第四次代表大会暨1994年学术年会，并致开幕辞。当选安徽省历史学会第四届理事会理事、副会长。

12月23日　召开全校安全工作会议，布置学校安全工作。（一）开展以防火为主的安全大学习、大宣传、大教育；（二）开展以防火为主的安全大检查，查设施、查死角、查隐患，做好防范工作；（三）加强管理，贯彻谁主管谁负责原则，层层落实安全工作责任制、值班制；（四）把这次会议精神传达到全体师生员工，强化安全意识，提高自我保护能力。

12月26日　宋福祯在党政领导碰头会上传达汪洋副省长关于1992级乡镇企业班的处理意见。

12月27日　邀请中国矿业大学副校长沈通生与学校领导班子成员座谈高校改革和发展。并向全校中层干部做高校教学改革报告。

12月30日　召开党政联席会议，研究人事工作。

12月31日　召开党政联席会议，研究进一步办好学报工作和年终分配方案。会议决定：关于学报工作，（一）做好版面、栏目设计和组稿工作，办出特色。（二）扩大稿源、做好审稿、编辑、校对，提高质量。（三）实行激光照排。（四）充实、培养编辑人员。（五）经费仍执行实报实销政策。关于年终分配，同意系高于机关的分配方案。有创收的系可按一定比例提成自主分配；有创收的机关单位分配额度可略高于机关平均数。

是年　同郭金创合写《论科学治校》，载于《淮北煤炭师范学院学报》(社会科学版) 1994 年第 2 期。

写作《教育是生产性产业》，载于《淮北煤炭师范学院学报》(社会科学版) 1994 年第 3 期。文章指出，教育是社会主义现代化建设的战略基础，战略重点。谁掌握了面向 21 世纪的教育，谁就能在 21 世纪的国际竞争中处于战略主动地位。教育是未来事业。一个高级专门人才的培养大约需要二十年甚至更长时间。今天的教育是明天的科技，后天的效益。人才培养有自身规律，现抓是抓不来的。一定要有超前意识，从娃娃抓起，从现在抓起，用现代知识培养未来人才。教育的战略地位不言而喻。作为战略重点更突显其重要性。提高劳动者素质靠教育，开发人力资源靠教育，建设精神文明靠教育，发展民主政治靠教育，发展经济促进社会全面进步靠教育，总之，不抓教育不行。

文章强调，落实教育优先发展需要解决好几个问题。一是树立教育是生产性产业观念。根据教育投入产出特点，教育具有生产性，是进行劳动力再生产和科学技术再生产的产业。教育是一个特殊的产业，具有生产性、先导性、基础性；其特点是周期长、产出慢、效益大；最终产品是有理想、有道德、有文化、有纪律的人。十二亿中国人，一旦通过发展教育，把人口转化为人力资源，就一定能加速推动科学技术发展和劳动生产力提高，加快社会主义现代化建设。二是树立为教育服务观念。邓小平提出，抓不抓教育，是衡量工作重点是不是转移好，领导干部是不是成熟的重要标准。领导就是服务。各级领导都要为教育服务，各行各业都要为教育服务。服务就是多干实事，帮助教育解决校舍和教学设备问题，学校经费问题，师生伙食问题，师资培训问题，思想政治工作改进问题，等等。

三是增加教育投入。教育投资是一项战略性的生产性投资，对国家经济、科技、军事发展有极其重要影响。增加教育投资是落实教育战略地位的根本保障，是确保教育优先发展的物质条件。四是落实知识分子政策，首先要尊重知识，尊重人才，并且要善于发现人才，团结人才，使用人才。其次要把知识分子的地位提到第一，而知识分子应该以出色的成绩，赢得尊重。五是改革教育体制，解放生产力。人是生产力中最积极最活跃的因素。要排除一切干扰，解放人，使拔尖人才脱颖而出，目的是使我国消灭贫穷，走向富强，消灭落后，走向现代化，建设有中国特色的社会主义。

写作《学习邓小平同志的富民思想》，载于《淮北煤炭师范学院学报》（社会科学版），1994 年第 3 期。

同韩福海合写《从严治校　精心育人》，载于《高等教育教学与管理的研究》，中国矿业大学出版社，1994 年 4 月。文章的主题是总结学生管理工作。基本经验是围绕培养人才这一中心任务，运用奖和惩两个杠杆，突破早操、晚自习出勤率低、提前下课三个难点，落实法规、行政、宣传教育、正面引导四项措施。进行梳理、综合、概括学生管理工作经验及其带来的五大变化：一是政治空气进一步浓厚，政治上要求进步的多了。全校五十六个班级都成立了学马列、学党章小组，除 1993 年级外，有六百多人写了入党申请书，报名参加党校学习的人数超过招生人数的几倍。二是刻苦学习，努力成才的自觉性提高了。1990 年级学生参加全国英语四级考试通过率比 1989 级提高二十五个百分点，1991 级又比 1990 级提高六个百分点。三是校园文化健康活泼，第二课堂更加活跃。1991 年全省高校文艺会演，囊括淮北片高校业余组两个第一；1992 年暑假，学生“心连心”演出慰问团赴矿区演出，获极大成功，受到矿工热情赞扬。四是遵纪守法的意识增强了，违纪现象大幅减少。五是尊敬师长，艰苦奋斗，文明礼貌之风进一步倡明。上课给老师递上一杯茶，下课送上热毛巾；很多班级做到人离水停，人走灯灭；校园失范、失雅现象极为少见。1992年煤师院被评为安徽省高校学生管理工作先进学校。

经煤炭部科教司、安徽省教育厅同意增设计算机应用与维护、经济法、会计、税务、金融、商贸英语、光电子技术七个专科专业，从1995年秋季开始招生。

1995年　六十岁

是年提要　1. 名师是历练出来的。2. 试行学分制。3. 百分之三优秀人员提前晋升工资的意见。4. 实行重修制。5. 三次出席全国高师教育改革座谈会。6. 高师教育体制改革想法。7. 总结党的建设工作经验。8. 培养和引进人才补充规定。9. 到2010年把煤师院建成师范大学。10. 关于高师发展模式的思考。

1月5日至10日　出席北京全国煤炭工业劳动模范、先进集体表彰会议和全国煤炭工作会议。5日上午，开表彰会议。王森浩部长、邹家华副总理先后讲话。下午介绍经验。6日上午，邹家华、罗干、王光英、布赫、孙伏园、朱光亚在人民大会堂北大厅接见劳模、先进集体代表和工作会议代表。邹家华讲话，罗干宣读李鹏总理贺信。代表参观毛主席纪念堂，瞻仰毛主席遗容；游故宫，登天安门城楼。7日至10日，开工作会议。王森浩部长做工作报告。分组讨论。其间，何伯镛司长在教科组传达国家教委在上海召开的高教体制改革座谈会精神。他要求高校同志认清改革形势，增强改革的紧迫感，抓住机遇，增强办学能力，提高教学质量和办学效益，在地方站得住，得到认可。他说，核心是质量。武汉对矿大、焦作矿院学生很欢迎，鸡西最欢迎淮北师院学生。我们有点钱就支持大家增强办学能力，提高办学水平。

1月17日　主持召开师资工作座谈会并讲话。强调学校出名靠教师、靠名师。一流学校要有一流师资。煤师院的优良传统之一，就是比较早地抓了师资培养，并且卓有成效。我们必须继续抓好这个事关学校大局的工作。千万不要忘记我们的职责是让年轻人更好更快地成长为接班人；千万不要忘记煤师院的前途和希望是要拥有一批优秀教师，特别是青年教师成为学科带头人，成为学生的良师益友，担起培养国家栋梁之重任。提出，要树立人才流动观念。流则动，动则活；不流动则死水一潭，没有活力。流动就是有进有出，不光是一江春水向东流，不只是孔雀东南飞。要筑巢引凤，创造春潮涌向煤师院、孔雀依恋煤师院的环境。这是一项虽然很难却是应为、可为、能为的事业。要在实践中培养人才。实践出真知，出人才。培养人才是一个在实践中创优的过程。优秀人才，一流人才，名师是在教学实践、科研实践、社会服务实践中培养历练出来的，实干干出来的，不是评出来的。要给青年人学习、实践的机会，让青年人在教学、科研、社会服务实践中学习、成长，脱颖而出。

3月3日　主持召开有关系负责人会议，部署申报硕士学位授予单位和硕士学位授予点工作。提出：采取独立、联合、挂靠形式申报。独立申报意在争取硕士授权单位的突破，不能突破则造成一定影响，为今后申报奠基铺路。联合、挂靠申报都是借力发展，为独立申报准备条件。不论独立申报还是联合、挂靠申报，导师选拔均以学术水平为基准，不搞论资排辈，不搞照顾。成果多的、年轻的往前排。

3月7日至8日　学院召开教学工作会议，会议印发了《试行学分制实施细则》等八个文件草案。王彦坦发表题为《更新教育思想，精心培养人才》的讲话。要言是树立全面发展、个性发展、人人发展的观念，向着培养懂得教育规律，富有独立思考、创新精神和德业双馨的学者型、教育家型教师和适合、适应经济社会发展需要的应用型、复合型人才而努力。

3月30日　对曲阜师范大学进行访问，考察学科建设。张秉政同行。

3月31日　对山东矿业学院进行访问，考察学科建设。张秉政同行。

4月1日　对兖州矿务局进行访问，探讨人才培训问题。张秉政同行。

4月6日　煤炭工业部副部长范维唐一行视察煤师院。其间，向范副部长一行汇报学校改革、发展、稳定情况，请求支持购买一部书。范维唐副部长讲话，肯定过去，着眼当前，指导工作，并特批三十万元专款购买《续修四库全书》（一千八百零六册）。

4月7日　召开党政联席会议，讨论通过人事管理的几个规定和百分之三优秀人员提前晋升工资的意见。

4月9日　主持召开学生座谈会，团中央书记处书记袁纯清、煤炭部副部长范维唐与六十名学生代表座谈交流，勉励学生努力学习，健康成长，并和学生合影留念。

4月20日至22日　出席河南师范大学苏鲁豫皖七院校第六次协作会。王继华、张国宪同行。各校交流改革发展的新思考、新做法、新信息。

4月24日至25日　会见华东冶金学院党委书记钱永智一行，相互交流学校情况和办学思路。

4 月 26 日　召开党政联席会议，讨论优秀青年教师选拔培养办法和人事调配暂行规定。

4 月 27 日　召开党政联席会议，研究决定成立音乐系。

5 月 10 日　会见美国西肯塔基大学化学教授托马斯、格林博士。

5 月 23 日　召开党政联席会议，研究评选优秀教师和人才引进工作。

6 月 1 日　召开党政联席会议，听取物理系微机应用研究、教育技术学学科建设情况汇报；讨论成人教育改革和发展问题。会议提出，微机应用研究要走学、研、产道路，着力于将成果转化为产品。教育技术学学科建设，关键是确立好的发展方向，组建结构合理的学科梯队，推出学术含量高的研究成果，确保人才培养质量。会议要求成人教育在调研论证的基础上，制定发展规则，确定在新形势下的发展目标、思路、措施，创新管理思想、制度、模式，提高办学效益，做好软件建设。会议表示，逐步改善成人教育的硬件设施。

6 月 12 日至 16 日　出席在沈阳师范学院举行的华东、东北、西南地区部分师范学院院长协作会。张国宪、杨烨同行。会议第一天被点名即席发言十三分钟，主题是高师办学思想和思路。国家教委师范司林奇青处长会后到下榻房间交谈，叮嘱把发言整理出来寄到师范司。

6 月 26 日至 29 日　与宋福祯一起，出席北京全国煤炭科技教育大会。王彦坦在分组讨论会上发言。

是月　在一次会议上宣布，从 1994—1995 学年度第二学期末取消缓考和补考，实行重修制。

7 月 16 日至 18 日　出席国家教委在北京师范大学召开的全国部分高等师范校院长座谈会。出席座谈会的校院共二十四所二十六人。座谈会主题是如何办好高等师范学校。根据会议安排，16 日先后讲话和发言的有：师范教育司司长马立和北京师范大学党委书记周之良、校长陆善镇，华中师范大学副校长邓宗琦，陕西师范大学校长赵世超，西南师范大学副校长杨光彦，淮北煤炭师范学院院长王彦坦，吉林师范学院院长邵守义，云南师范大学校长李存俊，河北师范大学校长张玉钟，聊城师范学院院长刘大文，湛江师范学院院长李运生，沈阳师范学院院长张德祥，天津师范大学校长侯国荣。17 日先后发言的有：师范教育司高师处处长林奇青，内蒙古师范大学校长曹世明，四川师范大学校长杨泉明，湖南师范大学校长张楚廷，首都师范大学校长林培黎，华中师范大学副校长邓宗琦，辽宁师范大学校长朱诚如，广西师范大学校长张葆全，河北师范大学副校长严全治，新疆师范大学副校长薛天伟，西北师范大学校长王福成，山西师范大学校长侯晋川，宁波师范学院院长忻正大，吉林师范学院院长邵守义，淮北煤炭师范学院院长王彦坦，华中师范大学副校长邓宗琦，马立司长做总结讲话，北京师范大学副校长袁贵仁讲话。

7 月 26 日至 8 月 1 日　偕老伴与徐德璋夫妇一起，参加全国煤炭高等学校专家教授校院长暑期庐山休养活动。其间，牛维麟副司长传达全国第五次高校党建工作会议精神，郭育光传达煤炭部大连工作会议精神，并举行教育工作座谈会。王彦坦在座谈会发言说：煤炭高校应走校校联合、校企联合、校地联合、校研联合办学之路，合理发展规模，优化专业和课程结构，改革教学内容和管理，培养宽基础、高素质、有专长的高级专门人才。

9 月 4 日至 14 日　出席在北京召开的曾宪梓教育基金会 1995 年中等师范学校教师奖专家评审会。

9月19日至21日　出席国家教委在北京师范大学召开的高师教育工作研讨会。出席会议的共六所学校八人，即：北京师范大学副校长袁贵仁、校长助理谢维和、教务处长云志厚，天津师范大学校长侯国荣，沈阳师范学院院长张德祥，淮北煤炭师范学院院长王彦坦，东北师范大学校长助理高明全，南京师范大学教务处长笪佐领。主要任务是讨论起草两个文件，一是高师教育汇报提纲，二是高师教育改革意见。师范教育司司长马立主持研讨会并讲话。

10月6日　出席党委会议，研究决定：成立淮北煤炭师范学院教育科学研究所，王彦坦兼任所长（1995.10—2000.6），郜锦强任副所长（正处）。

10月11日　煤炭工业部人事司副司长路德信、干部处副处长王佩坤到学校看望宋福祯，会见领导班子成员，通报部党组对宋福祯离休，王彦坦留任的决定。

10月12日　上午，召开全校干部和教师代表大会。王佩坤宣布部党组关于学院领导班子调整的决定：马建任党委书记，韩福海任党委副书记兼副院长、不再兼纪委书记，吕绳振任党委副书记兼纪委书记，乔建永、王新华任副院长。宋福祯离职休养。路德信、王彦坦讲话。下午，党委会议讨论领导班子成员分工。通过《关于加强领导班子建设的若干意见》。

10月15日至17日　出席在湘潭矿业学院召开的煤炭高等学校专业设置评审委员会第二次会议，审议本年度各高校申报的新增本、专科专业。王继华同行。

10月23日至25日　出席国家教委在上海师范大学举行的高等师范教育改革研讨会。王继华同行。出席会议的共十所高师院校十二人，即北京师范大学校长助理谢维和，华东师范大学教育科学研究所所长施良方、唐莹博士，东北师范大学校长助理高明全，南京师范大学教务处处长笪佐领，湖南师范大学校长张楚廷，上海师范大学副校长陶本一、陆耕来、扬州大学师范学院胡院长，沈阳师范学院院长张德祥，淮北煤炭师范学院院长王彦坦，乐山师范高等专科学校校长罗嘉云。会议围绕高师教育改革和发展问题进行研讨，并对9月北京师范教育工作研讨会起草的文件稿进行讨论。王彦坦就高师教育体系、办学和管理体制发言，提出建立以独立设置的高师院校为主、非师范类院校为补充、基础教育师范教育和职业技术师范教育协调发展、培养培训相衔接的高师教育体系；实行中央、省(自治区、直辖市)、市共同举办、共同建设，社会参与，省级管理为主的管理体制，并对办学层次和学科专业建设发表了意见。师范教育司司长马立主持研讨会并讲话。

10月27日　召开党政联席会议，讨论房改工作。会议决定：除平房、单身楼，都纳入公有住房出售，填入售房申请表。

11月1日至4日　同郭金创一起，出席在江苏教育学院举行的全国高师教育研究会第四次学术年会暨高师教育管理专业委员会第十一次学术年会。出席年会的共八十二所高校一百一十七人。会议主题是：跨世纪师资的培养与高师教育改革。袁运开理事长致开幕词并做工作报告。北京师大顾明远教授、香港大学程介明教授、华东师大陈永明博士、江苏省教委周德藩副主任，分别就高师教育政策与师资培养、教师教育的比较研究，以及江苏基础教育的改革发展对高师院校师资培养工作的要求先后做专题报告。东北师大、江苏教院、淮北煤炭师院、上海教院、泰安师专、咸阳师专、天津职业技术师院、渭南师专、北京教院、华中师大、华南师大、吉林师院、西南师大、广西师大、天津师大、浙江教院、内蒙师大代表先后做大会发言。信息交流密集，学术气氛浓厚，研讨生动活泼，各抒己见，畅所欲言。会议形成《加强高等师范教育建设对策的建议》，提交国家教委师范司，供决策参考。我以《高等师范教育体制改革的构想》为题做大会发言讲了五点想法：（一）关于培养体系。必须坚持积极发展高等师范教育的方针，建立以独立设置的高师为主，非独立设置的高师为补充的高等师范教育体制。非独立高师教育就是在重点综合大学和工科院校实行“4+1”或“3+1”学制，培养有志于基础教育事业的青年学子投身教育事业，为封闭型高师教育体制向开放型高师教育体制过渡做准备。（二）关于管理体制。改变政府单独举办，条块分割的管理体制，逐步建立中央与省共建、省与地市共建，以省统筹管理为主，社会积极参与的办学体制。中央办好少数重点师大，起示范作用；指导办好共建师范院校，合理调整学校布局，满足不同地区对师资的需求。（三）关于办学类别和层次。应建立普通高师、职业高师，成人高师相配套的教育类别，建立与基础教育发展相适应的专科、本科、研究生（硕、博）教育层次。中央直属重点师大应大力发展研究生教育以应一般高师和发达地区高中的需求。（四）关于招生和就业。为吸引优秀生源学师从教，必须从制度和法律上寻求出路和保障。第一，建立健全教师资格制度；第二，建立并实行服务期制度。稳定骨干，允许流动，解除一些人“进了教育口，不能再调走”因而不愿涉足教育的顾虑。第三，建立教师特殊津贴制度。因地而异实行教师特殊津贴，使教师的待遇高于公务员，老少边穷地区教师高于发达地区教师待遇。第四，建立尊师重教制度，使教师成为人们羡慕和尊敬的职业。（五）关于学科和专业。形成自然科学、社会科学、人文科学、技术科学、教育科学并存的学科背景、文化环境、教育氛围，培养具有宽基础、高素质、有专长的新型教师。同郭金创合写《普通高师院校适应社会主义市场经济的几个问题》获全国高师教育研究论文一等奖，大会颁发获奖证书。

11 月 13 日　召开党政联席会，提议精减会议，完善议事规则，获一致同意。会议通过 1995 年新生入学资格审查报告，1996 年招生计划，1992 年集资建房还款意见，教职工生活补贴发放意见。

11 月 21 日　主持召开行政部门负责人会议，通报煤炭基础教育、中等专业技术教育、成人教育状况和人才培养培训需求预测，部署编制学校“九五”计划和 2010 年发展规划。

11 月 22 日　安徽省教育工委副书记刘伦光、组干处处长郝运福到学校调研总结党建工作。受党委委托，汇报学校党的建设工作，受到刘伦光、郝运福的充分肯定，并嘱咐学校对党建工作经验进行总结，提交全省高校党建工作会议交流。

11 月 23 日　受党委委托，召集会议，主持研究落实总结党的建设工作经验。决定成立五人（韩福海、吕绳振、王继华、郭金创、魏捷）小组，分六个专题（《切实加强党的建设，努力提高办学水平》《努力建设一个坚定、团结、清廉、实干的领导班子》《加强干部队伍建设为学校发展提供坚强的组织保证》《抓好党支部建设目标管理和民主评议党员活动》《造就一支跨世纪的青年教师队伍》《面向基础教育，完善育人体系》）起草经验材料。要求 12 月上旬写出初稿，12 月底完稿。

11 月 27 日　召集党建经验材料五人起草小组开会，讨论经验材料起草提纲。

11 月 29 日　召开党政联席会议，研究培养博士、硕士研究生工作。

11月30日　召开民主党派和教师代表座谈会，就学院“九五”计划和2010年发展规划（草案）征求意见。

12月4日　出席党委扩大会议，讨论同意关于青年教师报考硕士、博士研究生的补充规定，关于引进博士、硕士待遇的若干规定（1993年规定：博士被接收后即聘为副教授，分配三室一厅住房，提供一万五千元到两万元科研启动费，配偶随调，子女随迁，免费安装电话；硕士被接收后即聘为讲师，分给二室一厅住房，配偶随调，子女随迁。博士、硕士工作五年，去留尊便。这一次的规定，除享有上述待遇外，给博士安家费一万元，月津贴一百元，配电脑一台；给硕士安家费五千元）。韩福海主持会议。

12月14日　学院召开二届三次教代会审议通过学院“九五”计划和2010年发展规划，总目标是，到2010年，把学校建成在国内有一定影响和知名度的师范大学。

12月25日至28日　出席在北京西郊宾馆召开的全国煤炭工作会议。25日上午十点半在听王森浩部长做工作报告时突然想呕吐。离开座位走六七步，头晕，视力模糊，走路困难。稍停，坚持走到出口处，抓住门把手，不能走了。坐在后排的华北煤炭医学院院长赵伯阳、中国煤炭总医院院长杨宝贺以医学专家的敏感赶过来扶到三五步处的工作室（已恢复清醒），嘱躺下，给服速效救心丸二三十粒，输氧。不让动，不让回房间。办公厅主任贺钧叫救护车送到煤炭总医院住院检查。除老病三度房室传导阻滞，无别的病。医生讲可能与疲劳有关，注意休息。30日出院回淮北。其间，煤炭部范维唐副部长、办公厅魏元锐副主任、煤炭总医院院长杨宝贺、副院长王建到病房看望。王继华、朱芳文陪同。

是年　与杨烨合写《关于高等师范教育发展模式的几点

思考》，于6月在沈阳师范学院召开的东北、华东、西南地区部分师范学院院长协作会第六次会议交流。翌年，载于《高等师范教育研究》第二期。文章要点是：

（一）培养目标和规格。在这个问题上，有的主张培养通才，有的主张培养专才。我们认为，高等师范教育应该融传授知识、培养能力、陶冶情操、增强体魄为一体，因材施教，发展个性，培养宽基础、高素质、有专长、懂得教育规律，富有独立思考和创造能力的复合型应用型人才。

（二）办学层次。这里说的层次不是泛指规划研究生教育、本科生教育、专科生教育，而是指委属重点师范大学应大力发展研究生教育；地方本科师范院校，在主要办好本科教育的同时，适当发展专科教育或研究生教育。

（三）专业设置。首先巩固和办好基础教育师范专业，并扩大其内涵，给一些专业如计算机科学、法学等冠以“教育”二字。其次，积极发展职业技术师范教育专业。其生长点有：一是在传统理科基础上向应用性理工类发展，培养理工类职业技术教育师资；一是在传统文科基础上向应用性文科类发展，培养文科类职业技术教育师资。其三，适度设置非师范专业，直接为地方经济建设服务。依托高师院校发展职业技术教育专业和非师范专业，比另建新校，或学校逐级升格，效益要好、要快。因为，我国师范学院地区布局相对合理，办在省会以外中小城市的师院、师专数量可观，能就近为地方经济建设培养分得进、留得住的急需人才。

（四）课程结构。课程是教育的一个基本单位。教育的先进或落后在很大程度上取决课程结构。应本着拓宽基础课程，提高专业课程，重视教育课程，改进公共理论课程，加强实践课程的理念，优化课程结构。拓宽，应体现文理技术科学的交叉；提高，重在推陈出新和知识结构、内容的优选、优化；重视，应保障课程占比和教育实习，加强师德、师情、师艺的养成和训练；改进，功夫要用在培养学生全面掌握中国特色社会主义理论，引导学生修身、立业、治学、治事；加强，不论哪类课程，都应加强实践教学，加强能力训练，加强思想方法和工作方法培养。

（五）教学管理制度。要有利于发挥教师和学生的积极性、主动性、创造性，促进教与学；有利于从统一的教学模式转变到因材施教，发展个性，促进优秀人才脱颖而出；有利于从知识结构过专过窄转变到提高学生综合素质，培养复合型人才。要进行教学管理制度的配套改革，形成一个比较系统的竞争机制、灵活机制，既着眼于学生成长所应具有的基本素质，又充分尊重和发展学生个性的教学管理模式。

（六）德育工作。高师院校是教师的摇篮，与其他高校相比，德育工作的地位更加重要突出，个性色彩更加明显。我们要站在历史高度，以战略眼光认识高师德育工作的极端重要性，树立大德育思想，坚持全面、全程、全方位教育做好德育工作。首先要整体规划学校德育教育体系，分阶段、分系统、分块块开展德育工作。第二，建立完善行政系统实施德育工作的管理体制，把德育落实到教学、管理、后勤工作的各个环节，做好教书育人、管理育人、服务育人，并列入岗位考核，作为晋职提级的一个重要条件。第三，拓宽德育渠道。除了用好教学这个主渠道，还应关注德育与生产劳动相结合，与社会实践相结合，与校园文化相结合，与家庭教育相结合，与社会教育相结合，形成德育合力。

1996年　六十一岁

是年提要　1. 安徽高校党建工作会议发言。2. 增强五个意识、一个能力。3. 培养跨世纪优秀人才。4. 更上一层楼，工作之道。5. 五条经验。6. 齐心协力抓学科建设。7. 教师队伍建设回顾。8. 第二次毕业生调查。

1月16日至18日　同马建一起，出席第五次全省高校党建工作会议。省教育工委书记陈贤忠做报告，省委副书记方兆祥讲话。会议独家介绍淮北煤炭师范学院党的建设工作经验。印发六份淮北煤炭师范学院党建经验材料，并安排王彦坦做《切实加强党的建设，努力提高办学水平》，马建做《努力建设坚定团结清廉实干的领导班子》的大会发言。

1月24日　召开党政联席会议，讨论校办企业发展问题。会议认为，校办企业在摸索中前进，有收获、有成绩、有经验教训，主要是关系不顺，存在体制障碍。会议提出，谋求企业发展，关键是理顺关系，全面落实企业自主权，使企业成为自主经营、自负盈亏、自我约束的法人实体，市场竞争的主体。会议强调，企业内部要建立决策、执行、评估和监督机制。会议原则同意校办企业发展意见。会议还研究了基建工作，认为基建处在筹措资金、组织施工、加强学校基础设施建设方面干得是好的。为学校谋发展、急学校之所急的主人翁精神值得肯定和发扬。

1月26日　上午，参加党委民主生活会。从学习、落实、思想政治、廉洁自律方面回顾检查贯彻落实党的五中全会、中纪委五次会议、省委六届二次会议情况。提出增强五个意识、一个能力，与大家共勉之。即增强政治意识，保持清醒头脑，防止迷失政治方向；增强服务意识，为师生员工学习、工作、生活提供方便，办好学校，报效国家；增强团体冠军意识，不争个人高低，齐心协力创煤师院的牌子；增强民主集中制意识，准确把握民主集中制内涵，建立健全相关制度，用制度保证民主集中制得到正确贯彻执行；增强改革开放意识，深化改革，扩大开放。封闭僵化，夜郎自大，办不好学校。增强解决自身问题的能力，把班子建成坚强的领导集体。

1月30日　出席党委会议。讨论通过党总支设置条例。决定设立外语系党总支、体育系党总支、生物系党总支、美术系党总支、历史系党总支、音乐系直属党支部、校办产业直属党支部；设立人才培训中心；校办产业总公司从总务处分离出来，重新设立；任命二十三名处级干部、十六名科级干部；吸收五名新党员；同意五名预备党员转正。

2月2日　上午，出席青年教师迎春茶话会并讲话。下午，出席教授迎春茶话会并讲话。

2月28日　出席党委扩大会议，讨论1996年工作要点，提出治校、治学、治事思路。

3月1日　撰文提出，学校应提倡“敬业、求是、创新”校风。

3月6日　煤炭部科教司发文向全国煤炭高校转发学校在安徽省第五次高校党建工作会议上的经验材料。

3月8日　思考怎样培养跨世纪优秀人才。提出，大凡人才，总有普通、优秀、杰出（如名师、大师）之分。未来十年，应把培养优秀人才列入学校发展战略重点。遴选为安徽省中青年学科带头人培养对象和中青年骨干教师培养对象的教师乃优秀人才，对他们的培养应有倾斜政策，应有具体要求。既要热情关怀，又要严格要求；既要提高业务水平，又要提高思想政治素质；既要搞科研，又要搞教学。给他们搭台子、压担子、引路子，在使用中培养，在实践中提高。校内，充分发挥老教师的传帮带作用；到校外，求师会友，访学切磋，追踪学术前沿。对优秀人才的管理应是滚动式的，优胜劣汰，不断补充新的人选。优秀人才成长需要一种好的整体环境，增强学校整体凝聚力。整体包括学科梯队、系、学校三个层面。整体优化，须全体努力。

3 月 12 日　会见河北煤炭建筑工程学院党委书记齐启昌一行。交流教学评估工作信息。

3 月 21 日　会见安徽商业高等专科学校党委书记邢琅、校长陈正一行。应邀介绍学校管理和师资培养工作。

3 月 22 日　会见安徽工学院党委书记朱剑中、院长朱功勤一行。应邀介绍学校管理和师资培养工作。

3 月 27 日　主持召开第三期全煤系统中小学校长培训班座谈会。征求校长们对煤师院办学的意见、建议，特别是对学生知识、能力、素质的评价和要求。并向他们介绍基础教育改革发展的趋势和特点，以及专家对中学优秀教师成长的研究报告。

4 月 1 日　主持召开各系各单位负责人会议，布置加强基础文明建设，优化校园环境工作。

4 月 2 日　主持召开院务会议，研究同意引进十五名硕士。

4 月 22 日　在淮北煤炭师范学院董事会第二次会议上讲话，介绍学校发展蓝图，力争到 2010 年把学校建成为在国内有一定影响和知名度的师范大学；听取董事对学校发展和人才培养的意见、建议，密切合作，共谋发展。董事单位由二十八家增加到三十二家。

5 月 20 日　主持召开院务会议。会议决定：（一）推荐乔建永为国务院政府特殊津贴候选人；（二）从1995—1996学年度开始教书育人先进工作者称号改为优秀教师、先进教育工作者。（三）离退休人员待遇问题照办、快办，凡涉及群众利益问题，均应执行政策，照此办理。

5月28日　主持召开院务会议，研究议题：（一）煤师院附中发展问题。会议同意附中发展的基本思路。提出既要上规模，又要上质量，争取办成淮北一流，办成省重点；校园以俱乐部南侧道路为界向南向西拓展；筹措资金，建设与办学规模相适应的教学行政用房；有计划地补充教师。同意设二级财务管理制度，管好用好资金。（二）学校体育代表团在安徽省第八届大学生运动会上取得佳绩，会议决定予以嘉奖。

5月29日　主持召开本科教学工作评估领导组会议，讨论自评方案。会议提出，严格依据评估指标体系，用务实的态度做好初评工作，用进取的精神做好补差工作，用科学的方法完成自评工作。评是过程，建是目的，优是目标，达标是本。会议决定成立评估办公室、评估专家组，按计划、分步骤开展自评工作。

5月31日　在全体教师和干部大会上，做迎接高等师范学校本科教学工作评估动员报告。

6月5日　同部锦强讨论煤炭普教、煤炭基础教育学会工作。

6月12日　与马建赴合肥向省教育厅厅长陈贤忠汇报学校党代会筹备情况及重点学科建设等问题。李铁范同行。

6月26日　与乔建永一起，同人事处同志研究师资队伍建设问题。略谓：（一）教师队伍建设取得了突出成绩。但整体来看，还不适应学校发展发展需要。从根本上解决这个问题，任务仍然十分紧迫、繁重和艰巨。（二）教师队伍建设要面向现代化、面向世界、面向未来，主动适应学校改革和发展需要。(三) 要深化改革，建立兼容与开放相统一、选优与淘汰相结合、激励与拔尖于一体的识才、荐才、育才、用才教师管理机制。(四) 坚持政治素质与业务素质一起抓、教学工作和科研工作一起抓、生活待遇与身心健康一起抓。(五) 整体优化教师队伍结构（学历结构、职称结构、年龄结构、学缘结构)，提高教师队伍整体素质。本着普遍提高，鼓励拔尖原则，有计划地安排一批骨干教师到国内外高校和研究机构深造，开阔视野、增长见识、提高学术水平。

7 月 11 日　主持召开硕士、博士座谈会，共商办学大计。针对学校师资队伍现状，提出重点吸引高层次人才计划，每年按一定的比例补充，照顾年龄结构的连续性，避免出现断层。衡量一所学校师资队伍水平的一个重要标志是能否有一批站在国内、国际学术前沿的知名学者。我们要努力培养和造就一批这样的学术带头人，担当历史重任。建永说得好，办好煤师院是我们“共同的事业，共同的责任，共同的前途”。让我们为煤师院的生存、发展、壮大共同做出努力。

7 月 15 日　在党委民主生活会上发言指出：坚持办学的社会主义方向，就要坚持全面贯彻党的教育方针；坚持德育为先，育人为本；坚持党委的领导核心地位；坚持把党的建设摆在首位；坚持物质文明和精神文明一起抓，教师队伍和管理队伍一起抓，政治素质和业务素质一起抓，学术带头人和管理带头人一起抓。学校党的建设受到表彰，党委被授予全国先进基层党组织称号，但我们要清醒，我们的工作并没有达到更高的满意度，党的建设还存在薄弱环节，严格要求、严格监督、严格管理还不够。我们要更上一层楼，努力探索如何把政治建设与学术发展有机统一起来，如何把全面发展与个性发展融于一体，如何把办学的方向性与开放性、兼容性统一起来，如何在更大的范围内、在全体教师和管理干部中像抓业务那样把德育抓好，等等。就个人来说，常想立党为公、自律自重；常想工作之道：一靠真理，二靠智慧，三靠人格，四靠集体，五靠实干。

8月6日至20日　对中国煤炭经济学院、烟台师范学院、辽宁师范大学、吉林师范学院、哈尔滨师范大学、东北师范大学、长春煤炭管理干部学院共七校进行访问。同行人员有：乔建永、王磊、董武清、张学斌、马长安。此访是学习之旅，亦是宣传煤师院之旅。访问结束，形成《七校考察报告》。

9月3日　拟写有关学院发展的五点思考：（一）抓住机遇，谋求发展。在学校管理体制未调整之际，争取部里多投入，争取地方给政策，多方筹措资金，把硬件硬起来，为发展规模、提高办学效益奠定物质基础。（二）实事求是，勇于创新，形成自己的优势特色，在高教界、学术界占有一席之地。（三）要有所为、有所不为，坚持有限目标，突出重点，集中力量做几件事，力争出点标志性成果。（四）扩大对外开放，加强交流与合作。走出校门，上下求索，左右请教，兼容并蓄，取各校之长，成一校之业。（五）苦练软功，使软件硬起来，用先进教育思想指导办学，实现管理科学化、现代化，形成先进的校园文化、良好的育人环境。

9月17日至20日　中国共产党淮北煤炭师范学院第一次代表大会召开。大会通过《中国共产党淮北煤炭师范学院第一次代表大会关于党委工作报告的决议》《中国共产党淮北煤炭师范学院第一次代表大会关于纪委工作报告的决议》。马建、王彦坦、韩福海、吕绳振、乔建永、王新华、魏捷当选为党委委员，吕绳振、王永丰、任明岭、高杰、郭吉文当选为纪委委员。新一届党委第一次会议选举马建为党委书记，韩福海、吕绳振为副书记。新一届纪委第一次会议选举吕绳振为纪委书记、王永丰为副书记。

10月7日　总结我们的办学经验有五条：（一）建设一个好班子。关键在于坚持党委领导下的校长负责制。党委是领导核心，政治核心，党委书记是这个核心中的班长，书记和校长的友谊、谅解、尊重和默契至为重要。建设班子的方针是：坚定、团结、清廉、实干。（二）培养一支好队伍。这支队伍有两个方面军，一是教师队伍，二是管理队伍。办学大计，教师为本，要下功夫，花本钱，做好培养教师、造就名师的大文章。提高办学效益靠管理。管理队伍的素质直接影响办学效益，校长必须致力学校管理队伍的培养。（三）探索一条好路子。立足现实，面向现代化，面向世界，面向未来，服务基础教育，服务社会进步，服务中华民族伟大复兴。巩固提高普通教育师范类专业，积极发展职业技术教育师范类专业，灵活发展非师范类专业。重点发展本科教育，按需发展专科教育，积极发展研究生教育。实行职前培养与职后培训一体化，开展终身教育。坚持规模、结构、质量、效益协调发展，实行开放办学。以人才培养为根本任务，以科研为先导，以教学为中心工作，全面贯彻教育方针，全面提高教育质量。（四）创造一种好环境。一是良好的教学环境，即思想上重视教学，工作上保证教学，力量上加强教学，经费上满足教学，营造教学相长、教学民主、生动活泼的教学氛围。二是良好的学术环境，即容人、容言、容事，融汇百家，尊重创新，百花齐放，百家争鸣，学术民主，学术自由。三是良好的人才环境。即乐于并善于识才、荐才、育才、用才，使学校成为人才成长的沃土，施展才华的舞台，促使人才辈出。四是良好的舆论环境，即立志、立业、成才；敬业、求是、创新；学师、爱生、乐教；祖国、荣誉、责任。五是良好的校园环境，即竞争的工作环境，浓厚的学习环境，宜人的生活环境，健康的文化环境。（五）坚持一点好精神，即实事求是的科学精神，齐心协力的团结精神，艰苦奋斗的创业精神，开拓进取的攀登精神。（全文收入《教育的理念与追求》，中国矿业大学出版社 2000 年 1 月）

10 月 23 日至 25 日　出席煤炭工业部科教司在山西矿业学院召开的 1996 至 1997 年度煤炭普通高校专业设置评议委员会会议。认为，专业设置是高校发展的重要内涵，既要考虑经济社会发展需要，又要考虑学校传统优势，更要着眼创造新的学科优势。专业设置应充分考虑并尊重学校意见，给学校一定自主权。新增专业基本具备条件，应予同意。经评议，会议通过二十二个本科专业。23 日，晚上，院办打电话，告知国家教委师范司司长马立来电话，征询师范院校在精神文明建设中的作用、影响如何发挥和表达。要你回话，交换意见。遂给马司长打电话，可发通知或倡议，做精神文明建设的积极践行者和表率，发挥行为世人之范作用。

11 月 1 日　同韩福海、乔建永、喻道安、蒋传光讨论申请硕士学位授予单位问题。

11 月 17 日　率各系主任和处室负责人赴阜阳师范学院学习考察。阜阳师院的办学精神、办学经验极富借鉴意义。

11 月 22 日至 23 日　率各系主任、书记和处室负责人学习考察张家港市物质文明和精神文明建设精神，着重参观考察方盘小学、梁丰中学、塘桥高级中学和沙州工学院，以及华西村、张家港保税区。张家港改革开放的伟大实践及其精神告诉人们，改革开放是发展繁荣的不竭动力，一定要坚持改革开放，搞好改革开放。

11月25日　主持召开院务会议，研究进一步做好学校综合治理工作，审定公房出售实施办法。

11月28日至31日　出席在巢湖召开的安徽省1996年高校教师高级职务评审会议，任思想政治教育学科组成员，高评委委员。评审过程和结果说明：破格晋升，不是条件合格就能破格，必须超格才能有望破格。论文内容须与专业方向相符合，内容不集中、过杂、不易通过。

12月4日至5日　主持召开1996年教学工作会议。党委副书记、副院长韩福海做《以评促建，重在建设，切实抓好教学工作评估》工作报告，吕绳振副书记宣读《关于深化改革，进一步提高教学质量的意见（讨论稿）》，王新华副院长宣读《淮北煤炭师范学院"九五"师资队伍建设规划（讨论稿）》，马建书记做《树立信心，振奋精神，为实现我院发展的近期目标而奋斗》的讲话。十二位代表作大会发言，交流教学工作经验。

12月9日　接待淮北煤师院前院长邱尚周，并就煤师院的建设和发展进行交谈。

12月11日　主持召开院务会议，讨论深化人事制度改革，通过低职高聘教授的若干意见。

12月19日至20日　学院第三届教代会暨工代会举行。王彦坦做《齐心协力，抓好学科建设》工作报告。报告总结学科建设成绩，指出学科建设中的困难和问题，提出学科建设的近期目标和任务以及加强学科建设的措施。

12月26日至29日　同马建一起出席郑州全国煤炭工业工作会议。在院校组讨论会上发言，并两次提出卸任院长的请求。

是年　写作《建设一支高水平教师队伍》，在安徽省高校工作会议上宣讲。文章指出，回顾教师队伍建设，一条重要经验是充分认识到，提高教育质量和科研水平，关键是建设一支高水平教师队伍，做好造就名师的大文章。文章就怎样建设高水平教师队伍提供了煤师院做法。简言之，一是立足校情，正视现实，确立培养与引进并重、政治素质和业务素质一起抓的方针，实现造就一批严师、良师、名师的目标。二是制定特殊政策，多种形式培养人才，不拘一格引进人才。培养，主要是在教学和科研实践中积累知识，历练本领，提高学力水平；支持读硕、读博、访学，改善学历结构，提高学术水平。引进，1993 年做出引进硕士、博士若干待遇的决定。1995 年对决定进行修订，进一步提高待遇。本校学成归来的和引进的享受一样待遇。引进人才，讲学历、看职称，但不唯此是举。学历低、职称低、水平高的也不拘一格引进来，放手使用，并在使用中发展提高。三是多措并举，优化环境，稳定教师队伍。其一，创造有利于青年教师闪光、拔尖的舆论氛围。其二，破格晋升，选贤任能，稳定骨干。钱不在多，心诚则灵。凡读硕、读博者，继续享受校内工资、津贴和奖金；假期开会座谈，通报学校情况，听取他们建言献策，并共同进餐叙谈；新年致信慰问，送去一片温暖；学成归来，则压担子，给重任，让他们充分发挥作用。其三，创造条件引路子，给青年教师机会，访师会友，切磋问学，追踪学术前沿，提高学术视野。其四，打破平衡拔尖子，让青年教师脱颖而出，勇挑重担。凡被选为学科带头人和优秀青年教师者，在教学、科研、进修、学术交流、晋职晋级、分房等方面优先，向上浮动两级校内工资，每人每年资助教学科研经费五百元。其五，改善科研条件搭台子，优化成长环境。加强图书资料和实验室建设；拨专款支持教师参加国内外学术会议，举办画展，为拔尖人才配备微机等。其六，改善待遇，排忧解难，使教师安其位，乐其业。各方筹措资金，建教工住房。具有中级以上职称或具有硕士、博士学位或夫妻双助教的青年教师都住上煤气、暖气等设备齐全的二居室或三居室；优先解决教师家属子女“农转非”；解决青年教师夫妻两地分居；安装校内程控电话、有线电视等。其七，完善制度，依法管理，允许教师合理流动。我们的目标是，通过扎实的工作，建设优良的人才环境，使煤师院成为一块磁铁，吸引人才；成为一个舞台，任由专家、教授、学人施展才华。这个目标正在实现，培养的硕士基本上都回来了，博士大部分都回来了，数学系十位博士全回来了。同时还引进一批，在青年教师中研究生占比已达百分之二十四。有的已经脱颖而出，破格晋升教授。他们活跃在教学、科研、管理一线，成为煤师院一道亮丽风景。

是年6月到9月　安排高教研究室文胜利同志等组织开展学校毕业生调查。此次调查，一是采取选派专任教师到毕业生较为集中的我国各大矿务局实地调查，二是利用学生暑期社会实践进行调查。调查范围要涉及黑龙江、山东、安徽、四川等十一个省二十五个矿务局，发放调查问卷八百份，收回有效问卷七百七十份。调查结果显示：办学二十多年来，我校培养出来的学生思想素质过硬，工作作风扎实，埋头肯干，任劳任怨，教学成绩显著，大多得到用人单位的积极肯定与好评。存在的明显不足与缺点是，我校毕业生教育管理能力较为欠缺，教学改革与教研能力有待提高。这是我校自办学以来组织的规模最大、范围最广的一次毕业生调查，调查结果为学校后续的教学改革提供了重要的借鉴与参考。

1997 年　六十二岁

是年提要　1. 以培养胜于自己的优秀人才为荣。2. 名师工程。3. 办后勤要重视物，更要重视人。4. 访问澳大利亚。5. 频谈学科建设。6. 威信从何而来。7. 融汇百家，尊重创新。8. 时代呼唤德高、学高、功高教师。9. 开展课堂教学质量年活动。10. 全面提高教育教学质量。

1 月 3 日　主持召开院务会议，审定马克思主义理论教育、中国史学史、美术教育为重点建设学科，每个学科投入五万元进行建设。

1 月 10 日　主持召开学术委员会会议，评审出“八五”期间优秀科研成果十四项，其中马忠贤的《徽乡遗韵》、乔建永的《函数增长性与 julia 集的结构》为一等奖。

1 月 16 日至 17 日　应吉林省教育委员会邀请，在吉林市出席吉林师范学院《铸造师魂，陶冶师德，培训师能教育系统工程建设与研究》课题国家级教学成果专家鉴定会。应邀专家还有：周敬思（东北师范大学党委书记、教授）、孙喜亭（北京师范大学教育管理学院博士生导师、教授）、王秋来（华中师范大学前副校长、教授）、李钟善（陕西师范大学前副校长、教授）、张子贤（哈尔滨师范大学常务副校长、教授）、王爱仁（辽宁师范大学教务长、学科教育研究中心主任、教授）、谢安邦（华东师范大学研究生院常务副院长、教育学博士、教授）、李光琦（东北师范大学附中教育科学研究室主任、高级教师）。吉林省教委高教处处长韩力学研究员主持鉴定会。王继华同行。

1 月 21 日　同王继华一起到国家教委拜访师范司马立司长、林奇青处长、廖舒力副处长；到国务院侨务办公室拜访丘进司长、任启亮处长。

1 月 22 日　同王继华一起到国家教委拜访高教司朱传礼副司长；到国务院学位办公室拜访顾海良副主任。

2 月 21 日　主持召开学校工作会议，讲话强调，办好学校靠人才，靠教师。我们学院地处淮北，人才难得，名师难求。我们各级干部都要有历史使命感、责任感，做好引进、培养人才工作，以引进、培养优秀人才为荣，以引进、培养胜于自己的优秀人才为荣。我们学校不是人才多了，而是少了。我们要抓住机遇，为学校发展储备人才。

2 月 24 日　建设并起草《关于深化改革，进一步提高教学质量的意见》，共十条，一千三百五十字。经党委会议讨论通过，以党委名义印发。提出，启动名师工程，设立淮北煤炭师范学院名师奖，加大对名师宣传和培养的力度，使名师成为煤师院和教育界的名人。进一步完善和落实优秀课堂教学奖励制度、优秀教学成果奖励制度，全面提高育人质量。

3 月 3 日　主持召开院务会议。会议决定：制定 1997 年学科建设方案，成立学科建设协调小组，王彦坦任组长，乔建永任副组长；1997 年秋季开学实行新课时制，每节课四十五分钟，上午四节，下午四节，以利于压缩总学时，精减教学内容，开设选修课程。会议还研究了教育实习基地建设、教材建设等事项。

3 月 5 日　主持召开学科负责人、带头人会议，座谈学科建设，提出希望和要求。

3 月 12 日　主持召开院务会议。会议决定：建教工住房七千一百六十平方米，九十六户，资金来源于售房、自筹和拨款；建学生宿舍四千六百平方米，资金自筹。

4 月 6 日至 7 日　陪同华东师范大学历史系主任、博士生导师王斯德教授，博士生导师王家范教授，历史系副主任李学昌副教授，周水贞女士参观考察明皇陵、中都城遗址等历史遗迹。

4 月 8 日　主持王家范《历史学：永恒普遍的魅力》演讲会和《历史课程与教学改革座谈会》。王斯德、李学昌、王家范等先后发言。历史系领导和部分教师出席座谈会。

4 月 9 日　同教育科学研究所同仁商议教科所建设。提出要把教育科学研究所办成真正意义上的教育研究所，做好科学规划，确立办所宗旨、任务、目标，组建合理的学术梯队，把教科所办成教育理论研究阵地、办学咨询中心。

4 月 21 日至 23 日　同王继华、文胜利一起出席聊成苏鲁豫皖七校第七届次协作会议并发言，与兄弟院校交流办学思路和举措，拓宽办学视野。会议传达了马立司长在高师文科教改座谈会上的讲话。

4 月 23 日下午至 24 日上午，同王继华、文胜利一起对山东师范大学进行访问。会见孙天麟副校长。山东师大领导重视教学，投入保证教学，科研促进教学，机关服务教学。评职称，教学分量加重，教授、副教授、讲师分别占 40%、50%、60%。开展系级教学工作状态评估。经验可资借鉴。

4 月 24 日　抵泰安，访问山东矿院。

4 月 27 日　煤炭工业部副部长濮洪九一行视察煤师院，向其汇报学校发展与困难。濮副部长批二十八万元，为学生浴池购买锅炉。

5 月 4 日　同教务处负责同志谈开设名家讲座、名著选读问题。并指出不仅在理念上，而且在实际上，实行科学治校、民主管理、融汇百家、尊重创新，才能把煤师院办出高水平。

5 月 16 日　出席学校后勤工作会议。讲话强调，要处理好人与物的关系，要重视物，更要重视人。人的素质、观念、责任心很重要，决定服务质量和管理水平。

5月22日　听取期中教学检查情况汇报后讲话指出：发展势头不错，存在问题很多。投入不足；师资不足；专业增加过快，条件跟不上，场地、教室、仪器设备、图书资料、师资都难以满足专业发展需要。看到问题，承认问题，就为解决问题创造了前提。物质条件是基础。仪器设备要从最急需的买起，问题一个个解决，逐步解决；可多开几间教室，错开排课、实验；延长熄灯时间；开设名家讲座、名著导读，引导学生主动读书、学习；鼓励考研；资源共享等。总之，要想办法克服困难，争取进步。

5月27日　会晤应邀来校讲学的北京师范大学瞿林东教授、吴怀祺教授、中国社会科学院蒋大椿研究员。

6月2日至20日　率团对澳大利亚、马来西亚进行访问。访问团成员有：煤炭部科教司处长朱锦文、财劳司副处长高双喜、煤师院办公室主任王继华、政法系主任董武清。访问团考察了澳大利亚高等教育，与拉托贝大学班迪戈分校签订合作交流协议。在马来西亚考察华文教育，与董教总达成交流意向。

6月30日　主持召开院务会议，讨论招生并轨后学生待遇问题。会议决定：通过五种形式解决学生待遇问题，即奖(奖学金)、助（助学金)、贷（贷学金)、勤（勤工俭学)、免（减免)。

是月　在全院干部会议上做《认真抓好学科建设》的讲话，要点谓：认识再提高一点，思想再解放一点，方法再灵活一点，行动再积极一点，组织再得力一点。

7月4日　上午，主持召开高教改革与学科建设座谈会。华东师范大学教育科学研究所所长唐安国博士应邀到会介绍高教改革趋势和学科建设工作。下午，主持召开院务会议，研究部署申请增列硕士学位授予单位和硕士学位点工作。

7月8日　在党委廉洁自律专题民主生活会上发言说，做领导干部要有威信。威和信从何而来？廉生威，诚生信。清廉、实干，言行一致，表里如一，是领导干部必具的品格。群众对领导干部是听其言，观其行。如果说的是一套，做的是另一套；台上讲秉公办事，台下乱许愿，搞不正之风，如此一次两次多次，日子长了，就会威信扫地，甚至丧失领导资格。

7月11日　主持召开院务会议。会议同意调进十六人，调出七人。

7月18日　主持召开院长办公会议，讨论购置教学仪器设备。会议决定：第一期投入一百一十万元装备多媒体教室，给外语系、教育系购买教学设备。第二期给化学系购买一台六十兆的核磁共振仪。

7月20日　会见安徽医科大学党委书记夏英庭一行，应邀介绍学校管理和师资队伍建设情况。

7月26日至31日　同乔建永一起出席煤炭高校校院长座谈会暨跨世纪学术带头人座谈会。27日，在座谈会上发言，围绕办学体制和机制，投入和规模，教师和学生，校长和治校讲了意见和观点。28日晚，中国煤炭报记者顾立民访谈。笔记本上写有如下一段话：融汇百家，尊重创新。融汇是一种胸怀，一种眼光，一种大度，集天下之才，为我所用。百家者，各种学派、流派的专家、学者、教授。有百家，才有切磋、有交流、有争鸣、有繁荣。尊重是一种待人的品格，用人的前提，纳贤的关键。创新是科学发展尖兵，民族发展动力。只有尊重才能推动创新，才有积极性、主动性的发挥。尊重是突破的推进器，创新的添加剂，发明的助产婆。要提倡认真学习的风气，民主讨论的风气，积极探索的风气，求真务实的风气。一切科学的研究，都应鼓励；一切有益的探索，都应支持。

8月19日至21日　出席在北京师大举行的亚太地区师范教育国际研讨会，与日本横滨大学教授赤堀正宜共同主持“师范教育理论建设”分组专题讨论。同部锦强合写的《21世纪呼唤德高、学高、功高型教师》提交大会交流，载于《淮北煤师院学报》（社会科学版）1997年第4期。文章指出，时代呼唤严师、良师、名师。语云：“学高为师，德高为范。”21世纪的教师必须做到德高、学高、功高，方能担当起时代赋予的重任，方能无愧于教师的光荣称号。德高，即热爱教育，勇于奉献，服从真理，完善人格，教书育人，堪称表率；学高，即知识丰富，才能卓越，治学严谨，教法灵活，勇于探索，求是创新；功高，即教学基本功扎实，教学艺术高超，能够做教学改革的先锋，教书育人的模范，安心在教育战线建功立业，硕果累累。怎样培养“三高型”教师呢？文章指出，一要按照时代对教师的要求，落实师范院校的德育工作，以铸造师魂、培养师德为主要内容，施之以适当的教育形式，确保德高目标的实现。二要以现代教育对教师职业的要求为目标，严格管理，深化改革，确保师范院校的教学质量标准落实到每一位师范生身上，使之成为未来学高型教师。三要典型引路，取法乎上，用优秀教育家、教师的先进事迹、卓越贡献，激励师范生立志在教育战线建功立业，扎根教育，报效祖国，同时加大对教育的投入，继续改善办学条件和教师待遇，为实现功高目标提供良好环境与条件。

8月28日　出席具有硕士学位新教师座谈会，听取意见并讲话：欢迎各位加入煤师院教师队伍，希望在煤师院安家立业、立功，做严师、良师、争取做名师。我们将努力为大家提供服务，创造专业成长、事业成功的环境和条件。新近引进硕士二十五人，副教授一人，讲师一人，正在办理引进手续的硕士五人。

8月29日　在全校干部大会就《学科建设目前必须注意的几个问题》讲话强调，要有问题意识，找准问题，直面问题，解决问题。要针对问题，下功夫，补短板，抓建设，促进学科建设上水平，早日实现学科建设目标。

9月9日　主持学校庆祝教师节大会。煤炭部科教司副司长牛维麟出席大会并讲话。大会表彰奖励1996—1997年院级优秀课程，学院第三次优秀教学成果，1996—1997学年度优秀教师、先进教育工作者、优秀辅导员，为从事教育工作三十年、煤炭事业工作三十年的教职工颁发荣誉证书、证章和荣誉金。

9月17日　主持召开院务会议，研究教学工作。会议审定几个教学管理文件；讨论“课堂教学质量年”活动；通报一百一十万元专项教学仪器设备费使用情况；听取1998年基建计划建议报告。

9月25日　安徽省人民政府授予淮北煤炭师范学院“安徽省先进集体”称号。

9月30日至10月1日　主持讨论、修改申请增列硕士学位授予单位和硕士学位授予点材料。

10月5日　主持召开学术委员会会议，评审1997年度教学研究立项项目。会议通过校级项目十一项，推荐省级项目十一项。

10月13日至18日　在北京。（一）同王新华、王继华一起到煤炭部财劳司汇报财务四条线实施意见。谈到管理改革说道：“煤师院办学有两个特点，一是认真，二是开明。我们有决心、有信心把包括财务在内的管理改革搞好。”（二）同乔建永、王新华、王继华、马哲锐一起到科教司汇报申请增列硕士学位授予单位和硕士学位授予点工作。(三) 同乔建永、王新华、王继华、马哲锐一起到国家教委高教司、师范司和国务院学位办汇报申请增列硕士学位授予单位和硕士学位授予工作。

10月24日至27日　出席在合肥花园宾馆举行的1997年度全省高校教师高级职称评审会议。任学科组织组长和高评委委员。

11月3日　主持召开院务会议，听取人事处关于师资队伍状况与建议的汇报。会议指出，专任教师中具有研究生学历的占18%，其中具有博士研究生学历的占5%。成绩来之不易，要珍惜；存在问题也不少，要有危机意识。财务四条线，要有利于教学、科研和学科建设，尤其要保证师资队伍建设。不能因为财务四条线就不进教师了。要增拨经费，加强管理，做好服务，坚定不移地引进人才、培养人才，储备人才，奠定学校发展后劲。

11月6日　在学校领导班子讨论填写申请增列硕士学位授予单位表时强调，教授数要实事求是填写。如果评不上，是条件不够，激励我们再做努力。如果不是这样填写，有水分，被取消，负面影响太大。煤师院是国优（全国先进基层党组织)、省优（安徽省先进集体）单位，损伤信誉和知名度的事不能干。

11月12日　会晤华东师范大学教授陈玉琨，并主持陈玉琨《现代高等教育的新发展》报告会。

11月19日至22日　同部锦强一起，出席在武夷山擎日山庄举行的全国煤炭教育学术报告暨优秀科研成果颁奖会。20日，写出发言备忘录，略谓：(一) 全面发展和个性发展相统一；(二) 专业教育和人文教育相统一（强调文科也要加强人文教育)；（三）知识、能力和素质教育相统一；（四）教学、科研和产业发展相统一；（五）盘活校内教育资源和开掘校外教育资源相统一。

12月3日　主持召开院务会议。会议讨论通过：（一）关于引进人才加强师资队伍建设的补充规定；（二）关于优秀中青年骨干教师和学科带头人培养对象选拔培养办法。会议还研究了其他人事问题。

12月9日　召开全校中层干部会议。煤炭部科教司副司长牛维麟一行代表部党组宣布部党组和煤炭部3日决定：魏捷任中共淮北煤炭师范学院党委副书记、纪委书记；部锦强任党委委员、副院长；免去乔建永副院长职务，调任中国矿业大学副校长。

12月12日至15日　同蒋传光一起对西南师范大学进行访问。先后会晤郑仁蓉、杨光彦副校长，并与多位研究生见面，欢迎他们到煤师院工作。

12月16日至18日　同蒋传光一起对湖南师范大学进行访问，会晤张楚廷校长，并与多位研究生见面，欢迎他们到煤师院工作。

12月26日　主持刘路新关于澳大利亚高等教育概况报告会。撰写《关于进一步加强科学研究工作的建议》。

12月29日至31日　在学校三届二次教代会和工代会做工作报告，提出开展“课堂教学质量年”活动；强调坚持不懈地抓好学科建设；认真实施“四条线”财务改革。

12月30日　主持召开国际交流与合作座谈会，推动面向世界，开放办学。各系系主任出席座谈会，刘路新做主旨发言。

12月31日　陪同煤炭部副部长王显政一行九人视察学校

并向其汇报工作。

12 月 31 日至 1998 年 1 月 6 日　出席 1997 年学校教学工作会议，并以《转变教育思想，更新教学内容，全面提高教育教学质量》为题发表讲话。讲话指出：一，转变教育思想：在教育价值观上，强调教育的主体发展价值，树立全面的教育价值观；在人才观上，坚持全面发展与个性发展相统一，培养德业双馨的复合型人才。教育个性化的核心就是培养创造性；在知识观上，把传授知识，培养能力，与价值观念的传播、引导相结合。二，更新教育内容：包括知识更新，概念和原理、研究方法的更新以及信息的不断摄入。真正最核心的教学内容更新在概念、原理和方法上。一个人具有渊博的知识是重要的，而获取知识的愿望、能力与方法更重要。一味谋求原理、概念的出新是不符合规律的，因为任何科学都具有稳定性、继承性。但不断将新信息融入课堂是不过分的，哪怕这些信息是零星的、不成熟的，它们对学科发展的意义也是难以估量的。三，提高课堂教学质量：要关注课堂教学质量的标准，包括智力因素和非智力因素。要关注课堂教学质量的范围，包括公共课、基础课、专业课的课堂教学质量，还包括实验课、技能、技法、实习课的教学质量。要关注课堂教学质量的评价，注意课堂之间、课程之间、学科之间的开放性、渗透性和连续性，以保证整个方案、整个教学过程的优化，不是也不能只凭几节课评出一个最佳教师来。提高教学质量的根本在教师。教育的成败最终取决于教师的态度。

1998 年　六十三岁

是年提要　1. 教学型高校需要研究型教师。2. 办学信条和理路。3. 质量要年年讲，月月讲，天天讲。4. 教育思想大讨论。5. 开放兼容，综合创新。6. 高教本质、规律和功能的当下意义。7. 集聚人才，积累优势。8. 请辞报告。9. 个性与创造。10. 我们的教育观。11. 重视和加强师德建设。12. 高师应转变哪些思想和观念。

1 月 9 日　主持召开院务会议。会议决定，提高在职人员津贴和离退休人员生活补贴，并给重症人员发慰问金、困难家庭发补助费。

1 月 18 日　在党委民主生活会上发言说，煤师院是本科为主的教学型高校。教学型高校必须有研究型教师。没有研究型教师，就没有高水平教学。过分强调教学型教师，不符合现代大学理念。应强调研究型教师要重视教学，视教学为天职，搞好教学。我们要更新教育观念，树立全面教育价值观、人才观、教学观、质量观。班子成员要有一种能够认识自己、发展他人，为共同目标团结奋斗的精神。

1 月　办学信条和理路：办好学校靠班子，学校出名靠师生，提高效益靠管理。以教学为中心，育人为根本，融传授知识、培养能力、陶冶情操、增强体魄、发展个性为一体，承认差异，打破平衡，因材施教，鼓励冒尖，培养宽基础、高素质、有专长，具有敬业、求是、创新精神的复合型人才。（载于《大中学校校长治校箴言》，气象出版社，1998 年版）

2 月 7 日至 9 日　出席煤炭部在华北煤炭医学院召开的煤炭普通高校党委书记院长座谈会，并就学校管理体制改革和改革教育思想，培养创造性人才问题做发言。书记因故没有与会。

3 月 1 日　安徽省委书记卢荣景视察煤师院；向其汇报学校工作。

3 月 11 日　在学院教学工作专题会议上强调，质量是教育改革的核心内涵，无论强调到什么程度都不过分。教学质量，主要是教师质量。教师质量源于研究。将研究与教学统一起来，做研究型教师，促进教研相长、教学相长，提高人才培养质量。开展“课堂教学质量年”活动的缘起和目的正在于此。质量要年年讲，月月讲，天天讲。

3月17日　国家煤炭工业局副局长王君视察煤师院，向其汇报学校工作。

3月20日　在工作笔记中写道：未来需要适应，不能适应就不能生存和发展。怎样培养学生的适应能力，是当今大学教育的重要课题；未来需要创造，没有创造就不能突破和超越。怎样培养学生的创造能力，是当今大学教育的又一重要课题。我们的办学思想或口号：为适应和创造做准备。

3月27日　同马建一起，向省教委主任陈贤忠汇报学校管理体制调整与发展工作。陈贤忠指出，高校管理体制调整，有一步到位，有逐步到位。调整是个机遇，要抓机遇。你们的师资队伍建设与稳定同中国科大处在同一个水平线上；安师大学科总体比你们强，有些学科你们比安师大强；总体你们比其他师院好；你们投入不比所有省属院校好，却比一般院校好；师范教育是不能丢的，这既是你们的优势，又是需要；同所在地共建，对学校有利，非常支持。李铁范同行。

3月30日　主持召开院务会议，研究《淮北煤炭师范学院学报》工作。会议听取了张秉政关于学报工作的汇报，肯定立足本院，面向全国，广开稿源，提高质量，实行目标责任制，编校制，约稿制，审读制的办刊思路和追求时代性、学术性、地方性、师范性的办刊特点。会议决定，设立学报编辑部，实行编辑部负责制，文理版分别设立主编、副主编。办刊经费仍实报实销、增刊经费自筹。会议同意立章后酌收版面费。会议还研究了接受沈乃葵教授捐赠个人藏书事宜。

4月2日　在工作笔记中写道：教学过程是教育者和受教育者双方活动的过程，应采取对话式教学方法，自由、平等、和谐地进行讨论、交流和研究。

4月10日　上海师范大学校长杨德广教授应邀来学校同院领导成员座谈高师教育改革，并给全校管理干部做《当前高等教育面临的挑战和对策》报告。王彦坦主持座谈会和报告会，并向杨德广颁发兼职教授聘书。

5月4日　主持召开院务会议，讨论通过1998年预算方案。指出，这是一个适度从紧的预算，目的是要集中财力办一些对学校发展有影响的事。强调，凡答应办的事、花的钱，一定要兑现，不能言而无信。提出，要辩证地看待问题，既要以条件定发展，又要以发展促条件。只讲一句话不好，要讲两句话。

5月5日　主持召开院务会议，讨论学校管理体制改革问题。通过对淮北几所成人高校的调研、分析，会议认为，合并之事，可讨论而不可行。独立办好煤师院是上策。

5月14日　出席在聊城师范学院举行的华东地区师范学院院长协作会第九次（最后一次）会议。郭金创同行。许多学校的办学经验可资借鉴，如聊城师院的教学为本、科研先导的理念，小机关、多实体、大服务、向社会要资源的后勤改革；徐州师大上要着天、下要着地的科研指导思想，面上抓规范、点上抓改革的教学管理思路；扬州大学师范学院并校后的形势与心忧；四川师院以师为本、以本为本、发展研究生教育的办学思路等。

5月15日至17日　出席在聊城师院举行的全国师范学院院长联席会第一次会议。三十四所师范学院院长、五所特邀学校负责人与会。教育部师范司司长马立讲话。其间，接受中国教育电视台记者张京州采访，并同与会者一起参观山陕会馆、武训纪念馆、孔繁森纪念馆。

5月23日　出席淮北煤炭师范学院与中科院固体物理研究所联合培养研究生签字仪式。

6月24日　上午，同韩福海、郜锦强、王新华、王丽秋座谈教育系专业建设工作。郜锦强基于对基础教育的了解提出，幼儿教育可以大办，教育管理应缓办，教育技术慎重办的主张。很好。

6月30日　主持召开院务会议，讨论科研工作六十条，专业设置和发展规模。提出，按八千至一万名在校学生规模，科学规划学校发展布局，把学校建成宜学学园、宜居家园。

7月7日　参加党委民主生活会。发言说，做人讲人格，讲正气，讲信誉；做事讲原则，讲公正，讲务实；生活讲节俭，讲朴实，讲自然，追求普通人生。坚信实事求是能立于不败之地，弄虚作假则害己害人害事业。提出，改革教育思想，增强创新意识；形成共识，树立差距意识；加强学习和自律，筑起思想道德防线；加强舆论引导，把政策变成广大师生员工的自觉行动。

7月10日至11日　同马建一起赴北京出席国家煤炭工业局党组召开的煤炭教育管理体制调整工作座谈会，传达贯彻《国务院关于调整撤并部门所属学校管理体制的规定》和教育部等《关于调整撤并部门所属学校管理体制的实施意见》，部署煤炭学院管理体制调整工作。其间，王显政副局长约谈，牛维麟副司长核对近五年经费数字。趁此调整机会，再次提出卸任院长职务请求。

7月14日至16日　赴岳西县石关，出席安徽省普通高校第一次教学工作会议。其间，省教委召集合肥工业大学、淮南工学院、华东冶金学院、淮北煤炭师范学院负责人会议，商议学校管理体制调整交接事宜。省计委、省财政厅、省人事厅有关同志出席会议。

8月30日至31日　召开全校中层干部会议和教职工大会，传达贯彻《国务院关于调整撤并部门所属学校管理体制的决定》、教育部等《关于调整撤并部门所属学校管理体制的实施意见》和国家煤炭工业局教育管理体制调整座谈会精神、安徽省教学工作会议精神。马建发表《关于高等学校管理体制改革的几个问题》的讲话，王彦坦发表《继续开展教育思想大讨论》《学科建设要走综合创新之路》的讲话。在《继续开展教育思想大讨论》的讲话中指出：教育改革是世界性课题，是对经济和社会发展影响的创新工程。教育改革必须以转变教育思想、教育观念为先导，必须有广大干部、教师和学生的积极参与。教育思想、教育观念的转变，是教育改革的灵魂；教育思想、教育观念的现代化，是教育现代化前提，关系到科教兴国战略的实施和中华民族的伟大振兴。转变教育思想、教育观念，实现教育思想、教育观念的现代化，是煤师院追求创新、追求卓越的必由之路。不实现这个转变，就要落后，就要被教育现代化的潮流远远抛在后面。面对这个问题，没有危机感就是真正的危机，没有预见就要被动，没有行动就是落后。我们应该有差距意识、危机意识，追求创新而不守旧，追求卓越而不落后。要搞清楚煤师院在人才培养上的成功与不足，抛弃用一个模式要求所有学生的规定型教育观念，转向选择性、多样性、个性化的教育观念；要处理好教师主导和学生主体的关系，重视学生在教学活动中的主体地位，充分调动学生的积极性、主动性、创造性，培养学生的求异思维、创新思维、创新能力，培养宽基础、高素质、有专长、善创造的复合型人才。要给一些课程“减肥”，让一些课程“下岗”，把课时减下来，给学生留出自主选择的时间、空间。要研究教材开发。要树立发展意识，只讲以条件定发展，不全面，很难发展；不顾条件讲发展，是盲目发展，不能持续。应该讲两句话，以条件定发展，以发展促条件，互相促进，协调发展。要克服忽视个性、扼杀创造性的弊端，采取切实措施，发展个性，培养创造性人才。发展个性，培养创造性人才，一要承认差异，打破平衡，因材施教；二要创造独立思考和自由发展的环境与条件，避免趋同，鼓励求异；三是培养创造所需要的冒险、探索、幻想的品格和多样的思维方式；四要重视非智力因素的培养；五要培养与他人共同生活、合作共事的团体精神。要克服忽视能力、忽视德育的思想，树立协调发展、综合提高的思想。要克服忽视继续教育的思想，树立终身教育思想。在《学科建设要走综合创新之路》的讲话中指出，我们要想赶上乃至超过有着浓厚学术积累和较强技术创新能力的兄弟院校，在某些方面创造自己的优势、自己的特色，必须取开放兼容态度，走综合创新之路，建设有特色、有优势、有影响的高等师范学校。讲话强调，学科建设的基础在系，重心在系，唯有系领导积极性的充分发挥，唯有教师积极性的充分发挥，尤其是学科带头人、学术负责人，要以高度的事业心、责任感，精心选择研究方向，设计建设方案，带领学术梯队成员做不懈努力，才能达到卓越目标。

9 月 1 日　主持召开新教师座谈会，漫谈办学思想、观念和思路，并征询意见，倾听从不同地区高校带来的治学、治校见闻、信息和经验。

9 月 9 日　主持召开优秀教师代表座谈会，回顾学科建设得失，交流下一步学科建设的思路和行动计划，汇集智慧，凝聚力量，持之以恒地把学科建设抓好。

9月15日　同马建一起出席安徽省委、省政府在合肥召开的华东冶金学院、淮南工业学院、淮北煤炭师范学院管理体制调整工作动员暨欢迎会。省委书记回良玉出席会议并讲话。

9月25日至27日　赴烟台，出席国家煤炭工业局召开的煤炭高校专业设置评议委员会全体会议，讨论研究高等教育体制改革后原煤炭高校专业设置如何继续为煤炭工业服务；受教育部委托，根据新颁布的本科专业目录对原煤炭高校的专业设置进行调整、核定，并评审1998年度申报的新增专业等事项。这是该专业评审委员会最后一次正式会议。科教司副司长牛维麟出席会议并讲话。

9月　出席北京1998年曾宪梓教育基金暨王丹萍教育基金专家评审会议，评审曾宪梓教师奖、王丹萍教学奖。

10月6日至12日　同纪健生一起，赴华北矿业高等专科学校，出席《中国煤炭高等教育史》编委会暨编写组第一次全体会议，研究编写工作，讨论编写提纲。国家煤炭工业局副局长、编委会主任王显政出席会议并讲话。

10月28日　给安徽省高等学校管理干部培训班讲课，题目是《高等教育的本质、规律和功能》。内容提要是：

（一）高等教育的本质。培养高级专门人才的社会实践活动，具有生产力的社会属性和上层建筑的社会属性。高等教育的显著特点一是高深性。关注深奥的学问，要传授已知，探索未知，创造新知。二是专业性。有人强调通识教育，淡化专业教育。我以为通识教育，主要是就人才培养目标而言，适应面广一些。就知识体系来说，通识教育和专业教育没有严格界限。通识教育是各种专门知识的综合，给学生以广阔的知识背景；专业教育给学生提供某种职业的训练。我国高校存在专业划分过细，过分强调专业对口，学生适应性不强问题，所以提出拓宽专业。我认为拓宽专业是对的，淡化专业的提法值得研究。只要社会分工存在，为社会培养高级专门人才仍是我国高校的首要任务，高教的专业性是不容置疑的。三是研究性。研究是人类新知识形成和发展的源泉，又是时代和提高人才培养质量的需要。教学质量，首先是教师质量，教师质量源于科学研究；其次是学生质量，学生质量只有在教学和科研相结合的实践中才能得到有效提高。不论是研究型为主的大学，还是教学型为主的大学，要想有效地提高教学质量，都必须搞学科研究和教学研究，必须培养和造就高素质的研究型教师。既要防止重研轻教，又要防止重教轻研，要努力做到教研相长，教学相长。高等教育具有生产力和上层建筑属性，但不等于就是生产力和上层建筑。我不赞成把高等教育推向市场的提法。办学还得按照教育规律办。当然也不能把高校看作是阶级斗争的工具、政治斗争的舞台，其根本任务是培养高级专门人才。片面夸大或忽视其中任何一种社会属性，都会导致"左"或右的偏向发生。

（二）高等教育的基本规律。潘懋元教授说，高教有两条基本规律，一条是关于教育与社会发展关系的规律；一条是教育和人发展关系的规律。我理解为，高等教育既受社会政治、经济、科技、文化的制约，同时又对社会政治、经济、科技、文化等起作用。高等教育作为培养人的社会实践活动，必须遵循人的身心健康发展的规律，促进人的全面发展。高等教育对社会起促进作用，体现在高校的职能之中。高校最早的职能是培养人才，直到现在依然是高校第一位的职能。19 世纪初，洪堡提出"教学与研究结合"，发展科学作为大学的第二个职能定了下来。第三个职能直接为社会服务，是19世纪后半期从美国发展起来的。中国，培养人才的职能从办大学起就有。20世纪70年代末，大学有既是教学中心，又是科研中心的提法，高校的第二个职能才明确。第三个职能是20世纪80年代初提出的。第一个职能是第一位的，第二个职能是重要的，第三个职能是延伸，是通过培养人才和科研成果转化实现的。高等教育促进人的全面发展的主要途径，一是教学工作。抓好教学，首先要树立正确的教学思想，搞好教学思想管理。其次要有明确的教学目标，促进学生系统理论知识积累，促进学生学习能力发展、促进学生辩证唯物主义世界观和共产主义道德形成，促进学生身心健康发展。其三要选好用好教材，搞好教材开发。在信息化时代，虽说教材不再是唯一的教学载体，但它依然是最主要、最重要、最实惠的载体。书可以少买，图书馆不要那么大了的主张是不可取的。其四应构建教师为主导、学生为主体、实训为主线的人才培养模式。信息技术能改变教师的作用，但不会削弱教师的作用。二是科学研究训练。三是教育与生产劳动和社会实践相结合，这是发展现代生产的必由之路，也是培养全面发展人才的基本途径。

（三）高等教育的主要功能。育人是高等教育的基本功能。影响人才成长的因素历来有争论。有遗传决定论，有环境决定论，有教育万能论，也有教育无用论。比较全面的说法应该是，遗传因素给人的发展提供了物质前提，环境制约人的发展的可能和成效，教育在人的发展中起主导作用。发挥高校的育人功能，一是坚持以培养人才为中心任务，以教学为中心工作。中心任务和中心工作有联系有不同。前者是基本职能；后者是经常性工作。教学工作是实现人才培养任务的基本途径。教学作为主旋律，作为学校经常性的中心工作永远不能动摇。

二是融传授知识，培养能力，陶冶师德，增强体魄为一体，提高学生综合素质。三是坚持全面发展与个性发展相统一。全面发展讲了多年，有共识。个性发展不常讲，被忽视，强调个性发展是完全必要的。发展个性，要因材施教，鼓励冒尖；要避免趋同，鼓励求异；要培养冒险、探索、幻想品格和多维思维方式；要重视非智力因素培养；要培养团队精神。四是确定宽基础、有专长、高素质人才规格。基础扎实、宽厚，适应性就强，不能过分追求技能性。高等教育发达的国家，专业人才由研究生教育培养。我国处在社会主义初级阶段、研究生教育发展不充分，大量专业人才靠本科教育培养，学生要有专长。高素质强调综合性、发展性。不能简单地理解为素质教育就是发展学生的爱好、特长。不能认为爱好就是特长，特长就是素质。五是提倡敬业、求是、创新学风。六是把传授知识、培养能力与价值观念的传播、引导结合起来。要特别关注知识作为价值体系的导向性，不仅让学生具有事实判断（真与假）的能力，而且形成具有价值判断（好与坏）能力。

社会功能，即经济功能、政治功能、文化功能、科技功能等。经济功能的实现形式有教学服务、科技服务、信息服务、硬件服务、软件服务、人才服务等。政治功能则主要是通过培养人才去影响和作用于政治，以教育民主影响和促进政治民主。文化功能表现为选择、传递、保存文化，创新、发展文化，吸收、融合世界先进文化。科技功能体现在它是培养科技人才的母机，发展科技的母机，第一生产力的母机。高等教育的社会功能是通过育人功能实现的，育人功能是高等教育的基本功能。要力戒夸大高等教育的经济功能而忽视育人功能，力戒高等教育价值政治化和高等教育的政治价值被淡化，正确处理高等教育的育人功能与社会功能，保证我国高等教育的健康发展。

11月5日至8日　教育思想研讨班在河南永城矿务局集中研讨。在研讨会闭幕会上发表题为《集聚人才，积累优势》的讲话。指出，学校的发展是通过人来实现的，人既是发展的主题，又是发展的动力。因此，必须高度重视人的发展和人才的培养与集聚；必须对人和人才有正确的看法，正确的态度。人人有才，人无全才，才有大小，把各类人才的积极性调动起来，创造性发挥出来，把一切可以团结的力量团结起来，凝聚起来，就能把学校的发展工作做好，把学校的事业顺利推向前进。

讲话提出，用事业凝聚人，知识分子是讲事业、重事业、干事业的，随时准备以自己的智慧和能力，为人类至高无上的事业服务。教育是崇高而圣洁的事业。煤师院事业正处在发展时期，具有很强的挑战性，需要人去探索和开拓，有施展才华的广阔舞台和空间，是人才成长的沃土。我们愿意为人民教育事业托起明天的太阳。用感情凝聚人，为共同理想和事业而结成的感情和友谊是可贵的。为学术进步，事业发达，要关心人，爱护人，善待人。要用诚心、爱心换取教师的放心、舒心。放心才能安心，舒心才能愉快地工作。集聚人才，必须诚恳、无私、大度、开明，而虚伪、自私、小气、妒忌、猜疑，不喜欢成人之美，不乐于闻人之誉的人，是不会有凝聚力的，是留不住人才的。用待遇凝聚人，使人才居者有其屋，居者善其屋，安居乐业。为人才搭台子，配梯子、引路子。经济收入年年有提高。政治上爱护、信任、使用，人尽其才，各得其所。用制度凝聚人，实行服务期（五年）制度。服务期满，去留尊便，友谊长存。

讲话强调集聚人才，积累优势。人才从哪里来？天上掉不下来，坐等等不来。人才一靠培养，二靠引进。培养人才，首先要了解人、发现人、选拔人，按需培养；其次，要有长远眼光，历史眼光，要看到十年、二十年甚至更长时间，早见识，早安排，早行动。引进人才，一不要求全责备，求全责备就招不到人才。要吸纳百家，兼容并蓄，扬长避短，为我所用。二不要怕人多争饭吃，争利益。有的系缺编严重，出现新的人才断层，就是不进人，原因就是狭隘的功利主义作怪。三不要怕别人超过自己。长江后浪推前浪，世人新人催旧人。一个有抱负、有作为、有事业心的人，应以发现和引进优秀人才，并为他们创造机会超过自己为己任、为光荣、为骄傲。办学优势靠积累。集聚人才是积累优势的基础。积累优势，既靠传承，更要创新。有创新，有突破，才有优势。我们要不拘一格培养和引进在某些领域、某些方面敢于和善于创新的人才。

讲话强调，抓住机遇，发展自己。教育正在成为人民消费和投入的一个热点。不论工薪阶层还是农民，为了孩子上学，尤其是上大学，愿意投入，舍得投入。我们应该做好准备，迎接高等教育的大发展。发展是硬道理，是主题，是煤师院希望之所在。这是我们今年开工兴建三万平方米校舍以扩大招生规模的基本根据和出发点。生源就是资金来源。提高办学效益，必须适度发展规模。质量也是发展。只注意规模而不注意质量的发展是不可持续的，甚至影响学校的生存。有了质量信誉，生源就会源源不断，学校就会兴旺昌盛。

11 月 11 日　向安徽省教育工委书记、教委主任陈贤忠写请辞报告，全文如下：

陈主任：

1999 年 1 月 19 日，我就满六十三周岁了。1995 年 6 月，煤炭部对学院领导班子进行考察，我诚心诚意提出从院长岗位上退下来的请求。同年10月，部党组宣布学院领导班子调整决定，让我留任。之后，我又三次请求退下来，都未如愿。今年7月，在煤炭教育管理体制调整座谈会期间，我再次表示，趁此时机退下来的愿望又未能实现。现在，学校管理体制调整顺利完成，各项工作健康发展，后备干部队伍建设多年，状态良好。我恳请你早日考虑把我从院长岗位上解脱出来。我的请示和愿望，企盼得到你的理解和支持。谢谢，并致敬礼！

王彦坦

1998年11月11日

11月18日至20日　出席学校1998年教学工作会议。郜锦强做《全面落实省首次高校教学工作会议精神，深化教学改革，提高教学质量》报告。

11月19日　主持召开校内管理体制改革方案起草小组会议，谈对起草文件的意见。总的指导思想和要求是，改制转机，放权服务，提高办学质量和效益，并对文件的基本框架、基本内容讲了意见。

11月30日至12月4日　出席全省高校教师高级职务评审会议。任高评委委员，教育历史学科组组长；高级政工师评委，学科组组长。本校辛景亮、傅瑛、邓凡政、孙登明、陈兰化、黄保军、魏仕民、姜文彬、李光源九人通过评审，具备教授任职资格。

12月9日　主持徐州师范大学校长周明儒《学科建设和科学研究》报告会。

12月14日　在学校三届三次教代会开幕会上做《深化教学改革，培养精于素质教育的师资》报告。报告提出，面向基础教育，构建教为主导，学为主体，练为主线的人才培养模式；建立评教、评学、评管的教学评价制度和机制；精心构思和实施文化素质教育，培养有理想、有信念、有追求，精于素质教育的优秀师资。

12月29日　主持召开院务会议。会议讨论通过《学科建设试行办法》。

12月30日　出席党委会议。会议讨论通过《淮北煤炭师范学院内部管理体制改革方案》。

是年　写作《个性与创造：中国大学教育的一个主题》。文章指出，人的个性是潜在的智力和创造力的源泉。发展个性不仅是教育的手段，更是教育的目的。只有个性得到充分地全面地肯定和发展，人才能真正成为社会主体，肩负起对社会的责任，为社会主义物质文明与精神文明做出创造性贡献。全面发展与个性发展是辩证统一的。全面发展总是表现为个性的不断扩展、不断丰富，个性发展必然伴随全面发展而不断升华、不断完善。全面发展保证发展的持续性、协调性、导向性，个性发展带来发展的独特性、新颖性、创造性。全面发展与个性发展统一于个体发展的全过程，且是互见、互动、互生、互长的关系，它们的和谐构成发展的有效性。全面发展不是平均发展，发展个性不是发展片面性，同个人主义、自由化也没有必然联系。

文章认为，发展个性、培养创造性人才，中国大学教育必须在以下几个方面做出努力：（1）承认差异，打破平衡，因材施教，鼓励冒尖；（2）科学上的创造发明有自己的特殊规律，需要独立思考和自由发展的环境；（3）培养创造所需要的冒险、幻想和探索的品格以及多变的思维方式；（4）重视非智力因素的培养；（5）培养合作共事的团体意识。

与文胜利合作《高师本科培养目标存在的问题及改进意见》载《淮北煤炭师范学院学报》（社会科学版）1998年第3

期。该文讲了三个问题：一，高等学校培养目标范畴界说；二，高师本科培养目标的过去和今天；三，重视发挥高师本科培养目标的作用。

该文指出，我国高师本科培养目标标准单一，要求过低，规范笼统，语义使用混乱，造成高师本科培养目标上的形同虚设，造成全国大多数高师院校办学无特色，学生无个性，从而严重制约、影响了我国基础教育教学质量的提高。

该文认为，高校培养目标是高等教育思想的核心，是高校教育教学工作的出发点和归宿，是高校办出特色、提高质量的重要前提。高师院校理所应当地要对培养目标问题高度重视。目前应切实做好以下工作：（1）继续加强对高等教育学的研究工作，给高等教育教学实践活动以强有力的理论支持；（2）高校培养目标层级化，国家有指导性标准，学校有具体培养目标，实现人才培养的多样化、个性化；（3）切实加强对高师院校的评价，评价机构应有教育主管部门的，还要有民间的，逐步过渡到民间评价为主。

与李福华合作《关于高等教育思想的几个问题》。载《上海高教研究》1988 年第 5 期。文章开篇指出，教育思想是历史的产物，具有鲜明的时代特征。教育思想先进与否，不仅关系到高等教育改革的成败与发展方向，而且也是一所高校能不能办出特色和质量的重要前提。

文章认为，我们的教育教学思想可概括为：以教学为中心，育人为根本，融传授知识、培养能力、陶冶情操、增强体魄为一体，全面发展与个性发展相统一，培养宽基础、高素质、有专长，具有现代教育观念，富有独立思考和创新精神的复合型人才。并从以下几个方面展开讨论：一，强调教育主体的发展价值，树立全面的教育价值观。即教育最本质、最主要、最直接的育人价值和社会价值、人文价值。二，坚持全面发展与个性发展相统一，培养创造性人才。教育是发展人的个性的过程。没有个性就没有创造。凡是有大成就的人，都是具有强烈个性的。张扬个性，培养创造性人才，是教育的使命，是教育育人价值的升华。三，把传授知识、培养能力与价值观念的传播、引导相结合，树立全面的教学观。全面教学观，可表述为，传授知识、培养能力、陶冶情操、增强体魄，培养宽基础、高素质、有专长，具有敬业、求是、创新精神的复合型人才。

与蒋传光合作《重视和加强青年教师的师德建设》。载于《高教领导参考》1998 年第 10 期。文章提出，新时期的合格教师，必须有献身社会主义教育事业的奉献精神，有促进人类文明进步的社会理想，有追求知识、崇尚科学的价值取向，有严谨、求实、刻苦、勤奋的科学态度，有热情、开朗、和谐、宽容的性格。要求教师做严师、良师、争取做名师；加强理论培训，提高教师的思想理论素养；强化舆论导向，加强职业理想和职业道德建设，增强责任感和使命感；重视在社会实践中增强教师报效祖国、服务社会、忠诚教育的自觉性；抓制度建设，规范师德建设的约束机制。

与文胜利合作《高师院校需要转变哪些教育思想和观念》，载《高等教育研究》1998 年大学教育思想专刊；《淮北煤炭师范学院学报》（社会科学版）1999 年第 2 期；人大报刊复印资料《高等教育》1999 年第 8 期全文转载。

高师应转变哪些教育思想和观念？文章提出：在办学目标上，应转变“片面追求高层次”的观念；在办学方向上，应转变“眼睛向上”的观念；在发展观上，应转变“看重规模、注重数量”观念；在育人观上，应转变视学生为“知识人”，按“教书匠”来培养的观念；在教学改革上，应转变“零打碎敲，缺乏整体设计”的观念；在管理工作中，应转变力求“管住”的观念；在各种投入上，应转变重“硬”轻“软”的观念；在办学职能上，应转变“固守职前培养”的观念；在精神状态上，应转变“安于现状”的观念。

高师教育思想和观念要转向哪里？文章提出：在办学目标上，安于其位，办出特色；在办学方向上，“眼睛向下”，以师为本；在发展观上，积极充实内涵，紧紧扭住质量；在育人观上，要视学生为“教育人”，按教育家、学科教学专家目标培养；在教学改革上，要讲究策略，整体推进；在管理工作中，要重视“激活”；在各种投入上，要“软硬兼施”；在办学职能上，职前培养与职后培训相结合；在精神状态上，要积极竞争。转变教育思想和观念，既要高瞻远瞩，面向世界，着眼未来，又要脚踏实地，立行立改，持续努力。不能叶公好龙，停留在口号上、文章中，重要的是付诸实践。我们总是感叹缺少社会主义教育家，其实真正的教育家绝不是空头理论家，而是以先进教育思想为指导，积极投身教育改革实践并取得丰富成果的教育实践家。

1999 年　六十四岁

是年提要　1. 教学计划要体现“五性”。2. 再谈招聘人才。3. 科技工作要务虚，更要务实。4. 学校划转到地方不应一律向地方看齐。5. 教授、博士特殊津贴。6. 高校内部管理体制改革制约因素。7. 卸任院长。

1 月 21 日至 24 日　邀请华东师范大学国际问题研究所所长姜琦教授、张月明教授到煤师院讲学，三次拜访，请教办学和学科建设问题。

3月3日　出席党委会议，研究教学工作，讨论修订教学计划问题。发言指出，教学计划是教学工作的基本纲领，是培养目标的具体体现。高师院校是培养精于素质教育的师资摇篮，实现这样一个培养目标，教学计划必须体现方向性、专业性、研究性、实践性、可行性。

3月10日　主持召开学校董事会第三次会议筹备小组会议，讨论董事会章程修改、基金条例修改、工作报告起草和董事会单位、董事会领导成员建议名单事宜。

3月11日　上午，主持召开学校发展规划起草小组会议，讲规划起草意见，强调做好学习、调研、讨论、起草、征求意见、修改等工作。下午，召开系主任会议，再谈人才招聘工作。强调抓紧此一人才流动旺季，选聘良才。凡来人来信应聘者，不论录用与否，都要给予回复，以示礼遇。

3月14日　出席安徽省皖北片高校贯彻落实全国全省教学工作会议精神座谈会。座谈会在煤师院举行，十四所高校教学副院长、教务处长参加会议。省教委副主任徐根应到会讲话。

3月17日至18日　中国煤炭教育协会基础教育分会第二届会员代表大会在华东师范大学举行。来自全国五十二个矿务局（公司）、省煤管局的教育处长、教研室主任、中小学校长等二百多人出席会议。中国煤炭教育协会常务理事、煤炭基础教育分会常务副会长王彦坦做《团结协作，继往开来，促进煤炭基础教育改革和发展》工作报告。上海市教委基础教育办公室主任尹后庆、教育部基础教育司综合处调研员章英思应邀到会做基础教育发展趋势报告。大会选举王彦坦为会长，部锦强、韩临江、张长海、郭光梅、张增录、贺永成、李自群、屈吉星、王怀义、郭国光、张吉顺、高永华为副会长，喻道安为秘书长，武修宝、王再龄为副秘书长。王彦坦发表了情深意长的即席讲话。部锦强做大会总结。王彦坦的报告和讲话载于《煤炭普教》1999 年第 2 期。

3 月 24 日　出席党委会议，审议推荐全省全国三好学生名单和先进班集体。推荐詹灵杰为全国三好学生候选人（4 月 28 日，教育部、团中央授予詹灵杰“全国三好学生标兵”称号。系全国十名标兵之一）。

3 月 26 日　与部锦强、王磊一起同科技处同志研究科技工作。提出，科技工作要务虚，更要务实。务虚出思路，务实闯出路。出思路，闯出路，都要靠人。要网罗人才，组织队伍，否则，科研先行就是一句空话。

4 月 12 日　出席党委会议，听取教学工作合格评估自评初评情况汇报。提出针对弱项抓整改，抓建设；针对重点抓训练，抓规范；针对指标内涵，做好材料收集整理工作。

4 月 23 日　安徽省副省长蒋作君来校视察，向其汇报学校概况。

4 月 28 日　主持召开院务会议，听取基建工程进展情况汇报和 1999 年教学仪器设备费、校园网建设费安排。

4 月 30 日　出席党委会议，推荐王磊参加全国专业技术人员表彰大会。

5 月 26 日至 30 日　出席在温州师范学院举行的第二届全国师范学院院长联席会议。杨烨、文胜利同行。四十四所高师院校领导和代表共八十九人出席会议。教育部师范司司长马立出席会议并讲话，华中师范大学副校长李宇明做《关于创新教育和教育手段现代化的思考与实践》报告。会议采取大会报告、发言与分组讨论结合的方式进行。代表畅所欲言，各抒己见，谈理念，谈设想，谈实践，所涉内容广泛，信息量大，是迄今规模最大的一次会议。

6月8日　签署意见，同意王磊赴美国做博士后研究，其妻谢传延携女赴美国陪读。

6月9日　赴合肥出席安徽省人事厅、安徽省教委召开的华东冶金学院、淮南工业学院、淮北煤炭师范学院职称评审问题协调会。在会上提出，学校划转到地方，具体问题处理要互学互鉴，取长补短，不应一律向地方看齐。如处理职称评审问题，尤其是非教师系列职称评审问题，应考虑历史，考虑感情，保护积极性。三校职称结构比例比省属重点高校高，如果陡然降下来，管理等非教师系列不评，不如让三校在原结构比例范围内，过渡三年，互相靠，平衡接轨。省里也可考虑应否把高校职称结构比例提高一些，并开评管理等非教师系列职称。

6月10日　主持召开院务会议，讨论决定：（一）追加专项经费七十三万元；（二）派谢贤德、凌可庆公费留学。

6月18日　主持召开学院发展规划起草小组会议，讨论规划三稿。

6月20日　主持召开院学位评定委员会会议，审定1999届学生毕业资格和学士学位授予资格。

6月28日　部锦强主持召开1999年学生考研工作总结表彰会，王彦坦出席并讲话。是年，三十五名学生考取硕士研究生，十二名教师考取博士研究生，十三名教师考取硕士研究生。

7月6日至7日　主持召开院务会议。会议决定：（一）全体学生参加医疗保险；（二）对教授、博士实行特殊津贴；

（三）资助青年教师读博士研究生；（四）人才引进和调出；（五）校内津贴发放标准。

7月12日　出席党委会议。会议决定：撤销总务处、基建处，成立后勤处、物业管理中心；成立教学咨询委员会；独立设置招生办公室；成立人才培训交流中心，挂靠人事处；撤销校办产业公司直属党支部；调整任免四十五名处级、六名科级干部。

7月14日至15日　同马建一起赴合肥出席全省高校负责人会议。会议部署：（一）高校“三讲”工作，决定王彦坦等八人任高校“三讲”督导员，后增至十七人，改称“三讲”巡视组组长；（二）高校内部管理体制改革。

7月23日　主持全校迎评促建学习班报告会，邀请皖南医学院党委书记、院长吴昭德做报告，介绍教学工作评估经验。

8月5日至12日　同韩福海一起，出席昆明煤炭高校书记校长联席会议，根据会议安排，老伴同行。

8月13日至14日　离昆明至武汉，顺访华中师范大学、武汉大学、华中科技大学。

8月17日至20日　出席全国高等师范教育研究会第五届学术年会暨全国高师教育管理专业委员会第十五次年会，石振保同行。来自全国五十三所高师院校的近百名会员及会员单位代表出席会议。全国高师教育研究会理事长、北京师大教育管理学院院长顾明远教授致开幕辞并做工作报告。全国高师教育管理专业委员会理事长、北师大副校长王英杰、华东师大研究生院常务副院长谢安邦、华中师大副校长李宇明、南京师大常务副校长陈国钧、全国高师教育研究会顾问、华东师大前校长袁运开、东北师大党委前书记周敬思、淮北煤炭师范学院院长王彦坦、武汉教育学院副院长周建明、盐城师院副院长薛家宝、西南师大高教所所长赵伶俐先后作大会发言。我发言的题目是《论高校内部管理体制改革的制约因素》（与文胜利合作）。本届年会纪要称："这些发言分别就我国高师教育的发展道路、教师素养、课程体系及模式、教育手段现代化和内部管理体制改革制约因素等问题，从不同视角作了积极的思考和探索，受到与会代表的好评。""是世纪之交的一次具有重要意义的盛会。"会议举行了理事会换届选举，华东师大校长王建磐当选为理事长，北师大副校长郑师渠当选为副理事长、华东师大研究生院常务副院长谢安邦为秘书长，并聘请顾明远教授、马立司长为研究会顾问。

8月27日　上午11点30分，出席党委会议，安徽省委教育工委副书记江孝鸿到会宣布：8月6日，王太华省长签发安徽省人民政府任免通知皖政人字［1999］19号，马建任淮北煤炭师范学院院长，王磊、董武清任淮北煤炭师范学院副院长。免去王彦坦淮北煤炭师范学院院长职务。是日，省委组织部通知，免去王彦坦淮北煤炭师范学院党委委员职务。江孝鸿说："王彦坦是很好的校长，优秀的校长，德高望重的校长。省教育工委评价很高，学校干部评价很高，不少同志提出让王老继续留任。王老仅仅因为年龄大了退出领导岗位。王老光荣退出领导岗位，但作为教授、学者，还要继续工作，还要运用自己的威望和影响关心支持学校的工作。"江孝鸿还说："韩福海的工作充分肯定，可提拔当院长。老韩的工作组织在考虑。"下午，我将院长室钥匙交给学院办公室，一身轻松地离开十一年五个月的院长岗位。

学余记

(1999.9—2016.1)

1999年　六十四岁

是年提要　1. “三讲”教育巡视。2. 安徽高校设置考察和评议。3. 讲演高校教学管理。

9月8日至12月22日　王彦坦为巡视组组长，文胜利为秘书，对蚌埠医学院“三讲”教育进行巡视。

9月15日至19日　出席合肥安徽省高校设置专家组会议，对设置合肥学院、皖西学院、淮南师范学院、安徽警官高等专科学校进行论证。

9月19日至20日　对设置淮南师范学院进行实地考察，任专家组组长。

9月23日　出席合肥安徽省高校设置评议委员会会议。会议认为合肥学院、皖西学院、淮南师范学院、安徽警官高等专科学校符合设置标准，同意上报。合肥市政府坚持以合肥大学上报，未获全国高校设置评议委员会通过，其余三所学校均获通过。

10月　应邀到安徽农业技术师范学院讲演《高等学校教学管理》。指出，教学管理首先是教学思想管理。这是个理论问题，更是个实践问题。是全员的任务，全程的工作，起着先导作用，首先要管好。其次是教学目标管理。一是学术目标，包括研究学术，教学学术，管理学术。要对全员提出学术要求，争出学术成果，在某一领域、某一方向，争取发言权。二是能力目标，要聚焦在创新精神和实践能力上。创新精神表现为提出新问题、新观点的思维能力和创造、创新的意志、信心和智慧。实践能力则是具备理论知识、书本知识与工作实际相结合的动手能力和动脑能力。三是价值目标，就是为人民服务，为社会主义现代化建设服务，成为社会主义事业的建设者和接班人。其三是教学行政管理。要抓三件事，一是必要的管理机构；二是规范的管理制度；三是有效的管理干部。其四，教学管理重在建设。一要加强课程建设；二要加强实验室建设；三要加强教材图书资料建设；四要加强实践教学基地建设。其五，教学管理要关注教学改革趋势。如课程设置弹性化，课程内容综合化，学术研究特色化，教学过程民主化，教学手段现代化等。

2000 年　六十五岁

是年提要　1. 在安徽高校管理干部第七、第八期培训班讲演高校管理。2. 安徽高校设置咨询、考察、评议。3. 为中学教师培训讲课。4. 参加高校高级职称和学术项目评审。5. 合作发表论文三篇。

1 月　《教育的理念与追求》由中国矿业大学出版社出版发行。此书收入的文稿、讲话反映了本人在一定时间、地点、条件下对高等教育认识的发展轨迹，以及在治校、治学、治事方面的想法、说法和做法。

3 月 8 日至 11 日　金辉牵头，安徽高校设置专家考察组董元篪、王彦坦、郑治祥、刘辛稼一行，对设置宣城职业技术学院、民办安徽新华职业学院进行现场考察，提出同意设置意见。

3 月 29 日　在安徽省高校管理干部第七期培训班讲《高校管理》。要点如下：

（一）思想管理。高校思想管理，主要指思想政治管理和教育思想管理。思想政治管理，一是领导，掌握思想政治工作领导权；二是引导，把握方向、导向；三是疏导，用教育和疏导的方法解决人民内部矛盾和思想性质的问题。教育思想管理，主要是解放思想，面向现代化，面向世界，面向未来，转变与更新教育观念，用先进教育思想指导办学。

（二）学术管理。高校的根本特质是学术。高校管理，核心是学术管理。学术管理，一要处理好学术民主与学术自由的关系。学术民主是学术自由的前提，学术自由是学术民主的体现。没有学术民主，就没有学术自由，也就不可能有学术进步与繁荣。二是要处理好学术管理与行政管理的关系。学术管理以对社会终极关怀为己任，特点是鼓励创新和超越；行政管理以追求效率为己任，特征是统一和服从。行政管理应服从和服务于学术，让学术按照自身规律发展。

（三）队伍管理。主要指致力建设数量足够、结构合理、素质优良的教师队伍和管理队伍。要教师队伍和管理队伍一起抓，政治素质和业务素质一起抓，学术带头人和管理带头人一起抓。要以人为本，培养人、使用人、服务人、为了人。

（四）关系管理。处理人和人、人和事物以及事物之间的关系，构建协调、和谐、关联、互助的关系，调动一切可以调动的力量，利用一切可以利用的资源，为学校发展凝心聚力。

（五）管理条件。一是必要的管理机构；二是规范的管理制度；三是有效的管理干部。管理的成功与否取决于干部的思想、作风、素质，而书记、校长是关键。

6 月 30 日　中共安徽省委教育工委通知淮北煤炭师范学院党委：省委决定，淮北煤炭师范学院原院长王彦坦同志退休。

7 月 5 日　煤师院送来本科教学工作合格评估自评报告征求意见。阅后，对办学指导思想部分提出讨论意见十余条。

7 月 9 日至 11 日　应邀为设置宿州学院提供咨询。

7 月 12 日至 14 日　出席安徽省高等专科学校教师论文代

表作鉴定会，任教育、历史组组长。

7月14日至15日　应邀为设置巢湖师范学院提供咨询。实话实说，提了许多具体意见和建议。

7月18日至8月11日　为淮北市、宿州市中学教师暑期培训班讲授现代教育专题。第一讲，教育思想概述（一，教育是什么；二，什么是教育思想；三，教育思想的特征；四，教育思想的类型；五，教育思想的作用）。第二讲，教育的本质和功能（一，对教育本质的讨论；二，教育的本质特征；三，教育的育人功能；四，教育的社会功能）。第三讲，现代教育的基本特征（一，什么是现代教育；二，现代教育的形成；三，现代教育的基本特征；四，中国教育现代化的讨论）。第四讲，现代教育的发展趋势（一，现代教育发展的背景；二，现代教育发展的新趋势）。

7月24日至30日　出席安徽高校教师高级职务评审会议，任教育、历史学科组组长，高评委委员。

9月6日至8日　受教育厅委托，同蒙城师范学校校长讨论设置亳州师范高等专科学校。

9月23日至24日　在合肥出席省教育厅《期刊目录》修订会议。力主增添一些教育、历史和职业技术方面的期刊。

10月10日至12日　在合肥，出席全省高校政府特殊津贴评审会议，任社会科学组组长。

10月23日至27日　同缪胜清、程国采、王永安、杨国宜、杨克贵、翟宗祝、方宾教授在巢湖师专座谈、交流。并讲演《高校学术管理》。

11月1日　为煤师院入党积极分子上党课，讲《现代教育的发展趋势》。

12月1日至3日　出席中共淮北煤炭师范学院第二次代

表大会。会前，征求对报告意见，提了三条：采取一切可能的措施培养师资，增加师资队伍建设在报告中的分量；采取超常措施加强科学研究和学科建设；创造新的办学特色。

12月5日　在安徽省高校干部第八期培训班讲《高校管理》。

12月6日至7日　参加淮南师范学院新校区选址咨询会议，并讲演《高校管理与改革》。

12月21日　出席安徽高校优秀青年教师资助项目评审会议，任文科组组长。

12月22日至24日　出席安徽高校党务政工、教育管理高级职务评审会议，任高评委委员、政工师学科组组长。

是年　与文胜利合作发表《高校内部管理体制改革刍议》，载于《有色金属高教研究》2000年第1期；《论高校内部管理体制改革的制约因素》，载于《教育发展研究》2000年第1期；《教师角色与教育改革》，载于《教育发展研究》2000年第5期。

2001年　六十六岁

是年提要　1. 高校设置咨询、考察、评议。2. 高职是一个教育类型。3. 企业中小学剥离的三点意见。4. 中国教育在转变中。

4月3日　应邀为设置安徽电子信息职业技术学院提供咨询。认为设置新的高校，应以社会需要为导向，而不是以现有条件为根据。信息化社会呼唤信息人才，电子信息职业技术学院是应运而生，我们应该做它的催生婆，为它创造生长的条件和环境。

4月4日　应邀为设置宿州职业技术学院咨询。发言强调，以农校为基础，应突出“农”字。安徽是农业大省，面向“三农”，培养高技能人才，为农业现代化服务，弥补安徽一项空白，是很有必要的。同时发展一些地方经济社会发展需要的其他专业。

4月9日至17日　任专家考察组组长，同程桦、祝延、王建刚、汪棋军一起，对设置宿州职业技术学院、安徽电子信息职业技术学院、安徽卫生职业技术学院、民办安徽文达信息技术职业学院、民办合肥经济职业技术学院进行考察。提出，办高职需要物质准备，更需要思想准备。物质准备是基础，思想准备是先导。高职不是中专的简单升格，也不是普通本科的简单压缩，而是一个独立的教育类型，有自己的系统、特点和规律，需要了解、熟悉和掌握。

4月17日至18日　受教育厅委托，到省体育局，指导设置安徽体育运动职业技术学院，就办学宗旨、培养目标、学校定位、管理体制以及论证报告的框架提出意见和建议。

4月25日　安徽省教育厅教计（2001）23号《关于成立安徽省高等学校设置评议委员会的通知》称，报经省政府同意，决定成立由陈贤忠等27位委员组成的安徽省高等学校设置评议委员会。任委员（唯一非在职人员）。

4月26日至28日　出席合肥安徽省高校设置评议委员会会议，任评审组组长。身负三重任务：作为评审组长，向评委会报告六所高职评审意见；作为考察组长，向评委会报告五所高职考察意见；作为评委，对所有上会学校做出同意或不同意的决定。在评议时发言说，对民办高校应高看一眼，大力支持，保护和鼓励个人等社会力量的办学积极性，推进高等教育大众化。

5月18日至20日　同纪健生、闵保全一起，参加在太原召开的《中国煤炭高等教育史》编委会和编写组成员会议，研究相关事宜。会后赴北京探望学校前党委书记宋福祯同志。

5月31日至6月1日　应邀到池州师专讲演《高校管理与改革》。

7月19日　参加宿州市人民政府在合肥召开的宿州市农业干校并入宿州师专论证会。与会者有省教育厅、财政厅、计委、编办、省政府四处负责同志，以及中国科大前副校长尹鸿钧教授。

8月1日　科研课题《高师人文素质教育研究与实践》获2001年安徽省教学成果一等奖。

10月13日　为淮北矿业集团教育处入党积极分子（中学教师、校长）讲《教育的形势与任务》。

10月24日　为煤师院处级干部讲《高校管理与改革》。

11月5日至8日　出席北京全国煤炭基础教育优秀校长颁奖暨煤炭基础教育改革与发展研讨会。中国煤炭教育协会理事长云金安、副理事长金学林、吕世兴、常务理事李鸿秋、办公室主任韩临江到会指导。5日，国家高级教育行政学院丁广举教授讲《中华传统文化与素质教育》，育才中学校长王建宗讲《办学思想与实践》，并参观育才学校。6日上午，教育部基础教育司处长曹志祥讲《落实〈决定〉精神，大力推进基础教育改革与发展》。午餐时，向曹处长提出三点建议：（1）企业中小学剥离过渡期不宜过长，长了，学校发展受损失，职工子弟受损失。因为企业不投入了，人心散了，优秀师资流失了。（2）理论上，主张办学主体多元化，实际上又搞一刀切，全部剥离。还要不要调动企业和社会力量办学，以什么方式办学，能否尊重企业自愿，愿意办的，继续办：不愿办的，稳妥剥离。地方不愿要的，应该有个说法、办法。（3）企业中小学管理体制改革，应拓宽路子，政策扶持。下午，北京师范大学朱旭东博士讲《当代世界教育改革对教育管理提出的挑战》。7日上午，大会发言，交流经验。下午，我在大会上，讲演《教育在转变中》。指出，预见转变，顺应转变，把握转变，掌握教育发展的主动权，开辟教育前进的新路。中国教育发生了哪些转变呢？（一）从应试教育向素质教育转变；（二）从办学主体一元化向多元化转变；（三）从精英教育向大众化教育转变；（四）从一次性教育向终身教育转变；（五）从公益性福利事业向教育产业转变。研讨会由喻道安主持筹办。

11月17日至25日　为淮北职业技术学院干部开高校管理讲座，共四讲，每讲两小时。题目是《怎样做好教学管理》《怎样做好教师队伍管理》《我心目中的系主任》《怎样管理关系》。

12月　为淮北市中学校长任职资格培训班讲授现代教育思想。

2002年　六十七岁

是年提要　1. 答中学校长问：怎样培养名师，怎样评价教学质量。2. 发展民办教育的制约因素。3. 教育观讨论中的若干问题。4. 对高校应实行分类管理。

1月16日　应邀到滁州师专，座谈设置滁州学院问题，讲九条意见，并对干部、教师讲演《高教发展的新趋势》。向市委书记汪国才、副市长朱云霞等提四点建议：（1）成立以市委书记或市长为组长的筹备领导小组。（2）为学校发展最少要预留四百亩土地。（3）争取签订一个有实际内容的省市共建协议。（4）把设置滁州学院列入市政府年度经济社会发展规划。

1 月 23 日　为筹建巢湖职业技术学院提供咨询。

2 月 20 日　为设置池州职业技术学院提供咨询。

3 月 14 日至 17 日　任专家考察组长，与王键、王源扩及谷成久、罗敬军、张家麟一起，对亳州职业技术学院、民办合肥明星科技职业学院、安徽农业大学涉外经济职业学院三所筹建学校进行考察。

3 月 17 日下午　到安徽教育学院探望韩福海同志（教院党委书记、煤师院前副书记、副院长）。同吕绳振、李铁范一起，与韩共进晚餐。

3 月 26 日至 28 日　同喻道安一起，出席在贵阳召开的中国煤炭教育协会常务理事会议。

4 月 3 日　为煤师院学生入党积极分子讲党课。读文胜利同志论文《竺可桢的办学思想与实践及现实意义》。该文的挖掘阐释，富有历史感、时代感。

4 月 5 日　为合肥工业大学副校长郑治样教授牵头的《安徽高等教育发展规划研究》写评价意见。

4 月 8 日至 11 日　为蚌埠、淮南、阜阳、宿州、淮北、亳州市完全中学校长培训班讲授《现代教育理论与实践》。校长们提出，怎么培养名师，怎么评价教学质量。答：名师要在教育教学实践中培养，离开教育教学实践培养不出名师；名师要在教育科学研究的实践中培养，不搞教育科学研究，不使教育经验升华为教育理论、思想和观念，很难说是名师；世界是开放的世界，社会是开放的社会，教育是开放的教育，名师要在开放的环境中培养，关在学校，足不出户，培养不出名师。

评价教学质量，首先要树立科学的质量观。质量是相对培养目标而言的。不同的培养目标和规格，有不同的质量标准。就中学而言，强调全面发展质量观、基础质量观比较合适。教育质量，是教与学的质量，要看教师的教学质量，更要看学生的学习质量，归根到底是看学生的质量。评价教学质量，要评教、评学、评管；要评知识，评能力，评品格。

4 月 11 日至 13 日　出席在合肥召开的安徽省高等学校设置评议委员会会议，对设置高等职业技术学院进行评议。任第一评议组组长，与汤洪高、董元篪、程桦、吴久会、张勇、周建强、方徽聪审议宣城职业技术学院、池州职业技术学院、民办安徽外国语职业技术学院。表决结果，九所学校获通过，正式建校，亳州职业技术学院继续筹建。

4 月 17 日、20 日　为煤师院学生入党积极分子讲党课。

4 月 29 日　同文胜利交谈一流大学建设问题。文说，目前谈一流大学，只谈具备什么才是一流大学，很少谈怎样达到一流。文的思考深一层，有见地。

5 月 10 日至 12 日　出席中国煤炭基础教育分会 2002 年工作会议暨煤炭基础教育课程改革研讨会上海会议。邀请尹后庆做《关于上海基础教育改革与发展的目标、思路与措施》的报告，孙元清做《上海中小学课程教材改革的理论与实践》的报告。参观考察长青实验学校、华东师大附属实验小学。会议由喻道安主持筹办，在华东师大研究生院前副院长、华夏学院院长钱洪教授大力支持下取得圆满成功。与会代表说，研讨会使我们的教育观念领先本地教育数年。

5 月 20 日　出席征求煤师院独立学院冠名问题会议。提出，冠名信息学院。有的提出，冠名新新学院，行知学院。最后冠名：淮北煤炭师范学院信息学院。

5 月 27 日　在一则日记中写道，发展民办教育的制约因素：(1) 传统观念，信公不信私，信国不信民。(2) 待遇不公平，学生的学历、文凭、待遇，教师的各种待遇与公办学校不平等。（3）产权属性不明晰，投资办学，捐资办学，财产属于国家，属于投资、捐资者，还是属于学校。（4）强调公益性，非盈利，要不要理直气壮地说，取得合理回报？因此，转变观念，立法保护，政策支持，在发展中规范，尤为重要。

6月15日至17日　偕老伴与纪健生一起，出席在宁波召开的《中国煤炭高等教育史》出版座谈会。会毕，游溪口、普陀山。18日到上海，游浦东。

6月23日至7月3日　与侯为波、吴守宝一起，对华中师大、湖南师大、华南师大进行访问。会见老朋友，结识新朋友，受到三校热情接待。

7月　为淮北市、宿州市中学教师继续教育培训班讲授现代教育思想。

8月29日　应邀到宿州职业技术学院讲《高等教育发展的特点》。

9月15日　亳州市教委石卫东主任打电话，邀我出任亳州职业技术学院院长。我说："办好一所学校不容易，年龄大了，力不从心的事不做，请另聘高人。"以后又三次延请均予婉拒。但对其申报材料却三次建言修改。

10月19日至21日　出席全国煤炭基础教育优秀教研工作者颁奖暨教研工作泰安会议，做《关于教育观讨论中的若干问题》发言，要点如下：

（一）教师主体与学生主体。有教师主体论，有学生主体论，林崇德教授提出"双主体论"，即在教师的教中，教师是主体，学生是客体，知识是媒体；在学生的学中，学生是主体，知识是客体，教师是媒体。我以为应该树立教师为主导，学生为主体，实践为主线的教学观。教师对教育方向、价值、内容、方法、途径和手段的选择起着无可置疑的主导作用。从根本上说，教育的成功取决于教师，教育的不成功也取决于教师。学生是学习的主体自不待言。教育与生产劳动和社会实践相结合有利于促进学生主体意识发展，实现主体的我与客体的我这两个我的统一。

（二）以人为本与育人为本。按照孙喜亭教授的观点，以人为本是一种教育无目的论，主张人的发展、生长就是目的，满足人的内在需要就是目的，它排斥社会本位的目的论。育人为本是另一个概念，是教育工作者根据一定社会的要求、有目的、有计划、有组织地对教育对象的身心施加影响，培养成为一定社会所需要的人的活动。总体上看，我国教育既从社会需要出发，又从人的发展出发，只是由于认识和历史的局限，在教育实践中对共性与个性关系的处理失当。重社会共性教育目标，轻人的个性发展目标是一种片面性，反之亦然。人的个性是共性与个别性的结合。应努力实现育人为本和以人为本的统一，让个体在现有条件下达到可能达到的发展程度，实现全面发展与个性发展的辩证统一。

（三）中心任务与中心工作。在学校，育人是中心任务，教学是中心工作。这是两个不同范畴、不同层次的问题。育人是从学校职能、任务范畴来说的；教学是从学校经常性工作角度来说的。就学校各项工作说，教学无疑是中心工作，其他工作都是为教学服务的。而教学和其他工作又是为完成育人这个中心任务服务的。

（四）素质教育与英才教育。素质教育是国民教育，不是英才教育，但它不反对英才教育，英才教育是万岁的。素质教育是普及性教育，不是选拔性教育，但它不反对选拔性教育，选拔教育是永存的。千万不能陷入素质教育与选拔相对立的误区。

（五）素质教育与学科教育。素质教育在学科教学之中，不是在学科教学之外。全面实施素质教育，教学是主渠道，课堂是主阵地，课程是重要载体，社会实践是主要途径。如果舍此而抓其他，是舍本逐末。

（六）素质教育与课程改革。素质教育不是课程的简单加减。课程改革也不等于课程加减。课程改革应在课程结构、目标、标准、管理方面下功夫，改变单一的基础性课程模式、建立基础性课程、拓展性课程、研究性课程并存的课程模式。

（七）素质教育与考试。素质教育是对应试教育的否定，但它并不反对考试，而是要改革考试；它也不反对升学和分数，升学和分数是素质教育的自然结果，而不是刻意追求的唯一目标。

（八）素质教育与人才培养模式。素质教育是一种教育思想，不是一种教育模式。素质教育不要求统一的人才培养模式。每所学校都应有自己的人才培养模式，每位校长都应有自己的办学风格，每位教师都应有自己的教学个性。

（九）知识、能力和素质。教育必须传授知识。知识是能力的基础。知识不等于能力，更不等于素质。素质是知识内化为人的品格。素质高于知识和能力。

（十）教育理想与教育现实。素质教育是一种教育理想，应试教育愈演愈烈则是现实。但应试教育不等于现行教育，现行教育中有很多好经验、好传统，值得继承和发展。素质教育孕育于现行教育之中。我们应满怀信心地在教育理想的路上坚持前行。

10 月 25 日　应邀到教育厅，参与修改全省高校专业建设评议办法。

10 月 27 日至 29 日　出席全省高校专业建设评议与新专业设置评审会议。在讨论专业建设规划时发言：（1）应做好需求预测。包括经济社会发展需求、人的发展需求、非师范高校培养师资状况等。（2）要研究学校定位。从规划看，有几个倾向：规模求大，层次求高，学科求全，同质化日益明显。应实事求是地做好分类定位、分类管理，促使各类高校，各安其位，各领风骚。（3）要研究专业结构。目前在专业建设上，数量求多，专业趋同，创新不够，轻视内涵改造。结构调整应注意适需性、发展性、交叉性、融通性、综合性。（4）要研究管理制度创新。如，市场引导，政策指导，宏观调控，学校适应。如，扩大学校专业设置自主权，分层次，有步骤地放权到学校。在专业框架内，专业方向调整权应尽快放给学校。如，鼓励创新、创造和实验。很多专业都是从无到有，创新、创造出来的。

11 月 10 日　为淮北市县处及科级干部与公务员周末课堂讲课。

11 月 12 日至 13 日　在合肥参加教育厅人文社科研究项目评审会议。

12 月 4 日至 5 日　为全省小学骨干教师校长培训班讲课，讲题是《校长的教育理念与治校》。

12 月 17 日至 23 日　在合肥参加全省高校青年教师科研资助计划、优秀人才计划、特聘教授、讲习教授岗位评审会。

2003 年　六十八岁

是年提要　1. 办学咨询。2. 新设本科院校定位应突出“三性”。3. 为全省小学骨干校长研修班讲课。4. 在三所升本学校讲演树立本科办学理念。5. 做独立学院催生婆。

1 月 6 日　给学科办公室修改为教育厅代拟的《关于淮北煤炭师范学院申报硕士授权单位的意见》。

1月8日至13日　连续五天参与为煤师院申报硕士授权单位修改材料。提出特别推荐用语，使五个学科都有机会。有的学科，在学校不是重点学科，但在全省是独有，占布点优势，有可能通过，所以特别推荐，如高等教育学。有的学科，在学校是重点学科，放在全省，是人强我弱，还是用重点推荐提法好。

1月10日至11日　出席在煤师院召开中国煤炭基础教育分会2003年度工作会议，做题为《学习贯彻十六大精神，开创分会工作新局面》报告。喻道安做《中小学分离转制问题研究》重点课题说明。韩临江讲话。郜锦强做会议总结。

1月14日　文胜利电话告知，关于建设世界一流大学的文章寄到《高等教育研究》，编辑很欣赏文章的一些内容，但有些情绪化的内容要改，叫给他看看。阅后，在三四处做了小小改动。15日上午把文章给他。他要把我的名字署上，坚决不允。

1月15日至16日　应邀，到宿州师专，在专题研究升本工作的党委扩大会议上，就组织保障、舆论保障、材料工作讲了具体意见。并指出，在办学定位上要突出地方（区域）性、多科性、应用性。

1月26日　开始审读煤炭中小学教师优秀教育教学科研论文。

2月16日　在宿州师专讲演普通本科高校设置问题，包括内涵、原因、趋势。根据国家经济社会发展大势，强调应把升本后的学校办成区域性（地方性）、多科性、应用型高校，为地方经济社会发展培养应用型人才。

2月20日　对设置民办安徽亚太职业学院提出九条意见，强调专业设置是高校设置的核心内容，要根据学校类型，对准产业需要，考虑专业设置。

2月24日至25日　为全省小学骨干校长研修班讲《小学校长的教育理念和人才培养》。

3月4日　应邀同王磊讨论申报硕士学位点问题，提了五条策略建议。

3月11日　教育厅方徽聪处长打电话说，陈贤忠厅长对亳州职业技术学院正式建校很关注，希望你给予指导并出任院长。我婉拒出任院长。

4月9日　亳州市人民政府副市长李伟一行来访，邀请出任亳州职业技术学院院长。这是第五次邀请了，加上陈贤忠提议，六次了。李伟副市长说，这一次是恳请，关系到学院能否正式通过建院。前两次都未通过，第三次再通不过就不好交代了，要取消筹建资格。听了李副市长的话，同意受聘一年院长。

4月20日　应邀赴合肥参加安徽艺术学校升格安徽艺术职业技术学院论证会。

4月22日　同文胜利讨论其论稿：创新，创新，高校要在哪些方面创新。强调，重点是体制、机制、模式创新。体制，应冲破公办圈子，吸收个人与社会组织加盟，扩充资金渠道，不能仅靠捐赠，应该鼓励民间入股、投资。机制，可实行所有权与管理权分离，借鉴民办学校机制。模式，应不限于“3+1”“3+2”本硕连读设计，可以走与科研院所结合、与企业结合培养人才的路子。

4月26日至27日　在合肥出席高校设置评审会议，任审议组组长。讨论通过十所高职正式建校，包括亳州职业技术学院，五所筹建。

5月26日　到亳州职业技术学院参加庆祝正式建校活动。在干部座谈会上，就管理说了几条意见：制定目标，实行目标管理；健全机构，实行层级管理；完善制度，实行规范管理；

规范行为，实行道德管理；依靠师生，实行民主管理；面向市场，实行经营管理；坚持学习，实行思想管理。

5月27日　同教师见面，就建设一个什么样的亳州职业技术学院，怎样建设这样的亳州职业技术学院，交流想法。

6月9日　到亳州职业技术学院，召开教师会议，布置近期工作：(1) 开展办学思想大讨论，即建设一个什么样的亳州职业技术学院，怎样建设这样的亳州职业技术学院。(2) 讨论并制定学校发展规划。(3) 制定完善学院规章制度。(4) 抓常规管理，重点抓好期末考试和招生工作。

6月11日　经再三考虑向亳州职业技术学院董事会董事长李伟提交辞呈：鉴于健康原因，决定辞去亳州职业技术学院院长职务，旋即回淮北。

7月22日至25日　程桦为组长，与王端庆、易佑民、陈啸一起，在合肥审议安徽财贸学院更名安徽财经大学，宿州师专升格宿州学院，滁州师专升格滁州学院，蚌埠高专、教院、职工大合并升格蚌埠学院。

7月28日　宿州师专宋文贤书记一行来访，讨论设置宿州学院论证报告。再次强调办学定位的“三性”：地方（区域）性、多科性、应用性。

8月6日至7日　参加在合肥召开的高校设置省级专家论证会。执笔修改安徽师范大学合并芜湖师专论证意见，宿州师专升本论证意见，对安徽教育学院改制发表了意见，希望改制成功。

10月8日至9日　为全省重点小学骨干校长培训班讲授《校长的教育理念与人才培养模式》。

11月6日　出席宜昌全国煤炭基础教育改革研讨暨科研成果颁奖会议。

11月16日　考察设置滁州学院强调，要把握本科与专科的不同：修业年限不同，本科四年，专科三年或二年；培养目标不同，本科培养应用型人才，专科培养高技能人才；教学内容不同，本科理论与应用并重，专科偏重应用，技能熟练程度比本科高，理论以够用为度；地位和作用不同，在高教系统，本科是基础，是高级专门人才的基本来源。

11月19日　考察设置安庆医药高等专科学校指出，在人才培养目标上，应注意人才层次的高等性，人才类型的技能性，知识、能力的专业性，服务方向的基层性（农村和社区）。

11月20至21日　考察设置蚌埠学院强调，干部和教师要树立本科教育意识，树立整体意识，去掉三校意识。

11月21日　下午考察安徽财贸学院更名安徽财经大学。提出，论证报告要反映出大学与学院的不同，并应在发展规划里体现出来。

11月22至23日　考察设置马鞍山师专时说，总的印象，硬件引以为豪，软件差距不小。具体讲，汇报稿要重写，口气要改，不是动员报告，而是陈述报告，政府要有承诺，不要号召。要补写可行性，补写发展规划。要认识中专、大专、本科的区别，建成综合性大学的提法不合适，应去掉。实验室、图书馆应有人接待、讲解。接待领导意识很强，没有接待专家意识，专家的名字写错、念错。

11月24日　在合肥参加评审安徽高校设置二级学院（独立学院）。负责主审安农大、安工大、阜阳师院二级学院。发言说：教育部用这个办法吸引社会资金，助推高教发展，也是一策。与邻省比，我们慢了点。虽然先天条件不理想，我们还是应该做它的催生婆，生下来后好好调养，细心呵护它成长。

评审结果，十一所通过，一所未通过。

12 月 6 日至 7 日　应邀到宿州，对设置宿州学院提供咨询，并就树立本科意识发表意见。

12 月 10 日至 11 日　应邀到蚌埠，为设置蚌埠学院提供咨询，并在干部教师大会上演讲本科教育理念。简言之，一是办一个什么样的本科学院？服务面向上，应该办成地方（区域）性学校；学科专业上，应该办成多科性学校；学校类型上，应办成应用型学校；培养目标上，应办成培养应用型高级专门人才的学校；办学目标上，先是办成合格学校，然后争取办成高水平、有特色学校。二是怎样办成这样的学校？首先，学习借鉴先进教育思想，指导办学；其次，制订一个科学的战略发展规划和实施意见，稳步推进办学；再次，要重点抓好几项建设，促进办学。如学科专业建设，教师队伍和管理队伍建设，实验室建设，图书资料建设，校园文化建设等。三是为什么要办这样的学校？为了培养应用型高级专门人才，发展科学技术文化，促进社会主义现代化建设。为此必须牢固确立人才培养是学校的中心任务，教学是学校的中心工作，教学、科研、社会服务都要为提高人才培养质量服务的办学观念。

12 月 14 日　在合肥主持设置安徽邮电职业技术学院专家论证会。

12 月 18 日　针对设置马鞍山师专申报材料提出以下意见：中外合作办学不是教育形式，教育形式指全日制和非全日制。学校发展规模有四处提法不一样，随意性太大，不严谨。有些话，外来人听不明白，如“一二三四”工程。强调师专培养中学教师的职能，意在说明学校水平不错，实际降低了安徽的水平。

2004年　六十九岁

是年提要　1. 几种不合适的办学思想。2. 设置高职核心是专业和课程设置。3. 高师应转制而不应转型。4. 答三人问。

1月5日至6日　应邀与王端庆一起，为设置安徽徽商职业学院提供咨询。在咨询会上重点就论证报告、学校介绍、发展规划讲了意见和建议。王端庆先生亦就相关问题讲了一个多小时，提了许多意见。

1月7日　应邀与王端庆一起，参加申办安徽省新闻出版职业技术学院咨询会议。在阐释新闻出版职业技术学院定位和办学思路时，概括了这样一段话：工学结合，校企合作，以就业为导向，以服务为宗旨，加强引进外智、外资，培养双语、双师型教师，用前沿技术和先进文化，培养新闻出版业一线需要的高技能人才。

1月12日　在备忘录中记下几种不太合适的高等教育办学思想。（1）功利主义办学思想。一味追求眼前利益、经济效益，忽视长远的社会效益。（2）实用主义办学思想。片面强调适应岗位技能。大学需要适应经济社会发展需要，但不能一味适应。引领和改革比适应更重要。（3）注重规模发展，忽视充实内涵。调查表明，这几年，教育部属71所大学，平均师生比达1∶18，其中20以上的20所，25以上的6所，还有30以上的。湖南高校中，教师周课时20节的十分普遍，有的高达40课时，一人承担3门以上课程的教师占60.2%，最多的达6门课。师生比与教学质量密切相关。一般认为，师生比1∶15对效益和质量较为适宜，超过这一标准，教育教学质量就很难保证。20世纪90年代，我在我们学校反复说，我们不能盲目和国外比，把师生比提高到1∶18以上。因为，国外的很多高校有高级打工者（访问学者，博士后等为他做实验、代课），而我们绝大多数高校没有，少数高校有，也很少。(4) 办学定位追求高、大、全。高，即热心于专升本，热心于本上硕、再上博。大，就是学院改大学，上规模，建大校园、大门楼。改名就能改出高水平吗？美国的麻省理工学院、加州工学院，法国的巴黎高师，不还是学院、学校吗？规模也不大，也没有大门楼，但它是一流名校。全，就是追求学科齐全，什么专业都想办，什么专业都敢办，专业趋同，人才同质，缺少特色。高校应该是多层次、多类型的。办大学各安其位最风流。

1月14日　安徽新闻出版学校电话询问：“双师型”、“双语型”教师指的是什么？答：“双师型”就是既能从事理论教学，又能从事实践、实训教学，具备教师资格和职业资格的教师。“双语型”就是既能用汉语教学，又能用某种外语教学的教师。这两项是你们的比较优势，应突出这个优势。

2月29日　参加设置安徽审计职业学院专家论证会。

3月4日　参加黄山市申办高职咨询会议。

3月10日　根据教育厅安排，在蚌埠，为安徽财贸学院更名大学，宿州、滁州师专升本，马鞍山师范升专，蚌埠三校合并升本材料“把关”。

3月18日　为安徽财贸学院合肥职业技术学院“去筹”咨询。

3月24日　为煤师院学生入党积极分子讲党课。

4月1日至3日　根据教育厅安排，与石秀和、祝延、刘宁、郭敬芳、解平一起，对设置安徽林业职业技术学院、安徽国际商务职业技术学院、安徽大学公安学院进行考察。其间，反复强调一个观点，设置高职学院，核心是专业设置和建设，专业是由课程组成，应按照行业需要和岗位要求，精心研究专业设置和课程结构、内容，创造自己的品牌专业和课程。有优秀课程，才能培养优秀的高技能人才。

4 月 7 日　为煤师院学生入党积极分子讲党课。

4 月 9 日至 12 日　为煤师院第 15 期中学校长培训班讲《校长的教育理念与治校》。

4 月 16 日　对设置安徽新闻出版职业技术学院材料进行再审读，再修改。

4 月 19 日　为设置安徽工业职业技术学院咨询。

4 月 26 日　中国煤炭基础教育学会第三届会员代表大会在煤师院召开。代表第二届委员会做《求真务实，努力为煤炭基础教育改革和发展服务》的报告。中国煤炭教育协会理事长朱德仁出席会议并讲话。邱江副理事长做总结。

4 月 27 日至 29 日　出席在合肥召开的安徽省高等学校设置评议会议。任第三评议组组长，与罗昌平、邱诚、张昌华、黄泽秋、汪学骞、刘宁、韦伟、沈国强、王建中一起，评议安徽审计职业学院、徽州职业学院、安徽新闻出版职业技术学院、安徽工业职业技术学院。评议会议表决结果，同意徽州、徽商职业学院筹建，同意安徽林业、安徽国际商务、安徽公安、安徽邮电、安徽审计、安徽新闻出版、安徽工业、安徽财贸学院合肥职业学院正式建校。

5 月 14 日至 15 日　出席在合肥召开的新设高职高专学校专业设置评审会议。任文科组召集人。理科组召集人为程桦。

7 月　到宿州学院，为本科教育研讨班讲《本科教育的基本特征》。内容有：本科教育的地位，本科教育的特点，本科人才培养模式，办好本科教育的几项工程。强调新设地方多科性或综合性本科学校人才培养目标应定位为：应用型高级专门人才。

8月　到文胜利办公室漫谈。文拟写两篇文章。说到师范院校如何培养优秀中学教师时，我说，师范院校四年培养不出优秀教师，只能为优秀教师奠定基础。优秀教师是在教育教学实践中成长的。同时提出一个想了很久的问题，中国的师范院校是转型还是转制？现在都在讲转型，北师大带头，一般院校也这么说。其实，师范院校应该转制，变革办学体制机制，培养适应和引领基础教育改革和发展的人才，而不应把注意力放在转型上。转型容易导致去师范性，弱化师范教育。这篇文章可做。

9月3日　应邀参加设置池州学院咨询会议。就高校设置内涵、标准、程序、策略发言。

10月12日至13日　为安徽省第五期完全中学校长提高培训班讲《中学校长的教育理念与治校》，共三个半天。

11月16日　出席煤师院建校三十周年庆祝大会。与众多校友见面，交谈问候，很高兴。校庆筹备期间，张秉政负责画册文字工作，马书记讲学校有几次质的变化，要写好。问如何处理？答：可以讲变化。有没有质的变化，可以讨论，我以为没有。熊大辉负责校史展览，要求帮他看看展览说明。答：不看为好。因为，它代表现任领导对历史评说，如果看了有不同意见你怎么处理？所以，不看为好，请理解。王向阳负责制作宣传片。要拍一张照片或录一段像，表现一位学者型校长，备制作校庆片用。答：不要拍照，也不要录像。历史不能补，也不应补，原来是个什么样子，就是什么样子。要尊重历史，如果历史上有照片，有录像，能用就用，不能用就作罢。历史是真实的，可以发现，不能后补，可以评说，不能改变。向阳说，你尊重历史，我同意。

11月27日至30日　教育厅推荐，应邀对民办三联职业技术学院、民办新华职业技术学院、民办万博科技职业学院升本材料进行审改。

12月2日　出席安徽高校设置省级专家论证会。

12月15日至16日　参加凤阳师范学校拟升专科咨询会议。强调要定好发展规模。规模决定一切（校园面积、校舍面积、师资数量、图书、仪器设备等）规模要合理、适中，不是越大越好，也不是越小越好。

12月18日至20日　程桦为组长，与刘宁、陈啸一起对设置民办安徽新华学院、民办安徽三联学院、民办安徽万博科技学院进行考察。新华、三联条件好于万博。万博也基本具备条件，亦同意推荐。

2005年　七十岁

是年提要　1. 方明博士来访。2. 高校设置咨询、考察、评议。3. 高职高专并列提法应修正。4. 让爱与责任。

1月5日　考察设置安徽理工大学独立学院。我以为完全具备设置条件，但今天申办，时机不佳、难度很大。

1月7日　方明博士来访。交谈中方博士提到，我对他和谷成久的《现代大学制度论》书稿做了很好的修改。我说，不值得一提。我认识谷成久同志很多年了。在高教管理上，他是一位思想者，有见解、有个性、有追求。共进午餐时，方博士对同席诸友说，认识王院长是储常连介绍的。他对我说，搞高教研究，你要拜访王院长。惭愧。我是学习者，谈不上研究。储常连同志在教育厅高教处任职时，我们见面常有交谈，他对高教问题的思考，多有见解。后任中专处长，曾邀我对几所中专做办学咨询。我对中专几无所知，称故未允。

1月9日　收到三联学院申报本科征询意见材料，修改多处，其中办学定位改为：立足安徽，面向全国，服务社会；以本科教育为主，专科教育为辅；以工科为主，工、理、文、管协调发展；以教学为中心工作，以学生发展为使命，把学院办成有水平、有特色的普通本科学校，培养经济社会发展需要的应用型高级专门人才。

1月11日至13日　教育厅副厅长金辉牵头，对设置民办新华、三联、万博三所本科学院进行再检查。

1月27日至28日　审读设置池州学院申报材料，提出若干意见和建议，寄回学校。

2月4日　宿州学院宋文贤、杨光书记来访。交谈中提出，新建院校抓生源是上策。抓生源，要深入到中学，介绍学校，宣传学校。生源竞争不可等闲视之，生源充足与否，关乎学校兴衰。

2月7日　刘路新博士从澳大利亚打电话，问新春好。说，长子今年将考大学，对您有美好印象，记得你这位“像×××的爷爷”。路新对煤师院过去条件艰苦而治学宽松愉快的环境称道不已。他讲了一个故事：有一天，在校园带着孩子遇到你，你问我做什么来着，我说带孩子，孩子差几个月不到入园年龄，幼儿园不收，自己带。没有想到，第二天就接到通知，把孩子送到幼儿园。给教师创设这样的环境，能不高兴，能不好好工作吗？刘路新的话让我想起，别人家凡有这样的孩子都解决了入园问题。

3月18日至19日　应安徽嘉日成技术有限公司邀请赴合肥，讨论设置民办安徽财经职业技术学院问题。公司法人严肃办学报国，服务人民的志向与办学理论，令人钦佩。

3月21日至23日　为安徽省高中校长省级培训班讲《教

育思想概述》《中学校长的教育理念与治校》《教育观讨论中的若干问题》。共二十学时。

3月26日至27日　应邀参加论证设置民办安徽绿海商务职业技术学院。提出，树立高职教育观念，至少应包含三层意思：（1）在办学思想上，坚持以服务为宗旨，就业为导向，培养高技能人才为目标，加强专业建设和教学改革。（2）在办学模式上，根据社会需要设专业，针对职业岗位设课程，按照生产、建设、管理、服务一线需要招生和培养人才。（3）在办学机制上，实施自主、灵活、富有弹性的教学管理制度，引导学生独立自主谋业、创业。

3月30日　为煤师院学生入党积极分子上党课。

4月13日至14日　应邀对设置安庆医药高专进行考察。市委副书记、副市长等全程陪同。考察途中提出，考察一所学校的基本建设，要看三个方面：生活设施，教学科研设施，文体活动设施。学生进校，一要生活，二要学习，三要活动。活动设施应同步安排。

4月30日　学校关心下一代委员会开会，决定王彦坦为名誉主任，魏捷为主任，委员有吴志葵、王惠生、吴智明、范向前、王向阳。会议讨论怎样开展工作，我说，轰轰烈烈开展工作是不现实的。在适当的时间，结合历史或现实的某个主题，配合相关部门，参与活动，或独立组织一些活动，形式以座谈、对话为好，不一定要做大报告。

5月12日至14日　应夏瑞庆、李子祥邀请，赴芜湖讨论设置民办安徽夏瀛职业学院。读完材料后，列出三页纸的建议提纲，并同他们座谈，交换意见。

5月　为设置池州学院提供咨询。

5月21日　将《全国教师队伍建设调查问卷》寄给中国

中小学幼儿教师奖励基金会。

5月24日　下午，围绕学术问题，就高教的一些问题与文胜利交流看法。谈到大学教学观，他说，时下人们的热门话题，是提高教学质量，搞精品课程，一下子钻到一个个具体问题上去了，但对大学教学观讨论不多。对曰：非常同意这个看法，建议著文讨论。大学教学观，就是对大学教学的认识、看法和主张。它不同于中小学教学观，不是单纯的知识型、能力型、育人型的教学观。大学教学观，应是发展型或发展性的教学观，不仅具有基础性，而且具有专业性、学术性、探索性、个人性，既传授知识，又生产知识，应用知识，是促进学生知识、能力、品格、方法成长与发展的过程，贵在创新、创造，不能迷信精品课程，被精品课程套住思维的发散性、创造性，更不能把精品当极品，不发展，不提高了。并且重复说了一个观点：高职高专并列的提法应该修正。高职作为高等教育的一种类型，应该包括专科教育、本科教育、甚至研究生教育。把高职高专并列定格在专科层次是不合适的。中国，本科层次学术型人才太多，应用型人才太少、技能型人才几近于无。应该大力发展应用型、适度发展技能型本科教育，培养本科层次应用型、技能型人才，以适应并促进产业升级。发展本科高职应提上日程，不要怕高职出现升本热，合理升本是必要的，不应理论上模糊、政策上限制高职升本。

6月20日　在合肥，祝延为组长，与刘宁等一起，考察设置民办安徽国际护理高等专科学校。提出，设置该校要回答四个问题：（1）为什么要办这所学校；（2）能不能办这所学校；（3）办一个什么样的学校；（4）怎样办这样的一所学校。头两个问题回答得好，后两个问题，需要进一步梳理、考虑。并提出一些技术性修改意见，如校园面积写了一页纸，可压缩为一句话：校园面积一千亩；校舍面积一大篇话，可缩写为十一万五千平方米。

9 月 25 日　到芜湖参加设置皖南职业技术学院（筹）论证会。

9 月 28 日　为煤师院学生入党积极分子讲党课。

10 月 1 日至 2 日　到涡阳，为小学校长提高培训班讲课。

10 月 26 日至 27 日　到芜湖，考察设置芜湖信息职业技术学院、皖南职业技术学院。

11 月 7 日至 10 日　为第十八期中学校长培训班讲课。共二十学时。学员五十四人。

11 月 15 日至 16 日　到桐城，讨论桐城师范学校升为师范高等专科学校问题。

11 月 16 日至 17 日　到安庆，对设置安庆医药高等专科学校进行咨询与模拟考察。

11 月 18 日　二到桐城，讨论修改设置桐城师范高等专科学校论证报告。晚饭前游六尺巷。有诗曰：一纸书来只为墙，让他三尺有何妨。万里长城今犹在，不见当年秦始皇。

11 月 25 日至 26 日　三到池州师专。任组长，与王端庆、易佑民、陈啸、杨光对设置池州学院进行考察，具备设置本科高校条件。认为，专升本是一个建设、发展和提高的过程，是一个转变和更新教育观念的过程，是一个凝心聚力，提升硬实力和软实力的过程。获准升本是结果，不是结束，还要继续升本，内涵升本。

11 月 27 日至 29 日　四到安庆卫生学校，与王端庆一起，受教育厅委托，检查卫校迎接教育部专家组准备工作。

12 月 1 日至 2 日　董元篪为组长，与程烨、易佑民、姜利军一起，对安徽理工大学设置独立学院进行再考察。安理工设置独立学院一波三折。先同合肥一位刘先生合作，未获通过；又同辛集煤电集团合作，结果泡汤；这次同淮南矿业(集团) 有限责任公司合作，可谓是最佳合作伙伴。双方都很重视。投资方王源说，办学既不是为钱，也不是为名，而是为教育做贡献；不是热情一阵子，而是形成制度持续下去。其间，我重复一句老话，完全符合条件，最佳机遇期已过，到教育部能否通过，难说。

12 月 22 日　应熊运贵校长邀请，到淮北矿务局杨庄煤矿中学对教师讲演《爱与责任》。指出，爱乃师之魂。没有爱就没有教育。师爱是大爱。大爱无私、无我、无类，博爱而不偏爱。责任即分内应做的事。师责有为人师表之责，培养人才之责，提高自身素养之责。让爱与责任伴随教育人生。文胜利同行。

12 月 30 日　出席安徽省高校设置评议委员会二届二次会议，对设置芜湖信息职业技术学院、安徽财经职业学院、安徽商务职业技术学院、皖南职业技术学院进行评审。表决结果，同意前两所正式建校，后两所筹建。对池州学院、桐城师专、凤阳师专进行论证，认为符合建校标准，同意报教育部。

晚，应煤师院合肥校友会会长孙玉平邀请，在红玫瑰大酒店聚会。赴宴的有孙玉平、潘小平、孙叙伦、樊忠厚、宋旭、强武、陈登俊夫妇，以及同行的范向前、马哲锐、谢子华。回望当年，叙说记忆，讲述故事，甚兴甚欢。

2006 年　七十一岁

是年提要　1. 说本科。2. 本科教学水平评估咨询。3. 人才培养是学科建设的核心。4. 教、学、研具有兼容性。5. 高校设置与更名咨询。

4 月 9 日　应邀到安徽教育学院讲演《说本科》。

本科是什么？本科是建立在高级中等教育阶段之上的专业教育。它的基本内涵是：（一）入学标准。高级中等阶段之上，或具有同等学力，经考试合格，由实施相应学历教育的高校录取，取得本科生入学资格。（二）修业年限。基本为四至五年，个别专科大学（如医学）还会长些，是完成学业标准的时间保证。（三）培养目标。高级专门人才。人才具有专门性或专业性。本科是高等教育的本源、主体和基础。办好本科教育，提高本科教育教学质量，具有重要战略意义。美国有位高等教育专家说，谁领导了本科生的教育方向，谁就是高教界的领袖。世界各国都高度重视本科教育。

本科教育特点。概括为四性：（一）专门性。实施专业教育，培养专门人才。这个专业是宽口径专业，这个专门是宽口径专门人才。它的专业、专门同学术性、专业性的研究生教育不同，是宽基础上的专业、专门。（二）基础性。学业标准是使学生比较系统地掌握本学科、专业必需的基础知识、基本理论，掌握本专业必需的基本技能、方法和相关知识，具有从事本专业实际工作和研究工作的初步能力。基础知识具有普遍意义，能够经常起作用，是新知识的增长点。打好基础是基本功。本科教育不能技能化，对师范生进行“三字一话”训练，要有度，不能过，过了不利于人的发展。（三）学术性。没有学术的本科是不存在的。本科教育的学术性，就是探索未知，创造新知。学术研究是教学的基础、育人的基础。没有学术和学术活动做基础，培养高级专门人才就没有基础。学术性是本科教育的基本属性。（四）开放性。超越国界的开放性，是大学从它产生的时候起就具有的原本属性。现代大学是一种国际现象。成功的大学必有思想者的交流。中国的大学必须面向世界，开放兼容，交流互鉴，提高学术水平和人才培养质量，争取在世界一流大学榜单上有越来越多中国大学的名字。

本科人才培养。从认识和操作层面，要处理好几个关系：(一) 教学与科研。教学是中心，科研是基础。要提高教学质量，必须有计划地开展科学研究。教学是对整体知识的全面综合，科研是对个别问题的深入探究。提高教学质量关键是教师质量，教师质量源于科研，科研通过教学才更有价值，"更有生命，更有心灵上之冲击" (金耀基)。本科教学在很大程度上就是学生参与研究，主动地学习。为此，可以设计以科研为方向的教学环境，或设计与教学融合的科研环境。根据学校具体情况，有的可以学术性研究为主，有的可以应用性研究为主。一般师范院校以后者更实际些。(二) 通识教育与专业教育。专业教育培养专门人才，而通识教育却不是培养通才。通识教育提供给学生的是一种视野、视角和广阔的文化意识与修养，促进人的主体意识的觉醒。通识教育和专业教育是融合在一起的。在学校"并没有一门课程只给学生普通陶冶，而另一门课程只给专门知识" (怀特海)。融通识教育于专业教育之中应该成为努力方向。(三) 共性与个性。共性是党和国家对人才培养的统一要求。个性是办学的个性化、多样性、特色化。二者是辩证统一的。实现统一的关键是特色。达不到国家要求的高校肯定是不合格的高校，没有个性的高校肯定不是最好的高校。(四) 以人为本与育人为本。以人为本是一切为了人，人的发展就是目的，强调人的个性发展目标。育人为本是以社会需求为本，按社会需要培养人才，强调社会共性目标。人的个性是共性与个别性的结合，应努力实现以人为本与育人为本的和谐统一，全面发展与个性发展的统一。

本科办学定位。目前本科院校在定位上存在的问题，一是高，追求高层次、高学位。二是大，大规模、大校园、盖大楼、轻内涵。三是全，追求学科齐全、专业齐全。四是同，专业趋同、模式趋同。办学之道不在高、大、齐、同，而在各安其位，办出特色、办出个性、办出水平来。讲演还对定位的目的、依据、内涵以及普通高校与成人高校的区别做了说明。

4 月 22 日至 23 日　为设置蚌埠职业技术学院咨询，对蚌埠学院筹建情况进行考察。

4 月 26 日　为煤师院一千三百多名入党积极分子上党课，每周一讲，共五周。

5 月 11 日　上午，收到煤师院教学评估咨询专家组名单，任组长，喻道安、陈士夫、刘超为副组长。成员有：傅瑛、陈兰化、朱先明、华厚玉、王贵环、陈伟、戴凤礼、薛强华、陆军、赵志辉、朱学道、邓道贵、田向阳。秘书：田向阳、王瑛。下设办学指导思想与特色组，组长王彦坦；资源条件组，组长华厚玉；教学管理组，组长傅瑛；学风建设组，组长陈兰化。下午，主持召开专家组第一次全体会议，宣布专家组名单，宣读专家组评估咨询工作规程，学习文件，提高认识。会上提出，请注意“咨询”二字，是评估咨询专家组，职责是了解情况，分析问题，提出意见和建议，反映给领导。领导如何对待反映给他的意见和建议是领导的事，不是咨询组的事。

5 月 15 日　主持召开专家组第二次全体会议。学习理解评估指标体系，安排工作。提出召开教师和学生座谈会，听课，阅读各系自评材料，力求了解真情况，找出真问题，提出好意见，认真负责地反映给学校领导。

5 月 17 日　与陆军、王瑛一起，召开教学评估咨询教师座谈会。指出，我们的身份是教学评估咨询专家组成员，不是别的身份。顾名思义，想通过座谈，了解有关教学评估的情况、问题，向学校提出意见和建议。下面，请各老师讲讲真情话、真心话。座谈会反映的问题，概括起来有：对评估心烦，提不起劲；师资严重不足；形式主义严重；考试要求做统一答案；教学管理制度不利于调动教师积极性；艺术、外语、体育技术大班上课，生物系有条件实行小班教学，却要编成一百四十人的大班上课等。

5 月 21 日　主持召开办学指导思想和特色陈述会，听取各系部汇报办学指导思想和特色后指出，目的是通过总结、交流、研讨、演练，对这两个问题进行再认识、再思考、再总结、再完善，达到促建、提高，做好迎评准备。通过交流，看到各系差异大、差距大。有的汇报工作，有的宣读自评报告，大多数系没有讲办学指导思想和特色，对办学指导思想和特色项目内涵理解与把握不够准确。

5 月 25 日至 27 日　阅读十二个系的教学工作自评报告。有三个系写得较好，两个系写得较差，其余系写得一般。

5 月 2 至 6 月 2 日　考察十二个系和大外部，新建的经济系不考察。其间主持召开评估咨询专家组第三次全体会议，进一步研习评估指标。

6 月 4 日　评估咨询专家组召开本科教学工作水平评估指标内涵咨询研讨会。各系（部）主任、评估工作人员出席会议。王彦坦对“办学指导思想和特色项目”做解说。关于办学指导思想。指出，第一，系（部）定位。主要观测点是系（部）的定位与规划。系（部）的定位，指办一个什么样系（部）的问题，即根据经济社会发展需要、学校定位、系（部）实际和发展潜力，确定系（部）在一定时期内（5—10 年）的发展目标。包括总体目标定位，即在什么时间、范围内达到什么水平。综观十多个系（部）的情况，定位偏高。

类型定位，即是研究型、教学研究型、教学型、应用型中的哪一类型。考察发现，有的系定位为研究型，有的系定位为教学研究型，多数系定位为教学型。定位为教学型比较合适。学科专业定位，即是办单学科的系，还是办多学科的系；是多专业并举、并重，还是某专业为主，多专业协调发展。层次定位，即在专科、本科、研究生教育中，是专科、本科并举，还是以本科为主，适度发展研究生教育或专科教育，还是只设本科教育。人才培养目标定位，师范教育专业应定位在培养德智体美全面发展的中学教师和其他实际工作人才。非师范专业可定位为培养德智体美全面发展的从事教学、研究和应用性工作的专门人才。具体要求，视专业可以有所不同，但都应兼顾基础性和应用性，满足实际工作需要。我们存在的问题是，有的无表述，有的系定为社会需求的人才，有的系定为建设人才，有的系定为治国之才、教育精英，有的系定为新型人才。总之，有的过于笼统，有的要求过高。服务面向定位，一指服务行业、服务区域、服务全国；二指从事基础研究、应用研究和实际工作。

第二，系（部）办学思路。主要观测点有两点。

一是教育思想观念。教育思想观念的主要内涵：（一）树立与时俱进的教育思想观念。如全面发展与个性发展相统一的人才观，促进人与社会可持续发展的教育功能观，教师主导与学生主体的教学观，全面发展、提高学生综合素质的质量观，为人民服务、为社会主义服务的价值观等。（二）建立与培养目标和规格相吻合的质量意识和标准。要有质量是高校的生命线，提高教育质量是高校永恒的主题，把教育质量摆在更加突出位置的意识自觉；要在思想品德、学习能力、创新精神、实践能力方面给学生打下根底基础；师资队伍，图书资料，仪器设备，实践教学基地，经费投入要达标。（三）办学思路明确。其一，坚持师范性与综合性有机结合，坚定不移地坚持师范性，把师范教育专业办好、办优，适应并引领基础教育发展；坚定不移地面向社会，以师范专业为基础，举办非师范专业，为经济社会发展服务。其二，坚持规模、结构、质量、效益协调发展，即发展规模，优化结构，保证质量，提高效益。处理好规模与质量的关系尤为重要。没有一定的数量，就没有一定的质量；而没有质量的数量，本质上是没有意义的。其三，坚持教学为中心，科研促教学，把科研与教学结合起来，变科研为一种教学和学习模式。其四，坚持共性与个性的统一。共性是党和国家对人才培养的统一要求；个性是办学的个性化、多样化、特色化。达不到国家统一要求的肯定是不合格的，没有个性肯定也不是优秀的。优秀的学校一定是共性达标，个性突出、特色鲜明的学校。其五，坚持改革开放，兼容并蓄。即面向未来，着眼世界，借鉴国内外先进办学理念和管理经验，结合学校实际，探索自己办学的路子。其六，坚持规范管理与改革创新。即持之以恒地按照一定标准、制度做好常规管理，发挥制度文化基础性、稳定性、严肃性、教育性作用，形成良好的行为文化，以文化育人。同时又要与时俱进，改革创新，为学校发展进步提供不竭动力。

二是教学工作中心地位。首先，领导重视教学工作，用先进教学思想观念指导组织教学，经常调研教学工作，定期召开教学工作会议，解决教学工作中的问题。其次，有政策、制度支持教学工作。教师（包括教授）的主要精力用于教学，实行教学质量考核“一票否决制”。经费投入保障教学。科研支持、促进教学。后勤支持、服务教学。营造教师以投身教学为荣，学生以刻苦学习为荣，管理和后勤人员以服务教学为荣的文化环境。

关于特色项目。指出，这是评估方案的一个加项，非常重要。评良必须要有特色，评优必须要有鲜明的特色。特色就是独特、出色。独特性是横向指标，特色成效是纵向高度。特色项目就是特别出色的项目，指办学特色、教学工作特色，不能理解为特色学科、特色专业；特色跟办学成绩也是有区别的，成绩不一定成为特色；特色不是包装打扮的，是在长期办学中形成的，是历史的积淀，需要挖掘、提炼、总结。特色体现在不同层面，有总体上的办学观念、办学思路；有育人上的人才培养模式；有教学上的课程体系、教学内容、教学方法改革；有教学管理体制、机制上的改革等。特色项目不能太多，两项就不错了。

华厚玉对“师资队伍”、傅瑛对“教学管理”、陈兰化对“学风建设”做了深入解说，喻道安通报考察情况。

6月5日至6日　应邀与金辉、汤洪高、石秀和一起对安庆师院更名为安庆大学进行考察。

8月1日至2日　应邀与陈啸一起，对省农委拟建安徽农业职业技术学院进行考察，提供咨询。

首先发言，（1）处理好中职和高职关系很关键。国家七部委发文，“十一五”期间，不允许中职升高职；教育主管部门要求，不能在一个校园既办高职，又办中职。你们设想以合肥三所中职，或加上凤阳一所中职为基础申办高职，目前此路不通。将合肥三所中职置换，靠高职校园买一块地或高职校园划出一块地，建一所中职，合肥三校合并为一校，搬迁过来，比较可行。凤阳农校迁肥，涉及户籍、人员编制、教工子女就业等问题，应周详考虑。（2）上策是，独立申办高职。经费来源，合肥三所中职置换可解决一部分，农委支持一部分，其他渠道筹措一部分。师资队伍，三校合并，富余师资可用；合肥农业高校和科研院所退休教师和专家可用；农口有实践经验的技术人员可用；最主要的从现在起积极引进、招聘自有教师。教学仪器设备和图书资料比较容易解决。(3) 申报材料，可借鉴其他学校经验，结合“三农”实际撰写。可向农大李增智校长请教。其他与会专家都发表了很好的意见。

8 月 15 日　蚌埠学院（筹）周之虎院长，徐邦柱院长助理到访。就蚌埠学院办学思路、发展定位进行讨论。

8 月 16 日　应约与王磊交谈。交谈范围涉及学校定位、学校职能、学科建设、人才培养、学校文化等方面。关于学科建设，建议成立二级学院，形成基础学科与应用学科协调发展的学科群；成立联合研究中心，形成以科研促教学、促发展的横向联合的学科群。以此为基础，调整专业设置，进一步拓宽人才培养口径，建立通识教育与专业教育有机结合的课程体系，实现课程体系个性化，促进学生全面发展。关于人才培养，建议列在学科建设首位，突出人才培养在学科建设中的核心地位。教、学、研具有兼容性，可以探索教、学、研相结合的人才培养模式，创设以科研为方向的教、学环境和教、学、研相融合的科研环境，让学生在参与研究的实践中学习，在学习过程中参与研究，提升学习质量和工作能力。对一般师范院校来说，侧重应用性科研，更切合并高质量地实现培养目标。培养人才、发展科学、服务社会，不同类型高校应有所侧重。培养人才，是所有高校的第一使命，更是教学型、应用型或教学研究型高校的第一使命、第一天职。发展科学、服务社会也应为培养人才服务。育人精神是大学的根本精神，育人文化是大学的主题文化。

8 月 18 日　方明博士来访，就撰写设置安徽农业工程职业技术学院论证报告交换意见。

9月1日至2日　为马鞍山技师学院申办马鞍山职业技术学院提供咨询，讲三点意见：首先，技师学院归口劳动人事部门，高职学院归口教育部门，隶属关系不同，需要沟通协商；其次，政策允许不允许技师改为高职，应先请示，再决定；第三，关于论证报告，必要性稍做调整即可。可行性需要大改，如指导思想、学校定位、办学思路、基本条件等，并就这几个问题提出建议。会后，蔡保兴到宾馆看望，并陪同游采石矶，日落而归。晚餐后，继续畅谈，十点钟道别。

9月3日　安徽工业大学副校长李家新在蔡保兴陪同下到宾馆看望。谈到办学思路，李副校长说，我们授权学术带头人在国内外招聘学术团队成员。闻之赞曰：这是一个开明、开放的大举措。校长重才，学校必强。李副校长设午宴招待，王端庆等赴宴。席间，李副校长说，本来大校长要亲自宴请客人，由于牙肿痛，恐不能敬酒，有失礼节，让我来了。李副校长还说，我听过你讲课，在安大，是你的学生，2000年12月，讲《高等学校管理》。

9月12日至13日　召开教学评估咨询组全体会议，检查研究系部第二轮教学评估材料。提出要备齐以下材料：自评材料，支撑材料，备查材料，检索材料，展示材料，并且规范。

9月15日至18日　在省农委，同农委有关同志、方明博士对申办安徽农业工程职业技术学院进行再讨论。并参加设置安徽农业工程职业技术学院专家论证会。

9月29日至30日　应邀抵合肥。任组长，与王端庆、刘宁、陈啸一起，对安徽教育学院转制为普通本科学院进行考察。教院做了认真、充分准备，有几个系实验室建设相当不错，美术系教学基本建设和教学成果颇有特色。总体看，除校园面积不足五百亩，小了点，其他条件符合设置本科学校标准。

10 月 1 日　对徽商职业技术学院去筹转正准备工作进行检查，着重指出，申报转正材料不对路。应针对建校必备条件重点写筹建一年来的变化，用事实表明，已经达到正式建校标准。

10 月 14 日至 15 日　应北京思华文化发展有限公司汤大立先生邀请，抵合肥，参加汤先生投资举办蚌埠职业技术学院论证会。

10 月 21 日　在合肥，参加设置安徽涉外旅游职业技术学院论证会，任组长，与会专家有汤洪高、尹鸿钧、程桦、王源扩及相关省直机关负责人。论证意见归纳如下：（1）与会专家一致同意设置这所学校，书面论证意见会后酌定。（2）校名用安徽旅游职业技术学院，不冠“涉外”二字。（3）性质为民办，要把投资主体理顺、说清楚。（4）规模要合理，与办学条件相适应。（5）师资是关键，经费是基础，两者都要有保障。

10 月 26 日　在合肥，参加马鞍山职业技术学院论证会。董元篪为组长，与会专家还有程桦、陈啸、邱诚、王爱学、陈江吼等。马鞍山市长到会讲话。

是月某日　王磊、王成登门造访。嘱托修改淮北煤炭师范学院更名淮北师范大学论证报告。并问：现场怎么样？我说：至少文理科各准备一个现场。化学是一级学科硕士点单位，肯定要看，应精心准备，让外行也能看出优势、看出特色。文科没有看点不行，似可以安徽古籍整理与研究中心为重点，举全校之力，速做准备。一所师范大学，文理缺了或弱了哪一项都不好。

11月1日至2日　应邀赴合肥，为设置安徽世杰职业学院做咨询。

11月9日至10日　应邀赴合肥，对徽商职业学院（筹）申请正式建校进行预备性检查。

11月29日　审读煤师院更名大学材料。提出以下建议：办学经费来源不明晰；学院章程应增写一章教学和科研；学校介绍有办学条件、办学实力，无发展规划，应补上；附件应补土地证，新校区无土地证，应有文件证明土地已买，正在办证；教师高聘不必证明。安徽古籍文献整理研究中心漏掉了，应补上；学科专业两张表可合二为一，顺序调为文学、历史等；省级教学成果奖只列一等奖，其余不列；附件缺：淮北市政府经费支持文件，银行、企业支持文件，本科教学合格评估结论文件，省市共建、煤炭行业支持文件，重要仪器设备清单等等。

12月6日至7日　为设置安徽农业大学涉外经济职业学院提供咨询。提出：（1）提供哪些必须材料；（2）修改论证报告，必要性四条合为两条，可行性重写，三段为好，即具备设置高职条件，安农大涉外经济职业学院为设置安徽涉外经济职业学院奠定了坚实基础，设置安徽涉外经济职业学院的基本方案和保障措施。（3）学院章程重写，可借鉴其他学校章程。（4）学院介绍写三项内容：办学条件；办学实力；学院发展规划。（5）总结五年办学经验和成绩，并充分反映在论证报告上，这是优点、特点，是你们的独特之处。

12月12日至13日　我到安庆，与董元篪一起为安庆卫校升专科做最后预备性检查。

12月14日　在合肥，与金辉、王源扩、刘宁一起，对设置安徽涉外经济职业学院进行考察。听汇报，看现场，与教师座谈，讨论两个多小时，形成考察意见。颇费心思的是，如何表述由安农大二级学院转建为独立的民办职业学院，是势所必然，让两家都高兴，又厘清两家关系，平稳过渡，维护安定。

12月18日、20日、21日　应约，与马建等一起修改更名淮北师范大学论证报告，重点提炼办学优势和特色。

12月30日　到教育交流中心听马建介绍教育部专家考察学校更名意见，商量对申报材料做进一步修改。王磊、郜锦强参加，韦法云执笔修改。杨烨疲惫不堪，累倒。我说：突击准备，硬伤难治，更名并不乐观，应有这个思想准备。

2007年　七十二岁

是年提要　1. 善于疑，善于问。2. 和谐文化之于大学。3. 李和平拔冗晤谈。4. 学校科学发展内涵和特点。5. 高校设置咨询、考察、评议。

2月6日　出席安徽省高等学校设置评议委员会二届三次会议，对2006年高等学校设置进行评审。徽商职业学院、民办安徽绿海商务职业学院、民办蚌埠职业技术学院、民办合肥共达职业技术学院、民办安徽涉外旅游职业学院、民办安徽涉外经济职业学院通过正式建校，安徽农业工程职业技术学院通过筹建学校。

4月12日　文胜利带领袁、陈、赵三位研究生到家中交谈。我说："我是教育工作者，不是教育理论工作者。留意高教管理，出于工作需要，是爱与责任使然。高教是一个系统，内涵丰富，很值得研究。理论、历史、现状，研究课题很多，要学的东西也很多。但基础最重要，教育基本理论一定要学扎实，要打牢基础。要读名著、名篇、经典。学习要质疑、追问。疑要重于信。只有疑和问，才能有所发现、有所创新、有所进步。学术以研究和创新为取向，专业以实践和应用为取向。不论做学术研究，还是专业工作，首先要学会做人、做真人，做知识人，做中国人。”

5月16日　到文胜利办公室交谈。文说，他受教育厅委派，以独立监督员身份，对淮北基础教育办学经费进行为期半年的监督检查。对文说，这是一项很有意义的工作。可利用这个机会，对基础教育，对高师教育与基础教育之衔接，做些调研，提出报告。交谈的又一个问题是和谐文化与大学。在大学，和为贵，和而不同，都很重要。不同是和的前提，和是不同元素的组合。和不等于相同。和谐文化，在大学，就是对多元文化，对各类人员，对各种学派、各种学术观点，对不同声音、不同主张充分理解、尊重和包容。允许差异，允许不同，允许思想独立，允许学派林立。要文人相重、相尊、相敬，要营造求异创新、促进学术，追求真理的文化氛围。和谐不是一团和气，不是舆论一律，不是一个声、一种观点。和谐是多样性的组合与协调，是矛盾的对立统一。在学术上应允许并鼓励唱反调，反调不是不和谐音符，允许有不同声调才有和声，才是和谐。在学术上要尊重少数。少数人的观点，可能带来学术上的突破。大家观点一致，没有不同声音，看似和谐，实际上是窒息了学术，造成学术停滞，甚至死亡。学术活动不同于政治活动，学术活动崇尚求异创新，政治活动则讲究求同存异。求异创新应成为大学文化之魂。

6月11日至12日　出席在中国矿业大学召开的煤炭高校系统部分离退休老同志座谈会，回顾与反思煤炭高等教育发展的经验与问题。应邀参加会议人员有：中国煤炭教育协会朱德仁、李增全、韩临江、辛镜敏、钱仲德、乔石，中国矿业大学郭育光、黄志正、沈通生，黑龙江科技学院陈正国、邢中光，安徽理工大学李贤国、冯振海，山东科技大学霍万库，太原理工大学董达生、章迪寰，河南理工大学袁世鹰、石廷轩，西安科技大学赵文杰，淮北煤炭师范学院王彦坦，山东工商学院刘炳南，湘潭工学院（今湖南科技大学）王文祥。

6 月 13 日　与会人员应邀赴河南理工大学参观考察。校党委书记李少安主持欢迎会并致辞，校长邹友峰介绍学校情况。听完介绍不胜感慨。十四年前到过该校，那时学校在市内，340 亩地，校舍不多。现在校园面积 3300 亩，校舍面积 95 万平方米，15 个教学院系，1 个一级博士点学科，12 个博士点，48 个硕士点，8 个工程硕士领域，57 个本科专业，在校生 26000 人。是一所以工科为主，矿业为特色，理、工、管、文、法、经、教多学科协调发展的教学研究型大学，河南省重点建设骨干学校。发展之好、之快，令人刮目相看。

8 月 7 日至 8 日　在合肥，为安徽文达信息职业技术学院申办设置安徽文达信息工程学院提供咨询。听了介绍并看了现场之后，讲了意见。（一）为什么要办这样的本科学院？可围绕三个观测点论证，一是人才需求预测；二是提高办学效益；三是有助于改善高校布局结构，重点阐述培养信息工程应用型人才的重要性和学校为此积累的基础及准备的条件。（二）办这样本科学院的条件。从以下几个方面给出回答：办学规模，学科与专业，师资队伍，教学与科研水平，校园土地面积，校舍建筑面积，仪器设备，图书，实习实训场所，领导班子等。其中，规模决定一切。要合理规划和设计，确定一个合理的、适度的规模。然后配置与规模相适应的其他资源，如土地、校舍、师资、仪器、图书等等。也就是说，以规模为尺度，衡量现有条件准备，够不够设置本科学院的基本标准，做到心中有数和理性应对。（三）建设这样本科学院的基本方案，包括学校名称，学校地址，学校类型，办学定位，办学规模、学科专业，领导体制，办学特色，服务面向等。要关注类型、定位和特色。尤其要突出应用，办应用型本科，培养应用型人才。（四）制订这样本科学院发展规划，特别是师资队伍建设规划、学科建设规划、校园基本建设规划。这三个规划，既具紧迫性，又具有长远性。（五）经费来源和财政保障。这是办学的基础和保障，要给予特别重视。

8 月 10 日　应邀到民办安徽外国语职业技术学院，同学校领导吴化文、龚立、廖光林等讨论该校升本工作，就申办本科学院各项材料提出意见和建议。

9 月 23 日　晚上八时左右，石振保来电话，教育厅李和平副厅长，要到家里拜访。回答，请李副厅长稍等，随即赶到藕香墅宾馆同李副厅长会面。王磊院长在座。李副厅长对王磊院长说："十年前，王院长给我们讲过课。安徽有二王，南有王端庆，北有王彦坦。"王磊院长说："你们谈，我先走了。"李副厅长说："当年，你对教育本质和功能的诠释，我听得很认真，除了适应和促进经济社会发展，还要促进人的发展……1995 年，我到煤师院来过。两个多月前，我来过，待了不到二十小时。这次来之前，我就同庚家同志讲，一定要安排一个时间，拜会王院长。煤师院有很多好传统、好经验，有的弱化了，有的没有坚持。当然，学科专业也有发展。上次来我提了一些意见，易佑民校长可能讲得更细，借个机会促一下。"张庚家副处长说："很多方面煤师院带了头，其他高校学。"

李副厅长问："平时怎么安排生活？"我说，一是吃饭睡觉；二是走路散步；三是读书看报；四是有选择地参加一些有关办学和学术方面的活动。自己不了解、不熟悉的事情和工作，就谢辞了。对于学校后任的工作，不评论。李和平说：

“老院长睿智。”

李副厅长说，现在高校有一个问题，校院长如何处理业务与工作的关系。我说，作为一校之长，主要精力，甚至全部精力，应投入学校管理。现在学校规模比较大，小的也近万人，大的有几万人，管理任务繁重，也是一门学问，不全身心地投入怎么行呢。李副厅长说，好多校长是学者型的，不愿放弃学术。我说，如果学术确有高深造诣，能有所突破，并且又是一个很开明的学者，他可以大胆授权，让副职多多担当，腾出一点时间和精力指导他的团队或助手进行研究。否则，于管理不利。李副厅长说，当年你抓师资，成效显著，为学校积累了优势。我说，只是比别人早了几年。李副厅长、张副处长异口同声说，这就是眼光。我说，那是逼出来的。引不进，怎么办？在高校，师资水平决定学科水平，决定学术水平，决定人才培养质量，影响学术声誉。李副厅长说，一个学科，一个系，一个学校总得有几个有影响的专家学者，才能办成有特色、高水平的大学。安徽，穷省办大学，怎么办，值得研究。交谈一个多小时。

12 月 10 日至 11 日　为中学校长培训班讲《用科学发展观指导学校管理》，基本内容有五点：

一、学校管理要义

科学发展观第一要义是发展。学校管理第一要务是以管理促发展。发展，对于实现学校人才培养目标和其他各项工作目标具有决定性意义。抓发展就抓住了学校管理的根本任务和牛鼻子。对于学校来说，什么样的发展才是科学发展呢？

（一）内涵发展。内涵发展，是发展的根本要求、根本指向。理一理内涵发展思路，有几条需要着力抓好。

1. 内涵发展要致力于提高质量。质量是学校立身之本，是学校生命线。学校的地位、影响、生存、发展，最终要由学生质量决定。扩大规模是发展，提高质量是更重要的发展。质量是发展的重要内涵。一所学校出名，享有盛誉，靠什么？靠质量、靠学生质量。名校之名，名在一代代学生优秀。校长的教育理想和使命应该定位在求名师、育英才上。

2. 内涵发展要致力于人的发展。我们常说，培养人才，深想一下，何谓人才？人才是人与才的统一。首先是人，学会做人；其次是才，学会做事。培养学生学会做人是第一位的，是内涵发展的根本任务。怎样致力于人的发展呢？第一，应该致力于人的全面和谐发展，使每一个人都能发现、发挥自己的创造潜力，挖掘出蕴藏在每个人身上的财富。第二，应该致力于人的主体精神和创新能力的培养，发展人的个性，解放人的创造力，让学生的心灵自由驰骋，成长为大写的人。第三，应该致力于人的持续发展与终身学习，在基础教育阶段为学生的持续发展和终身学习打下知识、能力、思想、品格基础。

3. 内涵发展要致力于办出特色。特色就是独特、出色。其显著特点，一是人无我有，具有区别于同类的独特性；二是人有我优，具有明显高于同类的比较优势；三是人有我特，效果特别显著，具有示范作用和推广、应用价值。办出特色的策略，我以为重要的有三条：一是立足实际，面向需求，错位发展，差异发展；二是不要求大、求全、求高，只求不可或缺，不可替代；三是选准方向，持之以恒，重点突破，不可朝三暮四，急功近利。

4. 内涵发展还要致力于统筹协调。培养学生，促进学生发展是中心任务。与此同时，教师、干部和其他员工也要发展，也要为他们提供发展机会和条件。教学、科研、后勤要统筹安排，师生员工生活、学习、工作要统筹兼顾，规模、结构、质量、效益要统筹协调。要注意防止片面发展，畸形发展。

（二）和谐发展。和谐发展对于学校尤为重要。学校是学人聚居，文化多样化的场所，每个人都具有独一无二、不同于他人的个性和需求。需要在纷繁中求有序，在多样中求统一，在差异中求和谐。和谐发展必须关注以下问题。

1. 和谐发展要善于尊重不同。在学校，人有差异，物有不同，事有多样。以人来说，人与人的差异很大。有的张扬，有的持重；有的外向，有的内向；有的能说会道，左右逢源，有的不善言辞，甚至不懂人情世故；有的清高、孤傲、不合群；有的狂妄，甚至离经叛道。这里有平庸人才，有优秀人才，也有奇才，怪才。对这些不同才学的人，不同性格的人，我们应以宽广的襟怀，给予尊重，予以包容。和是不同元素的结合。和谐尊重“和而不同”。尊重不同，是和谐的内在要求，也是创新的必然取向。

2. 和谐发展要致力于解决矛盾。矛盾是普遍存在的。学校工作的每个环节，学校成员的每个集群之间都存在这样那样的矛盾。有发展中的矛盾，如规模与质量的矛盾，改革与稳定的矛盾；有办学思想上的矛盾，如共性与个性的矛盾，一元价值与多元价值选择的矛盾，专业教育与通识教育的矛盾；有日常管理中的矛盾，如宽与严的矛盾，自由与纪律的矛盾，民主与集中的矛盾，规范与创新的矛盾，重点与一般的矛盾，集体与个人的矛盾，以及干群、师生、师与师、生与生之间的矛盾，等等。和谐发展必须把握和处理这些矛盾。处理好了，对立可以转化为统一，矛盾可以转化为和谐；能变怨声载道为心情舒畅，变人心涣散为凝心聚力，变消极为积极，变阻力为动力。为解决学校管理工作中的矛盾，我们曾经总结出“五先五后”工作原则，即“先调研，后判断；先试点，后推广；

先商量，后决定；先缓解，后解决；先立法，后办事。”

3. 和谐发展要努力营造包容环境。一要包容不同意见。要允许人讲不同意见。有不同意见，才能互相补充、丰富和完善。只有一种声音，学校等于窒息；没有不同意见，学校接近死亡。学校是学术的场所。学术活动不同于政治活动。学术活动崇尚求异创新，政治活动讲究求同存异。包容不同意见，鼓励求异创新，有益于学校和谐与发展；学会妥协，谋划求同存异，有助于世界和谐与共处。二是包容不同学派。学术活动是一种探究活动。既然探究，就会有不同观点，形成不同学术派别。管理学术，就要给不同学术观点和学派的人提供共生共存共长的学术环境，而不能对其进行压制、刁难和打击。三是包容失误和失败。做管理会有失误，做教学会有失误，做研究会有失误和失败。真理也不是一次完成的。如果出现失误就责怪、发火、封杀，就等于堵住了通向成功、通向真理的道路。四是要包容不同个性的人，营造人尽其才、各展其能的生动活泼的局面。

（三）创新发展。创新是学校发展的动力，进步的灵魂，成就卓越的法宝。创新发展，首先，必须更新办学观念；其次，要创新人才培养模式。其三，要创新教学管理制度。

二、学校管理核心

按照科学发展观，学校管理核心应是以人为本。以人为本，就是以人为主体，以人为动力，以人为尺度，以人为目的，尊重人的首创精神，保障人的各项权利。以人为本回答了学校管理依靠谁，为了谁的问题。人既是学校管理和发展的对象，又是学校管理和发展的主体。坚持以人为本，是学校管理内在逻辑的必然要求，也是学校科学发展的根本体现。落实以人为本，最重要的事有两件：（一）坚持育人以生为本，德教为先，把学生培养成全面发展的人。（二）坚持教学以师为本，发展为念，为教师提供施展才学的舞台。

三、学校管理要求

（一）推进学校全面发展。一是学校事业的全面发展；二是人的全面发展和全面发展教育。

（二）推动学校协调发展。最重要的就是协调好规模、结构、质量、效益的关系。普及高中阶段教育，首先要扩大规模，加快数量普及。其次优化内部结构，国家层面，应使中职与普高规模相当，发展重点应放在中西部地区，放在县镇中学，解决流动人口子女接受高中教育问题；学校内部，应注重班级师资力量配置均衡问题，课程结构优化问题。其三要着重提高质量。着重整体提高高中质量，优先提高中职水平，优先改善农村中学办学条件。其四，在效益方面，兼顾就业和升学。

（三）坚持可持续发展。做到可持续发展，一要着眼于长远，做好学校发展战略规划和实施方案，一步一个脚印地认真实施。二是要着眼于系统，按照自己组织的运行规律办事。三是要走以内涵发展为主的路径。四是要着眼于给学生打好终身学习的基础。五是要着眼于人与人、人与社会、人与自然关系的和谐相处。

四、学校管理特点

周济部长讲到大学管理时有几个特点，我以为对各级各类学校有普遍意义。第一，学校管理是知识管理。知识管理的最大特点，是尊重知识生产和传授、应用的规律，并顺应规律做好服务工作。第二，学校管理是一种文化管理。学校是具有文化属性的系统。学校文化的特点，是精神文化的多样性和开放性。文化管理，实质是判断和选择的问题，也就是扬弃、吐纳的问题。文化管理宜导，不宜堵。第三，学校管理是人的管理。管理要聚焦于人，为师生提供个性化、人性化服务，创造有利于人尽其才，才尽其用，人才健康成长的条件，让爱与责任伴随教育人生。

五、学校管理方法

根本方法，以师生为主体，以教学为中心，统筹兼顾，依法治校，以德治校，科学治校。

12 月 18 日　汪青松为组长，对设置马鞍山职业技术学院进行考察。该校之基础是安徽工业大学职业技术学院，人、财、物权属于马鞍山市，已有二十三年办学历史，水平相当不错。为规范办学，独立设置马鞍山职业技术学院，不仅是必要的，而且是完全可行的。为设置高校，此前曾两次来马鞍山，感受一次比一次深。马鞍山市领导重视教育是实实在在见诸行动的，不仅自己办，而且支持别人办，引进外省资源合作办，把科教兴国、兴市战略落到实处。

12 月 20 日　对民办安徽现代信息工程职业学院进行考察，提出，一要提出切实措施保证办学经费有稳定、可靠、可信的来源。二要提出可行措施解决专任教师队伍的补充和建设。三要关注高职与本科的不同，树立高职办学理念，探索高职办学路子。

12 月 30 日　对民办合肥信息技术职业学院进行考察，重提既要保证民办学校的公益性，又要让民办学校收取合理回报。妥善处理这个基本问题，能大大提高社会力量办学的积极性。

2008 年　七十三岁

是年提要　1. 说大学。2. 煤炭高等教育的发展与变化。3. 教学型大学的基本特征。4. 临涣中学美在人美。5. 让班级充满人性之美。6. 也说大学精神。

1月19日　风雪赴合肥，参加安徽省高等学校设置评议委员会二届四次会议，对2007年申办高职学院进行评审。表决结果，同意民办合肥信息职业学院筹建，民办合肥职业学院、民办安徽现代信息职业技术学院正式建校。

3月28日　应校图书馆馆长李铁范邀请，在图书馆学术报告厅做《说大学》讲演。(1) 解读大学是什么。辨析几种观点，认为大学是实施本科及本科以上教育的学术共同体，并予以诠释。(2) 大学干什么。一是培养高级专门人才。为此，需要深入讨论专业教育和通识教育、专业教育和职业教育、通识和通才、拓宽专业和淡化专业问题。不论什么类型的高校，都要把培养高级专门人才作为根本任务，放在首位。二是探索高深学问，发展科学。我们有些大学忘记了大学与高职、高专、成人高校的边界，什么学都办，什么事都做，办高职、办高专、办公司、办企业，忽视探究高深学问、创新知识、发展科学。三是直接为社会服务。服务社会不等于服从社会，不等于大学教育市场化、商品化，不是社会要什么，大学就给什么，市场要什么，大学就给什么。大学为社会服务，不是一般的、低俗的，而是有理论深度、有思想高度、有学术含量、有专业技术的服务，不只是适应社会，更要引领社会。(3) 大学大在哪里？大在有大学生、有大师、有大学问。

讲演结束，两位女大学生追到走廊问：想在有兴趣的领域做研究，不知从何入手？我说：在有兴趣的领域，选择一两个问题，围绕问题，读书、读论文、读文献，了解目前研究到什么水平，解决了什么问题，还存在什么问题，值得不值得再去研究；注意围绕问题积累材料，积累知识。知识入脑会发芽、开花、结果的。贵在坚持。

4月1日　省农委王亚林、董曼薇同志，带着去掉安徽农业工程职业学院“筹”字，争取正式建校的论证报告提纲征求意见。读完报告提纲，提出以下意见：正式建校报告，主要陈述筹建以来所做工作成效以及目前条件，是否达到正式建校标准。重点写可行性，而不是写必要性，不是再写一次全面的论证报告。关于用一所中专校址作为正式建校临时校址，是否可行，中专生放在何处，是个敏感问题。新校区建两年了，为什么迟迟建不好，资金问题还是别的什么问题，要做出明确回答。

4 月 7 日　应宿州职业技术学院邀请，为宿州市中学校长培训班讲《中学校长的教育理念与治校》。上午讲课，下午讨论。校长们提出很多问题，有教育观念上的问题，有办学实践中的问题。对校长们提出的问题，随时插话，发表看法。最后建议，处理好教育理想和教育现实问题，既做校长必须做的事，达到国家要求，又做校长想要做的事，办出个性，办出特色。

8 月 15 日　应邀抵西安，参加中国煤炭教育协会第五次会员代表大会。在部分煤炭高校校院长和老领导回顾与展望煤炭高教座谈会上发言，要点是：煤炭高等教育十年发展与变化，表现为三变、三大、一缺、一弱。三变是，很多院校由单科类变为多科类；由本科层次变为本科、研究生层次；由划一性变为多样性。三大是，由小校园变为大校园；由小规模变为大规模；由内涵较弱变为大充实。缺少大师，弱化了行业特色。应该坚持并突出采矿类学科优势和特色，这是煤炭高校的永远品牌。弱化了它，还能有多少优势。关于教育质量，应该坚持基础质量观。基础打牢了，适应性就强，就能以不变应万变。本科教育不应过度强调技能技巧，不应技术化。应坚持全面发展质量观。教育主管部门抓教学评估，学校迎接教学评估，结果重了教学，轻了教育。教学与教育相互关联，又不完全是一回事。教学质量不等于教育质量。高校应该树立教学中心、育人为本、德育为先、全面发展理念。

8 月 18 日　应邀在延安参加煤炭高校校长论坛。在主办者和七位嘉宾致辞后，两位专家做报告。朱清时讲三个故事。第一个故事，中国科大少年班，要遵循教育规律；第二个故事，西南联大，教授治校；第三个故事，本科教学评估，不能做假。徐德龙讲构建独立自主办学新机制。

8 月 25 日至 27 日　应王磊邀请，赴舒城万佛湖休闲度假村，参加学校发展与改革研讨会。在 25 日的全体会议上，做十五分钟发言，要点如下：

王磊院长给我出的题目是，煤师院三十四年的回顾与思考。我觉得讲这个题目不合适。讲点带有学术性、讨论性而不具有工作性、行政性的想法，议术而不议政比较好。下面，就教学型大学讲点认识。教学型大学是不是有这几个特征：

一是本科为主。本科是高教的本源、主体和基础，是国情决定的。

二是教学为主。强调教学在学校的中心地位。领导者、管理者、教师、学生都要把主要时间、主要精力投入教学。教什么，教基本理论、基础知识、基本技能、基本方法、基本能力和相关知识。学什么，学做人、学做事。教学，学是关键。学问，问贵于学。学校出名靠教师，归根到底靠学生。必须讲两句话，校以师名，校以生名。

三是育人为主。教育，包括教育和教学两大部分。教育侧重教做人，教学侧重教做事。做人是第一位的。教育是人学，应教人做人。做有人格的人，做有国格的人，做有良心的人、做有人性的人。教育应充满人性，让世界因人而美丽。教学质量滑坡，抓教学质量是对的。我以为道德滑坡甚于教学质量滑坡。重教学轻教育，重智育轻德育的现象值得注意。

四是培养专门人才为主。大学是专业教育，根本任务是培养高级专门人才。通识教育不是培养通才，旨在提高人文和科学修养，涵养人性。本科培养专门人才，专科培养技能人才。专门人才有很高的理论、技术含量。技能人才理论够用，技能熟练即可。本科教育不能办成职业型、技能型，可以办成应用型。从高校分类看，把通常说的教学型大学划分到应用类或应用型大学可能更合理一些。

为主不是唯一。本科为主，有的可以办专科，有的可以办研究生教育。教学为主，并不排斥研究。育人为主，强调的是育人为本，德育为先，全面发展。专才为主，突出大学的根本任务是培养高级专门人才。

五是规模效益明显。

9 月 8 日至 9 日　应淮北煤电技师学院邀请，为设置安徽理工职业技术学院（后正式定名安徽矿业职业技术学院）提供咨询。听了介绍，看了现场和材料，提出以下讨论意见：教育部等六部委有文件，“十一五”期间，中专、技师学院不得升格。这一条怎么突破，能否以打擦边球解决，需要研究，这是第一关。第二关，你们说，校园面积二百零四亩。但资料表明，土地不属于你们，怎么办？办法有两个，一个是土地租借，一个是土地入股。土地所有者，以土地入股，实行股份制办学，比租借要好。第三关，以谁为办学主体？以技师学院为办学主体，行不通。建议寻找一个合格伙伴，或注册成立一个公司，注册资金不少于三千万元，总资产不少于两亿元。第四关，教育资源必须切割清楚。现在资源是技师学院的，要想申办成功，必须划归职业学院。这样一来，技师学院还办不办？

如果办，用什么办，办在哪里，必须说清楚。第五关，董事长不能兼任院长，院长必须另聘，这一关好过。第六，申报材料缺项多，不规范，需下功夫修改、整理。重点说了怎样写可行性论证报告、学校章程和学校情况介绍。

10 月 4 日　参加母校临涣中学六十周年校庆暨省示范高中揭牌仪式，并代表校友发言，全文如下：

尊敬的各位领导、各位老师、亲爱的各位校友、各位同学：

我很感谢我的母校给予我这次机会，参加母校六十周年校庆暨省示范高中揭牌仪式。我非常高兴。借此机会，我向我的母校，向老师们、校友们表示热烈祝贺！向光临我的母校的各位领导，各位朋友表示崇高敬意！

1951 年，作为一个祖辈和父辈都无缘读书的普通农民的儿子，我怀着渴求知识的迫切愿望，背着铺盖卷和杂面馍，沿浍河西行，来到令人向往的临涣中学。转眼五十七年过去了。我的任课老师，有很多已经不在了，但是他们的音容，他们的师德、师学，他们对我的教诲和帮助，我依然记忆犹新，历历在目。

那时，临涣中学小而美；现在，临涣中学惊人地发展了，并已建成安徽省示范高中，成就辉煌，美而又美。临涣中学的美，集中到一点，是人美。六十年来，老师就像园丁，用辛勤的劳动，呵护幼苗茁壮成长；就像慈母，用真爱的乳汁，滋养学子健康发展；就像海洋，用宽广的胸怀，拥抱学生共生共长；就像火炬，用光明的火焰，引领学生追求美好未来。老师中有的忍辱负重，尽职尽责；有的历尽磨难，矢志不改。老师们的这种理想、信念和诲人不倦、敬业奉献的精神，曾给了我巨大的感染和影响。六十年来，学生毕业了一届又一届，有的升学继续深造，有的走向生产、建设、管理、服务第一线，在各自平凡的岗位上做出了不平凡的贡献。

学生感谢老师。老师对我们的关爱无处不在，无时不在。老师不但教我们学习知识，学习做事，还教我们学习做人，学习关爱。我们年级有两个班，老师给起了班名，一个叫团结班，一个叫友爱班。班级篮球队员的队服印着班名。老师就是这样引导和教育我们懂得团结、友善和仁爱，在心田播下团结友爱的种子。爱是教育的基础。没有爱就没有真正的教育。真正的教育是让人们懂得人是什么，怎样做人。正是因为有了爱，校园充满人性，世界才因人而美丽。我一直从事教育工作，我感谢老师教我懂得，让爱与责任伴我教育人生。

学生感谢母校。母校是学园、家园、乐园，充满知识、温馨和快乐。师生相聚一堂，朝夕切磋，形成互动的文化生活，不仅影响学生的气质品性，也影响一方社会。母校的体育活动很有特色，篮球队很棒，远近闻名。母校关心学生成长，为学生成人导航，为学生成才奠基；母校为农民子女、平民子女架设通向成功的桥梁，为培养农民子女，成就底层人群做出了卓越贡献。向农性、平民性是母校的一大品质。六十年来，母校的领导和老师坚守这所坐落在乡镇土地的育人殿堂，很不容易，很了不起，不是什么人都能做到的。作为学生，在受到教育的同时，对老师们的忠诚和奉献，非常敬佩，非常感动。

六十年是一个很长的征程。在这六十年里，临涣中学以其卓有成效地办学实践，有功于国家，有功于民族，有功于人的发展。展望未来，临涣中学一定会创造更适合学生、更适合社会的教育，一定会创造新的辉煌。

我衷心祝愿母校的明天更美好！

是月　为中小学班主任培训班讲课，题目是《让班级充满人性之美》。主要内容有：（一）人性是什么；（二）班级教育人性化；（三）班级教育个性化；（四）班级教育系列化。

12月　写作《大学精神》。以为大学精神有一般与个别之分。一般是指大学所普遍具有的精神，个别是指个别大学所独特具有的精神。关于大学的一般精神，我讲三个核心内容：（一）育人是大学与生俱来的根本精神。（二）创新是大学之品质。（三）自由是学术之生命。它是一种思想、理念和价值追求，也是一种规则和工作条件。我们要尊重思想的学术自由，也要尊重规则的学术自由。

2009年　七十四岁

是年提要　1. 教育个性化。2. 我的婚姻观。

3月21日　为中学班主任培训班讲课，课题仍是《让班级充满人性之美》，重点讲三个问题：（一）人性是什么；（二）班级教育人性化；（三）班级教育个性化。

3月25日　给学生入党积极分子讲教育个性化。我国高等教育，在个性化方面，近年来有进步，但问题依然比较突出。一是在共性与个性关系上，重共性轻个性，把共性与个性对立起来。其实，共性与个性是辩证统一的。共性不等于一致性，强调共性不是不要个性；发展个性，也不是放任自流，不要共性。发展个性是全面发展的题中应有之义。要在理论阐释和教育实践中正确对待二者关系。二是在对待知识态度上，重信轻疑，甚至信到迷信程度，不习惯追问知识，不敢怀疑结论、挑战权威和共识。教育的成功既要让人信，又要让人疑。教育不应是听话教育，应是创新教育。而学术创新起于疑问，始于问题。黄宗羲对疑与信曾这样说："小疑则小悟，大疑则大悟，不疑则不悟"，"彼泛然而轻信者，非能信也，乃是不能疑也"。三是在授课方法上，重讲授轻讨论，甚至不讨论；

讨论班很少，一对一对话更少。人文需要对话，科学需要实验，技术需要训练。这些都应加强。四是评价制度，重标准轻创新，重记忆轻创造，重知识轻能力，重理论轻应用。评价不能没有标准，但不应标准化。标准化，教育无希望，创新无希望。学习需要记忆，但教育不是要培养一个会记忆的民族，而是要培养一个会思考的民族，不是要培养一个会模仿的民族，而是要培养会创新的民族。教育个性化，就是关注差异，因材施教，发展个性，培养创造性人才。培养创造性人才，以下几个条件是重要的：第一，知识。知识是创新的基础。知识的获得不靠遗传，不靠赠予，不靠权力和地位，要靠自己学习、读书、积累。知识入脑才能发芽、开花、结果，生出新的东西。头脑决定电脑。知识人，应该有科技脑，人文心，祖国情，世界观。第二，非智力因素。创新往往不是基于逻辑分析和推理，而首先是直觉和想象在发挥作用，是激情驱动下直觉思维的结果。第三，团队合作。科学是个人更是集体的事业。第四，跨文化交流。同质文化易于守旧，异质文化利于创新。第五，跨学科交流。第六，时间、资源和环境。第七，好的教学方法。以历史来说，一是讲历史事实，总结历史经验，揭示历史规律；二是讲主流观点；三是讲少数人的看法；四是讲本人意见；五是提出有待进一步研究的问题；六是请学生提问，进行讨论；七是对本章或本专题教学进行小结。总之，能够启发学生疑和问的教学方法就是好的。

5月31日　应邀同煤师院党委书记、院长及相关人员讨论煤师院更名问题。围绕更名条件、办学定位，以及文字技术处理等讲了意见。

7月20日至21日　应邀到合肥，为安徽长江教育投资有限责任公司申办安徽长江汽车职业技术学院提供咨询。该公司是合肥工业大学安徽建筑设计研究院下属单位，在巢湖岳麓镇买地五百亩，拟建以汽车和建筑类专业为核心的工科类职业技术学院。阅读完有关资料，对他们说，优势有：民办；工科类；汽车和建筑专业为主；土地面积大；师资队伍基础好，其他条件也不错，你们要办的，正是安徽高职所缺的。不足的是，校舍要到2010年5月方可竣工，仪器设备要到秋季开学才能完全到位。能否获得专家通过，这两个条件是关键。要拿出得力措施，让专家相信校舍能按期竣工，仪器能如期到位。早一年建校，早一年收获办学效益。

10月26日　离退休工作处组织老人节暨钻石婚金婚纪念活动，应邀发言，曰：今天，我在这里发言，有一种幸福感，格外高兴……我们这些携手走过半个多世纪婚姻之旅的老夫老妻，有的是少年成亲，有的是青年婚配。结婚仪式，有旧式的，也有新式的；我们的婚姻既富传统色彩，又有时代特征。以女方来说，有的是参加工作的知识女性，有的是在家务农的不识字的村姑；就男方来说，有的是“洋”学生，是教师、是干部、是军人，多数都出身农民；从家庭来说，很多夫妻天各一方，两地工作，两地生活。后来，得改革开放之福，夫妻团圆。在分开的日子里，我们相互守望，互相勉励。丈夫对妻子说，别担心，古人有“富不易妻”，我们会“学不易妻”，上好学不会换老婆。妻子对丈夫说，安心学习，安心工作，不要焦家，我等你。我们宣示并坚守了这样的道德信条，五十年六十年不离不弃，彰显了“贫贱之知不可忘，糟糠之妻不下堂”的传统美德。

相亲相爱，心灵相通的夫妻，是经得起任何可能发生的灾难和意外的袭击的。回顾既往，当我们患难与共，一块儿过着艰辛日子的时候；当我们相依相伴，一块儿安度晚年的时候，我们感到我们比一对拥有巨大财富却离心离德的夫妻要幸福得多。

时代在变，婚姻观念也在变。年轻朋友的婚姻，从恋爱到结婚，从结婚仪式到婚后生活，都比我精彩得多，丰富得多。我们祝福年轻朋友赶上了新时代、好时代。

我们的婚姻经历告诉我们，感情是婚姻的基础，没有感情的婚姻是窒息的婚姻。理性有助于婚姻完美，缺少理性的婚姻不是理想的婚姻。但是，感情的烈火有时需要用理性之光去舒缓。婚姻要重感情，也要重理性。让我们用感情之火和理性之光护卫家庭之舟在爱河里安全航行，直到永远！

祝年老朋友和年轻朋友，在同一片蓝天下，快乐安康！

2010年　七十五岁

是年提要　1. 完成学生采访。2. 为设置安徽黄梅戏艺术职业学院、奇瑞汽车职业学院提供咨询。

1月　参加学校离退休同志迎春茶话会。茶话会由党委副书记邓凡政主持，叶华书记、陈国龙副院长出席。几位离休同志发言，多有批评之声。最后，被点名发言，略谓：刚刚传来高票通过学院更名喜讯，非常高兴。学校一切成就的取得，都靠人才。人才强则学校强。留住人才、尊重人才是治校之要务。尊重并留住人才，莫过于给人才以宽松、宽容、宽厚的环境，礼贤下士，无为而为。

1月22日　学校为庆祝更名为淮北师范大学举行晚宴，应邀赴宴。王磊院长介绍更名情况后，叶华邀我讲话。无准备，推辞不掉，讲了两句：更名成功，很高兴，值得庆贺！如果前几年更名成功，那是机遇；今天更名成功，是实力，实至名归。同席有马建、郜锦强、邓凡政、陈国龙、陈士夫、谢阳群、朱德顺、蔡雷、吴智明、王成。

3 月 28 日　不知是出于专业实习还是别的什么原因，文学院学生彭涛要采访我。他期待着，为成其心愿，我答应了。并如约到文学院会议室。答问要点如下：

我是一个从农村茅屋走出的平民大学生、大学教师、大学校长。平生就是上学、教学、办学。上学之路艰苦、坚持；教学之路辛苦、快乐；办学之路求索、前行、走自己的路。学师范、教师范、办师范，师范教育伴我人生。师范是教育之母，教师是民族良心。从教德为本，为师爱为魂。教育包括教育和教学。教育是主观的修养，旨在教人成人；教学是客观的学问，旨在教人成才。办大学离不开三宝：大师、实验室、图书馆。我为学院更名为大学所做的贡献，主要是任内（四年八个月的党委副书记，十一年五个月的院长）我做了我必须做和想要做的工作，在通往大学的路上铺了一段路，奠了一段基。访谈持续两个半小时。

10 月 13 日至 14 日　在安庆，为设置安徽黄梅戏艺术职业学院提供咨询。听了筹办方介绍，看了安徽黄梅戏学校新老校区并阅读相关资料后，提出以下意见和建议：（一）设置安徽黄梅戏艺术职业学院是必要的。从加快经济发展方式转变看，黄梅戏艺术教育是国计，也是民生；是事业，也是产业。既能为育人服务，又能为经济社会发展服务，其艺术魅力和精神力量，影响今天，也影响未来。黄梅戏艺术作为产业，不需要更多的厂房、土地和投入，又是低碳产业，无烟产业，没有节能减排的压力。只要转变观念，改革创新，有好的创意，好的演艺人才，就能开辟文化产业发展的新途径，创造更多的就业机会，有助于转变经济发展方式，扩大消费，满足人民群众日益增长的精神文化需求。从优化安徽高等教育结构看，能以唯一性和独特性填补安徽高校空白。从发展和保护黄梅戏艺术看，关键在人才，人才靠培养，培养靠学校。一般说，人才水平与办学层次是一致的。培养黄梅戏艺术人才，既是目的，又是手段，对实现文化强市、强省能做出独特贡献。（二）设置安徽黄梅戏艺术职业学院是可行的。对照标准，给出有据可查的校园占地面积，校舍建筑面积，教学仪器设备总值，实习实训场所，图书册数，师资队伍等。（三）设置安徽黄梅戏艺术职业学院的基本方案和措施。方案包括校名、校址、性质、类型、层次、领导体制、教育形式、办学宗旨和定位、办学规模、专业设置等。其中，办学宗旨和定位可做如下表述：贯彻落实科学发展观，全面贯彻党的教育方针，坚持育人为本，德育为先，着力培养学生的职业道德、职业技能和就业创业能力，服务社会，促进就业，改善民生，满足人民群众接受黄梅戏艺术教育需求。坚持专科学历教育为主，适度开展职业培训。建立以黄梅戏表演专业为主干、相关专业为支撑的专业结构体系，形成一两个品牌和特色专业。立足安徽，面向全国，为社会培养知识型、发展型高技能黄梅戏艺术人才。措施包括经费筹措、师资队伍建设、专业建设、实践教学、思政工作等。

11 月 24 日至 26 日　应奇瑞汽车控股有限公司邀请，在芜湖为设置奇瑞汽车职业学院做咨询。在了解情况后，就撰写可行性论证报告、制定学校章程、整理其他申报材料讲了具体意见，并就办学宗旨、办学定位、培养目标做了重点说明。

关于办学宗旨。宗旨就是服务，不要把办学宗旨混同于办学指导思想，以指导思想代替宗旨。宗旨可以表述为：坚持育人为本，德育为先，能力为重。用前沿技术，培养今天的人才，为未来服务。助推汽车产业发展，促进就业，改善民主，满足人民群众对汽车消费需求。

关于办学定位。包括办学层次、办学形式、学科专业、服务面向、人才培养目标、办学目标等，可表述为：专科教育和职业培训并举，全日制和非全日制并重，建立以汽车制造和装配技术、汽车检测与维修技术、数控技术专业为主干、相关专业为支撑的专业结构体系，立足奇瑞，面向安徽，面向市场，为生产、建设、管理、服务一线培养高技能人才。

关于培养目标。高职培养目标是高技能人才，不是应用型人才。应用型人才是应用型本科高校的培养目标。把文本上应用型人才一律改为高技能人才。

2011 年　七十六岁

是年提要　1. 讲党课：党性、人性、个性。2. 干部培训班讲演：理念为先，实践为要。

3 月 23 日　为本科生、研究生和教职工入党积极分子讲党课，题目是《党性　人性　个性》。主题思想是：党性不排斥人性、个性，人性、个性不损害党性；党性与人性、个性是统一的，党员是党性、人性、个性的统一体。希望同学们、同志们争取成为党性坚强、人性美好、个性鲜明的共产党人。本期听讲者一千五百多人。

7 月 12 日　应邀为淮北师大新任处级干部培训班讲课，题目是《理念为先实践为要》。基本内容有：办大学或管理大学要先有理念。一种办学理念一旦形成或被接纳，就会左右人们管理大学的行为和活动。管理大学的过程，实际上是践行办学和管理理念的过程。管理者一旦有了明确的办学理念和管理理念，就会成为一个主动追求和创造的管理者。各级管理者应该了解大学理念、办学理念和管理理念。

大学理念说法很多，我赞赏金耀基说的，“大学理念在根本上是大学之目的，是大学之内在逻辑，是大学存在之最后理由。”人才培养、科学研究、社会服务、文化传承创新，这四大功能反映的是大学之目的，是大学存在之最后理由。学术自由、大学自治、教授治校、思想自由这些经典办学和管理理念，则是大学理念的反映。从历史上看，理念为先的结果，德国很快取代英、法成为科学活动中心，促使德国快速发展。当美国大学理念领先时，世界科学活动中心很快由德国转向美国，成就了美国的强大。胡锦涛着眼于世界，着眼于实践，继承发展，提出大学之功能，是培养人才、科学研究、社会服务、文化传承创新，对大学发展具有深刻意义。

转变办学和管理理念具有重要性和紧迫性。英格尔斯说：“如果没有观念的现代化，那么，再完美的现代制度和管理方式，再先进的技术工艺，也会在一群传统人的手中变成废纸一堆。”

当今世界，许多国家都把教育国际化提升为基本国策。2010年，我国发布中长期教育发展规划纲要，接纳和确认“教育国际化”口号。这是教育发展理念和战略的重大突破。教育国际化，不是西化，是先进化。是科技交流与分享、文化交流与合作、文明输入与输出、资源共享与交换，可以互学互鉴，彼此丰富。历史上“东学西渐”，“西学东渐”，都对文明产生了积极影响。对于我国来说，教育国际化，是借鉴他国先进理念和先进经验，学习他国先进科学技术，为我所用，强我中华。同时也以中华文化影响世界。教育国际化不只是重点大学的事，非重点大学也要国际化；全国性大学要国际化，地方院校也要国际化；研究型大学要国际化，应用型大学也要国际化；高职高专也要国际化，中小学也要国际化，其他教育机构也要国际化。总之，一切教育都要学习国际上先进的东西。理念确定之后，重要的是实践，是行动、过程和结果。一步实际行动胜过一打纲领。实践比理念更为重要。

人本化就是以人为本，以人为中心，以人为目的。人本化应该成为大学管理的核心理念。人本化体现在三方面：第一，尊重。尊重师生的人格、权利和需要。第二，关爱。最大的关爱是培养人，解放人，使用人。第三，服务。为学生服务，为教师服务。服务是宗旨。要为师生提供人性化服务，人道化服务，个性化服务，制度化服务，文化化服务。

8 月 3 日至 4 日　为高中历史骨干教师省级研修班学员解读《国家中长期教育改革和发展规划纲要（2010—2020）》。重点阐释教育改革和发展的主题、主线、重点、亮点，并联系实际，对教育改革和发展讲了一些想法和看法。

2012 年　七十七岁

是年提要　1. 厅长看望，忆往话旧。2. 在文史协会讲故事。

1 月 15 日　省教育工委书记、教育厅厅长程艺专程来淮师大，在校党委书记叶华、校长王磊陪同下，到寒舍看望，说起淮师大的过去，淮师大的师资，数学系的乔建永、李雷、张从军，聘他为兼职教授，我对学校发展的贡献等。我说我水平有限，但认识到的问题，都认真去做。我知道，拥有一批好教师，是办好一所大学的关键。煤师院地处淮北，引进好教师难，留住好教师更难。为了学校事业，为了学生发展，再难也得抓好教师队伍建设这个关键。于是就下决心、花血本、定措施，全面加强教师队伍建设。强力支持教师读硕、读博、访学、交流。有人说，煤师院教师本科毕业就行了，研究学历不必要。有人说培养研究生是为别人做嫁衣裳，不值得。我说，按标准我们是学历不合格教师，必须逐步达标。培养研究生非常必要，非常值得。咱们国家派留学生，回来不到三分之一，还照派。我们送出去培养，即使回不来三分之一，也要坚定不移地做这项工作。这不仅关系到学校事业、学生发展，也事关国家发展、民族未来。实践证明，结果比预想好得多，硕士基本都回来了，博士也有一多半回来了，数学系十位博士全回来了。

3 月 16 日　应淮师大文史协会等社团之邀，讲淮师大故事。一曰移民之都故事；二曰个性之美故事；三曰创造历史故事。

2013 年　七十八岁

是年提要　1. 学生规模决定其他规模。2. 内部结构，值得注意。

12 月 13 日　在王磊主持召开的淮北师范大学第一次党代会报告征求意见座谈会上发言说，关于工作回顾，对成绩和经验总结得具体，到位，给力，给信心；对问题和不足，如能写得再直白一点，再尖锐一点，会更好。

学校规模、结构、质量、效益，任何时候，恐怕都是要关注的基本问题。

学生规模决定校园土地面积，校舍建筑面积，师资队伍数量，教学仪器设备投入，图书册数，学科专业设置等。合理规划中长期学生规模，至为重要。

内部结构是一个更深层次、更为基础的问题，直接影响办学质量和效益，值得注意。如果生师规模结构失衡，必然引起教学质量下滑；学科专业结构不合理，必然影响办学效益，造成结构性人才浪费，课程结构不合理，必然影响人才培养质量；人才培养结构不合理，必然造成学非所用，用非所学；时空结构直接关系到教师的教学和研究，关系到学生的学习和发展；投入结构向哪里倾斜，治理结构如何安排，都关乎学校发展，影响办学水平。

质量是立校之本。加强教学建设与改革，提高教学质量，极为重要。但教育的缺失，育人的缺失，教育质量滑坡，尤应引起关注。

效益来自规模，来自结构，来自质量。四者是有机统一体，应协调发展。当下应该特别关注的，我以为应是优化结构，提高质量。

一同出席座谈会的有白桦、年介磊、王惠生。

2014 年　七十九岁

是年提要　1. 出席办好教育学院座谈会。2. 出席淮师大建校四十周年主题活动。

1 月 17 日　在淮师大教育学院征询办学意见座谈会上发言说，高水平师范大学靠高水平学院（系）支持，高水平学院（系）靠高水平人才创造。人才水平决定学系、学院、学校水平。教育学院对师范大学来说，其地位和作用与其他院系相比，显然应有所不同。抓学院工作，千抓万抓，抓人才培养和引进最重要。培养和引进人才有效可行的办法，是选派教师到国内外高水平学校和研究院所做访问学者，聘请校外专家做兼职教授、驻校教授，围绕学科专业，重点引进、汇聚某一领域、某一研究方向的人才，构筑人才高地、知识高地，寻求学术突破，带动教师整体素质提高。一同出席座谈会的有郜锦强、纪健生、李伯春、范向前、闵保全、李福华、吴胜华、李怀龙。文胜利主持座谈会。

3月1日　整理《高校内部结构问题》文稿。文稿对高校规模结构、学科专业结构、人才培养结构、时空结构、经费投入结构、治理结构做了思考和议论。

12月28日　应邀出席在相山音乐厅举行的庆祝淮北师范大学建校四十周年主题活动，与徐德璋、吴志葵、丁梦周、张善林一同接受学校领导献花、致敬，看了一场很有意义的演出，很受感动。回到家记下几句心语：淮师大建校四十年了。四十年，学校立足淮北，脚踏实地，自强不息，由分校而学院，而大学，到提出建设高水平师范大学，一路走来，留下一串串故事，叙说发展历史。安师大淮北分校，淮北煤师院都是老故事了。唯建设高水平淮北师范大学是正在创作的新故事，值得期待。

2015年　八十岁

是年提要　1. 建设高水平大学浅见。2. 庆寿座谈会。

3月18日　在淮北师范大学第一次党代会2015年年会暨第七届“两代会”五次会议分组讨论时发言说，建设高水平大学，高在何处？我以为至少有三高：

一是知识高地。高水平大学不应停留在传授高深知识上，应提高一步，在某些学科领域创新知识，追求学术卓越，造成学术高地。

二是思想高地。知识很重要。知识就是力量。知识改变命运。但思想比知识更重要，力量更巨大，作用更明显。在大学，教学者、办学者、管理者，既是知识人，又要做思想者，把知识转化为思想，思想是行动先导。思想决定决策、判断、行动和结果。大学是学术殿堂，同时也应成为高水平思想库、智库，为学生、为国家、为民族提供高水平服务。

三是人才高地。高水平大学历来是人才汇聚之地。人才是办大学第一资源。一切知识、思想都是人创造的。汇聚高水平人才，构筑人才高地，是建设高水平大学的根本。

12 月 27 日　我的同事和学生以座谈会形式为我八十周岁庆寿。傅瑛、王继华、闵保全、文胜利、李福华先后发言，忆往事，诉衷情，并为我备庆寿晚宴，我非常感动。为留住一片真情，他（她）们的发言我已记录另存。

2016 年　八十一岁

是年提要　1. 做学习者。2. 感愧。

1 月 14 日　淮北师范大学举行办学思想学术报告会。全校各学院、系、部、处、室负责人和有关人员及离退休同志代表出席。

校党委书记王磊教授主持报告会并讲话，特别指出，这是 2016 年第一场学术报告会，恰逢王彦坦教授八十华诞，让我们全体起立，向老校长致敬。王磊献花，校党委、校行政送贺匾。前副校长郜锦强诵读匾文：五十春秋育后人，德高学富，名传海外。八秩岁月踵前贤，仁厚智明，寿比南山。老校长八十华诞志贺。中共淮北师范大学委员会　淮北师范大学共贺　二〇一六年一月　郜锦强敬书

1 月 19 日是我八十周年生日。校方做出周详安排，以学术报告会形式为我庆寿，其真心、诚心、用心与尊重，令我感愧。我以《做学习者》为题，报告探索办学的一些想法、说法和做法。